教育部人文社会科学研究一般项目（17YJC770042）
山东女子学院优秀学术著作出版基金资助

明清

张华清 著

鼎革之际
山东文化世家的
命运遭际与历史选择

山东人民出版社·济南
国家一级出版社 全国百佳图书出版单位

图书在版编目（CIP）数据

明清鼎革之际山东文化世家的命运遭际与历史
选择/张华清著.—济南：山东人民出版社,2022.12
ISBN 978 - 7 - 209 - 14055 - 3

Ⅰ.①明… Ⅱ.①张… Ⅲ.①家族—文化研究—山东
—明清时代 Ⅳ.①K820.9

中国版本图书馆 CIP 数据核字（2022）第206467 号

明清鼎革之际山东文化世家的命运遭际与历史选择
MINGQING DINGGE ZHIJI SHANDONG WENHUA SHIJIA DE MINGYUN
ZAOJI YU LISHI XUANZE

张华清 著

主管单位 山东出版传媒股份有限公司
出版发行 山东人民出版社
出 版 人 胡长青
社 址 济南市市中区舜耕路 517 号
邮 编 250003
电 话 总编室（0531）82098914
市场部（0531）82098027
网 址 http：//www. sd - book. com. cn
印 装 肥城新华印刷有限公司
经 销 新华书店

规 格 32 开（148mm ×210mm）
印 张 13. 375
字 数 285 千字
版 次 2022 年 12 月第 1 版
印 次 2022 年 12 月第 1 次
ISBN 978 - 7 - 209 - 14055 - 3
定 价 68. 00 元
　　　　　　如有印装质量问题，请与出版社总编室联系调换。

序言

　　华清学友先后师从山东大学刘晓东教授、山东师范大学丁鼎教授，从事古典文献学、区域文化与中国文学方面的学习和研究，获得硕士学位、博士学位。2016年，进入天津师范大学博士后流动站与我共同从事清史、社会史方面的研究，2019年圆满完成各项科研任务顺利出站，他的新著《明清鼎革之际山东文化世家的命运遭际与历史选择》便是他出站的学术成就。在付梓刊行之际，作者恳请我为之作序，推辞不获，谨赘数言以志祝贺之忱。

　　中国古代家国关系贯穿于历朝历代，血亲宗法社会对历史上诸多行为及其观念的影响做出怎样评价也不过分。对祖先的崇拜以及对子嗣繁衍的期盼在诸多祈福和禁忌中也是无处不在，政权更迭乃至普遍的政治斗争其中更是伴随着家族的生死存亡，兴衰荣辱。华清学友长期从事山东文化家族的历史研究，对历史上山东一些地区的文化世家也形成了许多研究成果。在拟定博士后研究选题时，他选定明清鼎革这一特殊历史时期，对山东地区文化世家的政治选择以及命运遭际进行系统的梳理和探讨，并以此为题主持并完成了教育部人文社会科学项目。今天又将这一成果展现给各位读者，作为长期和他探讨这一历史问题的学友，对此书的出版我倍感欣慰。

明清易代在中国历史上展现了一幅惨烈且极具思考意义的画卷。在政局突变，政权更迭的历史变局中，对于秉持儒家政治伦理道德观念的文化世家而言，无论何去何从都是无法回避的煎熬。护族与忠君是一个涉及多方面选择取向与价值判断的问题，对忠奸、顺逆、取舍、真伪、存亡、兴衰、荣辱、进退等奥妙与真谛的诠释尽在其中，我们必须加以深入研究。作者正是以这段历史时期山东文化世家为切入点，对这一问题进行系统深入的考察，其研究成果的学术价值应当得以关注。

华清学友学年正富，精勤过人，有钻研精神。异日有作，复当度越于此。

是为序。

宫宝利
辛丑立夏于津门寓所

目 录

绪 论

　　我们国家历史悠久，朝代更迭频繁。每一次朝代的更迭通常都会通过残酷的厮杀和复杂的斗争，打破原有的国家体系而实现政权的交替。这种政权交替不仅涉及国家权力的归属问题，也关乎全国大小家族的发展命运。尤其是一些在国家政治社会生活中具有重要影响的地方文化世家，他们既要顾全家族老小的性命与家族的发展命运，又要经受传统忠孝节义观念的考验，成为历代鼎革斗争中备受关注而多遭磨难的社会群体。

　　在历次朝代更迭斗争中，明清鼎革是我国历史上持续时间最长、斗争最为惨烈、破坏性最大的易代斗争之一。在这场持久而又残酷的斗争中，山东地区因其在思想文化领域和军事战略方面的特殊地位，较早地被卷入其中。而生活在明清之际的100多个山东文化世家也不可避免地被置于风口浪尖。明清鼎革斗争，不仅涉及朝代更迭，还关乎少数民族入主中原。山东文化世家及家族文人面对复杂的局势和残酷的杀戮，不得不在忠孝节义、家族存亡和个人荣辱面前作出极其艰难的选择。这些不同的选择：一方面，曲折地反映出当时复杂的历史背景和多样的社会心态；另一方面，对山东文化世家及文人士子产生深远影响，并给后人留下了一系列的历史悬疑问题。如明末清初山东文化世家的基本概况、山东文化世家应对时局变化的策略、清初山东贰臣的功过是非、清初山东文化世家文人的生活状态、明清易代对山东文化世家的影响、清初山东文化世家取得的主要成就等。对这些问题的探讨有助于我们全面了解这一特殊历史时期山东文化世家的命运遭际与历史选择，深入探讨明清鼎革对山东文化世家的深远影响，总结清初山东文化世家取得的成就，客观公正评价清初山东籍贰臣在明清易代中的功过是非。

一

明清鼎革作为一次复杂而又持久的易代斗争，约始于明万历末年，至清康熙初年结束，前后持续数十年。这一时期，自然灾害频仍，赋税杂饷繁重，土地兼并严重，社会持续动荡，人口大量减少，各种政治势力斗争激烈而又残酷。从时间上来看，以明朝灭亡为线，明清鼎革时期略可分为明朝末年和清朝初年两个阶段。这两个阶段社会矛盾的重点不同，山东文化世家面临的时局态势也不同。

明朝末年：政治腐败，灾害频仍，社会矛盾尖锐。矛盾激化不仅削弱了明朝统治的实力，而且造成了社会动荡和阶级对立的加剧。各地农民起义此起彼伏，尤其是李自成、张献忠领导的农民起义不断壮大，严重威胁到明朝统治，成为明朝后期政府面临的最大危机。在明朝政府忙于应对农民起义的间隙，地处东北的建州女真迅速崛起，统一各部，并对明朝疆土虎视眈眈，不断制造边疆危机，先后五次侵掠内地城邑。边境危机大大损耗了明朝国力，增加百姓负担，并进一步激化社会矛盾，成为明朝政府的又一心腹大患。在这诸多矛盾的相互作用和共同推动下，明朝末年内外局势呈现出复杂多变的发展态势，逐步形成晚明政府、后金势力和农民起义集团几股主要政治势力相互斗争，相互角逐，此消彼长的复杂斗争局面。在这场斗争和较量中，明朝的衰亡、后金政权的崛起和农民斗争的如火如荼成为这一时期社会发展态势的主旋律。

明朝末年，山东地区虽然没有李自成、张献忠这样声势浩大的农民起义，但各地农民起义此起彼伏，土寇匪徒肆意横行。南京御史詹兆恒在崇祯十四年夏，曾言称"燕、齐二千里间，寇盗纵横，行旅阻绝，四方饷金滞中途者，至数百万"①，因而请急发京军剿灭。同时，随着满族势力的强大，满族清兵先后于崇祯十一至十二年（1638—1639）、崇祯十五至十六年（1642—1643）两次深入山东腹地，攻城略地，烧杀劫掠，给山东各地区及文化家族带来深重灾难。当然，后金的入侵也受到了山东各地军民和文化世家的坚决抵抗。崇祯十一至十二年间的济南保卫战，崇祯十五至十六年莱阳、即墨、诸城等地的抗清斗争，都谱写了山东

---

① ［清］张廷玉等撰：《明史》卷二七八《列传第一六六·詹兆恒》，中华书局，1974年，第7123页。

地区明清鼎革史上的光辉篇章。

清朝初年：在李自成、张献忠等农民起义军与后金（清）的共同打击下，明朝二百七十六年的统治走向了终结。明亡后，农民起义军建立的大顺、大西政权，明王室建立的南明政权及后金建立的清政府之间进行了激烈的拼杀和艰苦的角逐。在复杂多变的政治时局下，作为儒家学派发源地和儒学思想重镇的山东地区，100余家有着数百年基业的文化世家，不得不面临朝代更迭与异族入主的双重考验。对他们而言，采取什么政治态度和如何进行顺逆取舍成为一个历史性的难题。各个文化世家深知、历史也证明，不同的顺逆取舍必将给整个家族及家族文人带来不同的发展命运。忠于旧主还是投靠新朝，留名还是护族，隐退还是入仕，成为山东文化世家及家族文人所面临的最艰难的抉择。多变的时局和惨烈的杀戮没有给山东文化世家及家族文人太多的时间考虑，面对清朝政府、农民政权和南明政府三股政治势力，山东文化世家及家族文人作出了不同的顺逆选择。

由于大顺政权在处理与明朝旧官僚、地方家族势力关系方面策略失当，受到山东文化世家的普遍反对和坚决抗争。南明政权偏安一隅，对山东地区的管控和影响极其微弱。故而，明清鼎革之际，山东文化世家所面临的最主要问题是与后金（清）的关系问题。清廷入关后，采取了恩威并重、软硬兼施的镇抚策略稳定时局，巩固统治。一方面，清廷强力推行剃发、易衣冠等措施，残酷镇压各地武装反抗，并制造文字狱实现文化控制，引起了汉族地主的强烈不满；另一方面，清政府采纳归降明旧臣的建议推行科举制度选拔人才，积极策反诱降明代旧臣遗老，笼络吸收汉族知识分子参与政事，又为汉族世家大族和家族文人最终归顺清廷铺就了道路。

面对清廷的武力镇压和怀柔安抚，山东各文化世家及家族文人作出了不同的历史选择，也迎来了不同的命运遭际：有些家族上表拥戴，率先归附；有些家族坚决抗清，几遭灭门；有些家族明末趋于衰落，鼎革之际未受创伤，入清后再度崛起；有些家族，明末处于鼎盛阶段，鼎革之际受到创伤，入清后又实现持续发展；有些家族，入清后靠科举仕宦起家，成为文化家族新秀；有些家族明末处于鼎盛阶段，鼎革之变受到重创，入清又多遭磨难，从而一蹶不振，成为明清易代的牺牲品。即便在同一家族中，不同族人对清廷采取的态度也各不相同。家族文人中，一部分知识分子无法接受清廷的民族高压政策和文化自信自尊的毁灭，选择不与清朝合作，归隐山林，布衣乡间，在清贫和威胁中聊度残生，但大多数读书人选择降清入仕，继续走科举为官之道。

历史的车轮是无法阻挡的，清朝入主最终成了无法改变的事实。面对山东各文化世家不同的政治选择，清政府也采取了不同的对待方式。抗清文化世家经济受到重创，族人惨遭屠戮，家族发展前景渺茫；顺从清政府的文化世家，家族得以保全，族人参加科举，踏入仕途，家族得以继续发展。在科举制度笼罩下的明清社会，山东文化世家在长期发展过程中，逐步形成了"积累家资——重视教育——通过科举踏入仕途——提升家族交际平台

（包括婚姻关系、师生关系和同僚关系等）——推动家族持续发展"的发展模式。在这个发展模式中，家族经济是家族兴起、发展的基础，科举和仕宦则是家族长盛不衰的法宝。文化世家的兴衰，与家族成员的科举成就和官阶高低形成紧密的联系。抗清家族主动或者被动地放弃科举、无缘仕途，必然会导致家族衰落。此外，不同家族之间，也存在着互相攀比、竞争甚至仇视的现象。在抗清与降清的不同命运的鲜明对比之下，抗清的文化世家深深感到自己家族正在走向衰落。为挽救家族命运，维持家族长久发展，山东文化世家逐步调整策略，在清朝入主大局已定的情况下，先后归顺了清政府。

但是，对于山东文化世家和家族文人而言，从抗清到降清的转变，是曲折而又痛苦的过程。在这一历史时期，亲身经历明清易代的山东文化世家和家族文人，尤其是在明清之际饱受明朝恩泽、科宦成就卓著的家族与文人，他们在政治取舍方面背负的思想包袱更为沉重。仕途越显赫的家族和文人，面临着的压力就越大。他们的顺逆取舍，不仅直接关系到自己的声名，或青史留名或臭名昭著，而且关系到整个家族的荣誉与耻辱。抗清家族遭受的迫害和抗清文人的满心愤懑，降清家族蒙受的鄙视和降清文人内心痛苦的挣扎，这种情感和关系，长时间折磨着明清易代之际的山东文化世家和家族文人。

总之，明清鼎革对山东文化世家产生重要影响，并留下了一系列的历史课题。这些课题，不仅涉及明清山东地方世家与家族文人，也关系到对历史变革中家国关系、君臣关系、名节性命等关系的认知和判定，是明清易代留给后人、亟需我们解决的历史悬疑问题。

二

对于明清之际山东文化世家的命运遭际与历史选择问题，学界涉及较少。但不少学者对易代之际山东地区重大历史事件、山东文化世家及家族文人等问题进行过探讨，并形成了一系列的研究成果，相关成果总结起来主要包括以下几类：

第一类：个案研究。主要是对明清山东某个文化世家进行系统研究，梳理家族发展历史，探讨家族发展维系经验，总结家族文化成果，挖掘家族传承精神。如山东师范大学组织撰写的山东文化世家研究书系，这套丛书对曲阜孔氏、嘉祥曾氏、琅邪王氏、巨野晁氏、章丘李氏等 28 个文化家族进行了系统的梳理研究。其中李江峰、韩品玉的《明清莱阳宋氏家族文化研究》，黄金元的《清代德州田氏家族文化研究》，孙才顺、韩荣钧的《清代海丰吴氏家族文化研究》，俞祖华、王海鹏的《清代栖霞牟氏家族文化研究》，王洪军的《清代济宁孙氏家族文化研究》，李泉的《清代聊城傅氏家族文化研究》等，均涉及明清易代问题，并对明清易代给山东文化世家发展带来的影响作了分析。

第二类：专题研究。主要是从某一角度或者某一方面，对明清时期山东文化世家以及家族文人进行的专题研究。如王小舒的《社团领袖与诗界精英：明清之际山左莱阳宋氏家族论》《宋玫及莱阳宋氏作家佚诗考》《明清之际即墨黄氏家族的政治劫难及其诗风转变》《王氏四兄弟与清初神韵诗潮》《明末清初山东新城王氏家族的历史选择》，何成的《明清新城王氏家族兴盛原因述论》，张金丹的《明清新城王氏家族盛衰探析》，沈琳的《明清山东新城王氏家族文学传统的构建与嬗变》，辛明玉的《从"王渔洋现象"仰视明清山东文学崛起》，张华清的《明清易代斗争与山东地方家族命运的嬗变——以莱阳宋氏家族为中心的考察》等。这些研究成果为本书的撰写提供丰富的史料和独特的视角。

第三类：综合研究。这一类研究，或是阐述家族发展规律，或是总结社会演变趋势，又或是探讨家族制度演变，虽然不是对明清之际山东问题的直接研究，但也为本书的写作提供了理论支撑和研究思路。如朱亚非的《明清山东仕宦家族与家族文化》，冯尔康的《中国社会结构的演变》，周喜峰的《明清鼎革中的汉人及其华夷思想》，张杰的《清代科举家族》，赵园的《明清之际士大夫研究》，郭英德的《中国古代文人集团与文学风貌》，王日根的《中国科举考试与社会影响》，徐扬杰的《中国家族制度史》等。

以上研究，角度多样，内容丰富，为笔者写作本书提供了史料和启示，对本书具有重要的参考价值。但是，就系统探讨明清鼎革之际山东文化世家的相关问题，这些研究仍存在很大的局限。首先，个案研究较多，其成果多是对某个家族或者某个家族中的某个族人进行专题研究，虽然涉及明清易代问题，但多局限于一家一姓之兴衰；其次，这些研究成果多从单个家族的视角分析易代问题，横向比较研究成果相对匮乏，特别是从史学角度，将家族命运置身于大的历史背景中，全面考察、分析明清易代与地方家族兴衰发展的研究成果不多；再次，对明清易代之际事关山东地区发展的重要历史问题，如清初山东贰臣问题、明清易代对山东文化世家的影响等探讨不足。

三

鉴于此，本书紧紧围绕上文提及的历史问题，针对相关研究存在的不足，在充分吸收现有成果的基础上，对明清鼎革之际山东文化世家的命运遭际与历史选择问题作进一步探讨。本书改变通常从文化层面开展家族研究的传统，突破以家族发展史、家族教育、家族管理、家族文学创作、家族代表人物为主题的模式，将家族研究纳入区域史和社会史研究的范畴，将家族的兴衰成败置于历史发展的大视野中去考察，分析家族兴衰与朝代更迭的关系，探讨文化家族的历史贡献和发展规律；突破以政治、经济、军事为标准的传统研究视角，深入分析山东文化世家命运遭际的历史背景，探讨山东文化世家和家族文人的具体境遇，站在历史发展的视野下，重新审视易代之际忠君、护族、忠臣、贰臣、出仕、隐居之间的关系；从史学角度入手，但注重借鉴文学、文化学的方法，分析人物行为表现，探讨人物复杂多变的内心世界。

研究对象及要解决的问题，直接决定了本书的研究方法。本书所研究的内容是明清鼎革之际山东文化世家的命运遭际与历史选择，其中既有史实考证，又有理论阐述；既有归纳总结，又有比较分析，所以在研究过程中，本书采用了文献学、比较研究与统计学等研究方法。

此外，由于明清鼎革是一个复杂的斗争过程，在时间上具有一定的持续性。关于明清鼎革的时间段，张玉兴在《明清易代之际忠贰现象探赜》中作过界定，认定为天命三年（1618）至康熙三年（1664），计四十六年。他在《明清史探索》一书中给出具体阐释："明清易代或称明清鼎革之际，指的是明与清政治军事较量的一段时间，它长达半个世纪，大体说来从万历四十六年（天命三年，戊午，1618年）脱明独立的后金向明朝发难，大举进攻抚顺开始，至明遗臣张煌言被俘杀的康熙三年（1664年）止，共四十六年。"[①] 本书基本沿用这个时间界定，但由于历史发展的延续性，在分析某些问题时作了一定的推延。同时，由于明清之际山东文化世家数量庞大，在论述相关问题时，笔者无法全面涵盖，仅选取具有代表性的家族如曲阜孔氏家族，莱阳宋氏家族、左氏家族，即墨蓝氏家族，新城王氏家族，诸城刘氏家族，济宁孙氏家族，聊城傅氏家族等作重点论述。

---

① 张玉兴:《明清史探索》,辽海出版社,2004年,第2页。

第一章 明末山东社会概况 与时局发展态势

明朝末年，尤其是万历以来，政治日趋腐败，社会矛盾尖锐。皇帝或怠于政事①，或昏庸孱弱，或优柔多疑；宦官专权，毒痛海内②；臣工之间，党派林立，纷争不息，明朝衰落的趋势日益加剧。明朝的衰落，致使政府对边疆地区的控制和管束松弛，一些少数民族势力迅速崛起并借机起兵叛乱，尤其是地处东北的女真部，在努尔哈赤的领导下统一各部，窥视中原，不断制造危机，削弱明朝政府对边疆和附庸国的控制，并多次侵掠内地城邑，成为明朝后期的又一个心腹大患。内地矛盾与边疆危机交互影响，不仅削弱了明朝统治的实力，而且加剧了社会动荡和阶级对立。在这诸多矛盾的相互作用和共同推动下，这一时期内外局势呈现

---

① 《明史》称："神宗在位久，怠于政事，章奏多不省。廷臣渐立门户，以危言激论相尚，国本之争，指斥宫禁。"（张廷玉等撰：《明史》卷三百五《列传第一九三·宦官二》，中华书局，1974年，第7817页）

② ［清］张廷玉等撰：《明史》卷三百五《列传第一九三·宦官二》，中华书局，1974年，第7824页。

出复杂多变的发展态势，逐步形成晚明政府、后金（清）势力和农民起义集团几股主要政治势力相互斗争、相互角逐、此消彼长的复杂斗争局面。朝代更迭的残酷斗争正在酝酿并拉开了序幕。在这场斗争和较量中，明朝的衰亡、后金的崛起和农民斗争的如火如荼成为这一时期社会发展态势的主旋律。战乱、杀戮、动荡与灾害笼罩着日趋衰落的大明王朝。

山东北濒渤海湾，与辽东半岛相对，扼京津海上出入之门户，素有"首都南大门"之称①。与其他地区相比，山东地区面临的局势更为峻急。一方面，自然灾害频仍，赋税杂饷繁重，土地兼并严重，社会矛盾尖锐；另一方面，境内农民起义四起，又遭吴桥兵变、清兵侵扰与甲申之难，社会动荡，百姓生活在水深火热之中。

│第一节│　　明末山东社会概况

明朝末年，山东地区与全国其他地区一样，自然灾害接连不断，土地兼并异常严重，苛捐杂税繁多，社会矛盾尖锐。

一、　自然灾害频仍

明朝万历、天启和崇祯年间，世界各地正处于地质学上的

---

① 王志民：《齐鲁文化与中华文明——王志民学术讲演录》，人民出版社，2015年，第1页。

"小冰河期"①。这一时期气温骤然下降，降雨普遍减少，寒暑不节，旱涝失衡。尤其是崇祯年间，自然灾害的频率和烈度之大前所少有，而山东又是其中灾害最为严重的地区之一。"山东浮饥""（山东）人相食"等记载充斥于《明实录》《明史》《明季北略》等史籍之中：

崇祯四年（1631）六月，"山东徐州大水"②。

崇祯十一年（1638），两京及山东、山西、陕西旱。十二年（1639），畿南、山东、河南、山西、浙江旱。十三年（1640），两京及登、青、莱三府旱。十四年（1641），两京、山东、河南、湖广及宣、大边地旱。③

崇祯十三年（1640）庚辰七月，饥民蜂起，啸聚太行山应贼。是年，两京、河南、山东、山西、陕西、浙江大旱蝗，人相食，草木俱尽，土寇并起，道路梗塞。④

崇祯十四年（1641），畿南、山东浮饥。德州斗米千钱，父子相食，行人断绝，大盗滋矣。⑤

山东各地方史志也对灾害情况有着详细记载。以济南府为例，明朝济南府直辖十五个县，另下辖四个州，共计二十六个

---

① 小冰河期，也称为小冰期，是指 1550 年到 1850 年之间全球气温显著偏低的时期，这是与之前的中世纪暖期比较而言。

② 台湾"中央研究院"历史语言研究所：《明实录·崇祯实录》卷四，1962 年，据嘉业堂旧藏钞本影印，第 126 页。

③ ［清］张廷玉等撰：《明史》卷三十，中华书局，1974 年，第 486 页。

④ ［清］计六奇：《明季北略》，中华书局，2016 年，第 285 页。

⑤ ［清］张廷玉等撰：《明史》卷三十，中华书局，1974 年，第 511—512 页。

县。它们是泰安州（新泰县、莱芜县）、德州（平原县、德平县）、滨州（利津县、沾化县、蒲台县）、武定州（乐陵县、阳信县、商河县、海丰县）、历城县、章丘县、邹平县、淄川县、长山县、新城县、齐河县、齐东县、济阳县、禹城县、临邑县、长清县、肥城县、青城县、陵县。各地自然灾害频仍，民生凋敝。据乾隆版《历城县志》记载，自万历元年（1573）至崇祯十四年（1641）六十余年间，济南府历城县共发生水涝、干旱、虫害、病疫、地震等各类灾害 34 次之多。其中万历年间 19 次，天启年间 7 次，崇祯年间 8 次，平均每两年发生一次灾害。明朝政府虽然采取发粟赈济、蠲免税粮等方式缓解灾情，但终究无法解决连年的灾荒问题。

表 1.1 　　　　　　明末济南府历城县自然灾害一览表①

序号	时间	灾情	政府赈济
1	万历元年	大旱	九月，发粟赈之
2	万历十年	大饥	
3	万历十二年	灾	免被灾税粮
4	万历十四年	灾	赈灾
5	万历十五年	旱	
6	万历十六年	大旱、疫，秋大水	免被灾夏税
7	万历二十一年	饥	发粟赈之

---

① 史料来源于张华松等点校：《历城县志正续合编》，济南出版社，2007 年，第35—39 页。

（续表）

序号	时间	灾情	政府赈济
8	万历二十二年	大水	以米豆三万六千石赈之
9	万历二十七年	大旱	
10	万历二十八年	大风、雹，击死人畜，伤禾苗。饥	
11	万历二十九年	大旱	
12	万历三十一年	大雨，二龙斗水中，山石皆飞，平地水高十丈	
13	万历三十五年	大水。冬，十月，旱、饥	蠲赈有差
14	万历三十七年	蝗	十二月，留山东税银三分之一赈饥民
15	万历三十八年	夏，大旱	发粟赈之
16	万历四十三年	春，正月，地裂。三月，大雪。夏，大旱。秋，七月，蝗	遣御史过庭训赈之
17	万历四十四年	四月，复蝗，大饥	蠲赈有差
18	万历四十五年	秋八月，济南地裂者二	
19	万历四十七年	秋，八月，蝗	
20	天启元年	秋，大水	
21	天启二年	春，二月癸卯，地震三日，坏民居无数。秋，复地震	
22	天启三年	春，阴霜杀桑，地震。夏，地出血	

（续表）

序号	时间	灾情	政府赈济
23	天启四年	大雨雹，饥	发粟赈之
24	天启五年	夏，四月初五日未时，震雷狂风，发屋拔木，昼晦。六月，飞蝗蔽天，田禾俱尽	
25	天启六年	夏，旱，蝗。六月，地震	
26	天启七年	七月，大水，庐舍漂没殆尽。大清河溢	
27	崇祯五年	十二月二十一日，南城内外大火，焚数千家，湖中树木焦	
28	崇祯八年	秋，七月，旱、蝗	
29	崇祯九年	六月，大雨雹，杀西北禾蔬至尽	十一月，蠲五年以前逋赋
30	崇祯十年	蝗，民大饥	
31	崇祯十一年	大旱、蝗	
32	崇祯十二年	春，正月庚申，清兵入济南，二月乙未北归。岁大饥	
33	崇祯十三年	夏，五月，大旱、蝗、大疫	赈饥
34	崇祯十四年	大旱、蝗	

济南府章丘县，也是自然灾害频发地区。道光版《章丘县志》记载：万历十八年三月初三日，大风尽晦；十九年三月，陨霜杀麦；二十三年夏，雨雹下，三乡灾；二十五年夏，雨雹，东

锦乡灾，七月风伤稼，八月境内水溢；二十六年四月，明秀乡大风拔木，五月东锦乡河窑庄有蟊伤麦；四十三年，大饥，人相食。天启七年，大水泛溢，城门圮；东郭外民舍漂没殆尽。崇祯五年，大水；十年，牛疫，秋蚜蝻生；十三年，大饥，人相食。[①]频繁的自然灾害给百姓带来深重的灾难，该书《艺文志》中，收录了多首描写明末章丘灾害频仍、民不聊生悲惨境况的诗歌。其中袁声的《洪水并序》[②] 描写了天启七年（1627）的大水：

> 谁叫鸠妇宿山头，风雨霪霪苦未休。
>
> 不是胭脂能泛目，如何桃叶竟吞楼？
>
> 蛙鸣釜底莹为火，萍落城闉树作舟。
>
> 水国千家闻痛苦，几从鲛室觅阳侯。

诗歌以雌鸠宿山头、徘徊不去起兴，描写了天启七年章丘地区连遭大雨、洪水肆虐的真实境况。洪水淹没了城镇和村落，青蛙在锅底鸣叫，浮萍飘落在城郭之上，高大树木成了水中摇动的浮舟，老百姓在洪水中苦苦挣扎，足见当时水涝灾难之严重。

---

① ［清］吴璋修，曹楙坚纂：道光《章邱县志》，收入《中国地方志集成·山东府县志辑》，凤凰出版社、上海书店、巴蜀社，据清道光十三年（一八三三）刻本影印，2004 年，第 35 页。

② ［清］吴璋修，曹楙坚纂：道光《章邱县志》，收入《中国地方志集成·山东府县志辑》，凤凰出版社、上海书店、巴蜀社，据清道光十三年（一八三三）刻本影印，2004 年，第 372 页。

袁声的另一首诗《大饥并序》① 则描写了崇祯后期灾荒连绵、饿殍遍地的景象：

> 为问彼苍何太酷，忍教两载断三餔。
>
> 怀中爱子抛荒草，海上饥魂附野乌。
>
> 数口妻孥一日散，万家老幼望天呼。
>
> 思儿痛母千般事，不尽流民郑侠图。

诗歌通过纪实的手法，描写了连年灾祸之下百姓的苦难生活。面对连年不断的灾祸，老百姓食不果腹，朝不保夕，数口之家，一日散尽；母死子亡，家家居丧。

此外，山东其他地区的州县方志中也多有对当地自然灾害的记载。乾隆版《曹州府志·灾祥》记载：神宗万历四年，河决，丰、沛、曹、单漂没田庐无算。二十一年五月大雨，河决单县黄堌口。二十五年四月河大决黄堌口。三十一年四月河水暴涨冲单县、鱼台，又大决单县苏家庄及曹县缕隄。三十二年，苏家庄复溃，黄水逆流，鱼台、济宁间平地成湖。三十五年，河决单县。四十三年，山东春夏大旱，千里如焚。庄烈帝崇祯二年春，河决曹县十四铺口。四年夏，河决荆隆口，败曹县塔儿湾大行隄。十二年，曹州黑鼠遍野。② 民国版《莱阳县志》

---

① ［清］吴璋修，曹楙坚纂：道光《章邱县志》，收入《中国地方志集成·山东府县志辑》，凤凰出版社、上海书店、巴蜀社，据清道光十三年（一八三三）刻本影印，2004 年，第 372 页。

② ［清］周尚质修，李登明、谢冠纂：乾隆《曹州府志》，收入《中国地方志集成·山东府县志辑》，凤凰出版社、上海书店、巴蜀社，据清乾隆二十一年（一七五六）刻本影印，2004 年，第 163—164 页。

记载：（崇祯）十一年春不雨，夏蝗食谷殆尽，秋螽蝼遍野，蝗复大起，无禾；十二年春饥、蝗；十三年夏旱、蝗，秋饥；十四年春大饥，人相食；十五年春二月大风拔木、坏庐舍，秋七月地震有声。[1] 民国版《福山县志·灾祥》也记载，崇祯元年、四年秋，大水。五年夏，大疫。十一年，春，不雨；夏，蝗飞蔽天，食谷殆尽；秋，螽蝼遍野，蝗复大起，无禾。十二年，大有年。十三年，自春徂秋无雨，杀稼殆尽，人相食。[2]

灾害频发，生活困顿，百姓流离失所，"奄奄一息之遗黎，指日之桴腹立毙矣"（《于连跃奏为备陈剿抚山东情形并请补官任事本》），山东各地一度出现千里白骨、父子相食的人间悲剧。崇祯十五年（1642），左懋第在呈给皇帝的奏章中也曾描绘了山东地区的灾荒，称："济、兖、东三府，十三、十四两年尤是奇荒。臣去年从其地单骑南驰，夏则异荒盛疫，死人满路，盗过兵临之处身首纵横，或父子相食，或割臂充饥。"[3] 这些严重的灾害，一方面造成大量百姓死亡，土地荒芜，清初河道总督杨方兴曾描绘称"山东地土荒芜，有一户之中止存一二人，十亩之田止种一二

---

① 梁秉锟等修，王丕煦等纂：《莱阳县志》，台湾成文出版社有限公司，据民国二十四年铅印本影印，1968 年，第 104 页。

② 王陵基修，于宗潼纂：《福山县志稿》卷八之一，收入《中国地方志集成·山东府县志辑》，凤凰出版社、上海书店、巴蜀书社，据民国二十年（一九三一）铅印本影印，2004 年，第 412 页。

③ 中央研究院历史语言研究所：《明清史料》乙编第十本，商务印书馆，民国二十五年(1936)，第 943 页。

亩者"①；另一方面，造成大量流民的出现，致使匪盗横行，而济南府尤多。《聊斋志异·快刀》中记载称："邑各置兵，捕得辄杀之"②，这虽是小说中所记，但却曲折地反映出当时的社会境况。

二、赋税杂饷繁重

明朝末年，社会矛盾尖锐，民变边患四起。明政府为镇压民变，应对边疆动乱，被迫广开兵源，扩充军队，军费开支不断攀升。魏斐德在《洪业：清朝开国史》中对明弘治至天启年间军费变化情况进行系统梳理，称"1500 年为 5 万两，1573 年增至 280 万两，1586 年又增至 360 万两"，"16 世纪末为征讨鞑靼、平定西南土著叛乱和帮助朝鲜抗击倭寇，又花去了 1200 万两，太仓储银也很快消耗殆尽"③。由此可见，自弘治朝以来，明朝的军费开支持续增长。尤其是万历四十六年（1618）四月辽东战起，到天启元年（1621），前后不到四年时间，辽饷用银即达 1720 万两，平均每年 400 多万两。激增的军费开支，造成国库空虚，百姓困顿，有人感叹"未有公私匮竭如今日之穷者"④。为填补军费

---

① 《清实录》第三册《世祖章皇帝实录》卷一三，中华书局影印，1985 年，第119 页。

② ［清］蒲松龄：《聊斋志异》，孙通海等译，中华书局，2016 年，第 260 页。

③ ［美］魏斐德：《洪业：清朝开国史》，陈苏镇、薄小莹等译，新星出版社，2017 年，第 19 页。

④ ［明］赵世卿：《关税亏减疏》，收入［明］陈子龙等选辑：《明经世文编》卷四一一，中华书局，1962 年，第 4463 页。

空缺，自万历四十六年开始，除贵州有苗族变乱外，全国其他地区均按田亩加派辽饷，不得减免，而且经济发达的湖广淮安等地加派数额有所增加。《明神宗实录》"万历四十六年九月辛亥"记载：

> 户部以辽饷缺乏，援征倭征播例，请加派除贵州地确有苗变不派外，其浙江十二省南北直隶照万历六年会计录所定田亩总计七百余万顷，每亩权加三厘五毫。惟湖广淮安额派独多，另应酌议，其余勿论优免一概如额。①

崇祯元年（1644），户科右给事中黄承昊上书直言边饷增幅过大，朝廷入不敷出，称："祖宗朝边饷止四十九万，神祖时至二百八十五万，先帝时至三百五十三万，迩来又加六十八万，今出数共五百余万。岁入不过三百万。即登其数已为不足，况外有节欠，实计岁入仅二百万耳。"②

崇祯四年（1631），又每亩加征 3 厘，派银 667 万多两，除兵荒蠲免，实征银 522 万多两；崇祯十年（1637），为镇压各地兴起的农民起义，朝廷又加派剿饷，按"亩输六合，石折银八钱"交纳；崇祯十二年（1639），又以军费无着落，增加练饷，每亩加 1 分。三饷加派，主要出自地亩田赋。据魏斐德统计，晚明政府"从 1618 年到 1639 年，共有七次加税，使税率达到了基

---

① 台湾"中央研究院"历史语言研究所：《明实录·明神宗实录》，1962 年，据嘉业堂旧藏钞本影印，卷五七四。

② 台湾"中央研究院"历史语言研究所：《明实录·崇祯实录》卷一，1962 年，据嘉业堂旧藏钞本影印，第 25—26 页。

本财产的 1/10 左右,即每亩耕地约纳银五钱"。① 崇祯十五年
(1642) 五月戊辰,御史大夫吴履中奏言皇上(崇祯帝)之失有
二,其中就有"加练饷,致民怨天怒。水旱盗贼,结成大乱之
势"② 之语。不仅广大农民要承受沉重的压迫和剥削,一般中小
工商业也遭受了明朝政府的疯狂掠夺。为了弥补国库空虚,从万
历二十四年 (1596) 起,神宗派出大批矿监税使,以征收矿税、
商税为名,大肆搜刮民财。矿监税使横征暴敛,随意捕杀百姓,
还在城乡交通路口设置关卡,加征关税。不仅是农民,一些中小
地主也相继破产,农村经济日益凋敝。一些经济繁华的城镇,也
是行商屏迹,坐贾日稀。繁重的苛捐杂税,致使经济萧条,民生
困顿,故有人感叹"未有公私匮竭如今日之穷者"。③

在这样的背景下,山东地区的百姓背负着沉重赋税艰难维持
生计。万历年间《兖州府志》记载兖州府以及曲阜县的官民土地
以及所交赋税概况:

兖州府所属二十七州县田赋税总数:官民地共 75438 顷 75
亩 6 分 7 厘 8 毫 5 丝(内官地 801 顷 32 亩 5 分 6 厘 1 毫,民地
74637 顷 43 亩 1 分 1 厘 7 毫 5 丝)。税粮地共 63103 顷 99 亩 8
分 2 厘 6 毫 5 丝,绵花地共 593 顷 77 亩 2 分。夏税:小麦共

---

① [美]魏斐德:《洪业:清朝开国史》,陈苏镇、薄小莹等译,新星出版社,2017
年,"前言"第 13 页注 31。
② 台湾"中央研究院"历史语言研究所:《明实录·崇祯实录》卷十五,1962
年,据嘉业堂旧藏钞本影印,第 436 页。
③ [明]赵世卿:《关税亏减疏》,收入[明]陈子龙等选辑:《明经世文编》卷四
一一,中华书局,1962 年,第 4463 页。

134884 石 78 升 3 合 5 勺 1 抄 9 圭 3 粒 5 微。起运共 106500 石，实征银 37875 两 4 钱零，存留共 28384 石 7 斗 8 升 3 合 5 勺 1 抄 9 圭 3 粒 5 微。农桑折绢共 10078 匹 3 尺 1 寸 6 分，实征银 7054 两 6 钱 9 分；丝绵折绢共 3717 匹 2 丈 8 尺 9 寸……实征银 2602 两 5 钱 4 分 6 厘。秋粮：粟米共 315431 石 7 斗 5 升 5 合 2 勺 6 撮 2 圭 9 粒，起运共 198000 石，实征银 157362 两 2 钱零，存留共 117431 石 7 斗 5 升 5 合 2 勺 6 撮 2 圭 8 粒 5 微。京库地亩花绒本色共 17066 斤 9 两，马草共 73858 束 8 斤 5 两 8 钱，实征银 30249 两 4 钱 7 分 9 厘 9 毫。

曲阜县：民地共 1411 顷 98 亩 7 分 4 厘；夏税地 405 顷 29 亩 6 分 2 厘 7 毫 1 丝；秋粮地 945 顷 69 亩 1 分 2 厘 9 毫 9 丝；绵花地 61 顷。夏税：原额小麦 2168 石 3 斗 3 升 5 合 4 抄 4 撮 2 圭 1 粒，起运 1700 石，实征银 572 两 3 钱 8 两 2 厘……丝绵折绢 60 匹 1 丈 6 尺 7 寸 9 分 7 毫 5 丝 3 忽 9 微，每匹 7 钱共银 42 两 3 钱 6 分 8 厘；农桑折绢 72 匹 1 丈 9 尺 1 寸 2 分 5 厘，每匹 7 钱共银 50 两 8 钱 1 分 9 厘，存留 468 石 3 斗 3 升 5 合 4 抄 4 撮 2 圭 1 粒……秋粮：原额粟米 5059 石 4 斗 4 升 8 合 4 勺 5 抄，起运 3000 石，实征银 2239 两 4 钱 8 分……马草：原额 11728 束 9 斤 14 两，实征银 468 两 3 钱 3 分 3 厘。①

从中我们可以看到，明末山东地区的农民不仅要缴纳夏税和

---

① ［明］于慎行编纂：《兖州府志》卷五四《赋役志》，齐鲁书社，1985 年，第 637—651 页。

秋粮，而且还要上交丝绵、马草（折合成银两）等，赋税名目繁多，百姓负担沉重。

不仅是农民，城镇广大中小工商业者也遭到层层盘剥。以东昌府临清县为例：明朝末年，临清作为运河沿岸重要城镇"北起塔湾，南至头闸，绵亘数十里，市肆栉比，有肩摩毂击之势"（《临清县志》），交通便利，经济发达。意大利人利玛窦在《利玛窦中国札记》一书中盛赞临清商业发达，称："临清是一个大城市，很少有别的城市在商业上超过它。不仅本省的货物，而且还有大量来自全国的货物都在这里买卖。因而经常有大量旅客经过这里。"① 明万历二十四年（1596），明政府委派天津税使马堂兼任临清税使。马堂假借征税之名大肆搜刮民脂民膏，中饱私囊。为逼人纳税，他招雇流氓恶棍数百人，私设公堂，凌辱逼迫商人和手工业者，甚至草菅人命。马堂任临清税监使长达7年之久，贪占税银100余万两。万历三十三年（1605）十二月，山东巡抚黄克缵上疏参奏马堂的罪行，称："税监马堂每年抽取各项税银不下二十五六万两，而一岁所进才七万八千两耳，约计七年之内所隐匿税银一百三十余万。"（《神宗实录》卷四一六）在马堂的残酷剥夺和摧残下，商业发达的临清城失去了往日的辉煌。据《万历实录》记载：临清原有绸缎店33家，结果倒闭21家；布店73家，倒闭45家；杂货店倒闭了41

---

① ［意］利玛窦、［比］金尼阁著：《利玛窦中国札记》，何高济、王遵仲、李申译，何兆武校，中华书局，2010年，第337页。

家，"中产之家，破者大半"。

此外，崇祯九年（1636）还发生了一件加征赋税的事件，进一步加重了以山东、河南为代表的北方地区的经济负担。面对李自成、张献忠起义的迅速发展和后金（清）的步步紧逼，武生李琎奏陈朝廷，建议向江南富户加征赋税，以裁平叛乱。是年五月，朝臣就此展开了激烈的辩论。最后，浙江嘉善钱士升以"此横议动摇人心"弹劾李琎，弹劾虽未成功，但是最终说服崇祯帝，使之相信向江南加税势必在这一仍保持着安定的地区激起叛乱，并使朝廷失去江南士人的拥戴。结果，李琎加征赋税的建议却被采纳，此项搜刮落到了山东、河南富户的头上，北方地主替南方士绅承受了这一额外的经济负担。然而皇亲国戚及地主豪绅，通过优免特权和各种渠道千方百计逃避应缴纳的赋税，最终所加赋税又转嫁到农民身上。

不断增加的各种赋税，加剧了百姓的贫困，致使农民失去土地、手工业者破产，一度出现了"父子相食""割臂充饥"[①] 以及卖妻维生的惨烈事件。诸城刘氏家族文献记载，崇祯十四年（1641），岁饥，刘氏家族刘必显于高密贮沟集购买了一个因家贫而被卖的妇人。后因怜悯其夫妻生离，毁券还之，不索值。[②] 繁重的赋税，也激起了百姓的强烈反抗。临清民众反抗马堂的抗税斗争就

---

① 中央研究院历史语言研究所：《明清史料》乙编第十本，商务印书馆，民国二十五年(1936)，第943页。

② ［清］宫懋让等修，李文藻等纂：《诸城县志》，台湾成文出版社有限公司，1976年，第1104页。

是其中最著名的一次斗争。万历二十七年（1599），临清万余民众在王朝佐的带领下开展抗争，被官府镇压杀死 2 人，激起民变暴动。王朝佐等人率众烧毁税监衙署，杀死马堂爪牙 37 人，马堂在守备王炀的护卫下，仓皇逃走。朝廷震怒，派巡抚刘易前来平定。很快，抗税斗争失败，王朝佐为保护暴动民众挺身而出，从容就义。抗税斗争发生后，马堂不仅没有悔改反而变本加厉，加大搜刮力度。利玛窦在他的《利玛窦中国札记》中记载了临清抗税斗争，称："皇帝派太监们出去收税，其实就是掠夺。其中一个名叫马堂（Mathan），住在著名的临清港。当地的居民和驻军奋起反对他，烧毁了他的家，杀死他所有的家奴。他若不是化装逃跑，避开了愤怒的人群，自己也会遭遇同样的命运。但是恐惧并没有结束他的贪婪，人们说他自从遭了那场灾难后，变得比以前更坏了。"①

三、 土地兼并严重

明朝末年，土地兼并加剧，而山东状况尤为严重。其主要原因在于山东藩王宗亲和地方家族众多。

一方面，山东是明代藩王最多的省份之一。明朝自立国之初便有厚封藩王的传统。《明史·食货一》记载："太祖赐勋臣公侯丞相以下庄田，多者百顷，亲王庄田千顷。"② 这些藩王在京畿有赡

---

① ［意］利玛窦、［比］金尼阁著：《利玛窦中国札记》，何高济、王遵仲、李申译，何兆武校，中华书局，2010 年，第 388 页。

② ［清］张廷玉等撰：《明史》卷七十七，中华书局，1974 年，第 1886 页。

养田和香火地，出境就藩时被赐予王府庄园并屡受朝廷封赏，成为当地最大的地主。就山东来看，明朝共有 6 位藩王被分封于境内，他们分别是齐王、鲁王、汉王、德王、衡王、泾王。齐王封于青州（今潍坊市青州市）、鲁王封于兖州（今济宁市兖州区）、汉王封于乐安（今滨州市惠民县）、德王封于济南、衡王封于青州（今潍坊市青州市）、泾王封于沂州（今临沂市）。其中衡王、德王庄田最为广袤。衡王庄田有 7000 多顷，《明史·食货一》称："徽、兴、岐、衡四王，田多至七千余顷。"① 德王庄田也多达 6500 多顷。

王府不仅广占良田，而且巧立名目，设立"鸭鹅食田""鸭鹅场""脂粉地"等占有土地。将土地占有后，收取籽粒银。王京宝、闫海青在《明代山东王府庄田初探》一文中，对德王府和衡王府的籽粒地和脂粉地的数量作过统计。以德王府为例，所占滩涂之地不仅遍布聊城、临清，甚至延伸到濮州（今河南濮阳）、范县（今河南范县）。仅在濮阳一地，所占籽粒地就达 3000 多顷。而衡王府，仅是分布在昌邑、潍坊和高密三县的脂粉地就有 2765 顷之多。② 鲁、德、衡、泾几个王府在山东各州县俱置有庄田，而德王、衡王、泾王就藩时，"将民间地土，搜括殆尽"（黄彰健等校勘：《明世宗实录》）。明朝中后期，藩王占有土地更是达到了极为惊人的地步。神宗时期，赏赐更滥。其庶三子福王常洵就藩河南府时，奏请庄田 40000 顷，遭到大臣强烈反对，后被

① ［清］张廷玉等撰：《明史》卷七十七，中华书局，1974 年，第 1888 页。
② 王京宝、闫海青：《明代山东王府庄田初探》，《山东教育学院学报》2007 年第 2 期。

削减为20000顷。因河南土地不足，又征派山东土地4480多顷加以补充。（黄彰健等校勘：《明世宗实录》）

由此可见，山东作为明朝分封亲王最多的省份之一，大量良田被亲王瓜分，至明末已经达到了无以复加的地步。

另一方面，在科举制度的引导和鼓舞下，明清两朝山东地方家族迎来了发展的高潮，先后涌现出200多个地方望族。其中在国内有一定影响，在省内比较著名的就达数十家。至明末，山东各地文化世家已发展至100多家。这些家族，或者是农耕起家，或者是外来官员家属随迁落户，或者是小工商业者发迹。但是，无论是哪种方式起家，都会在家族崛起之后广置良田，积累家产。各地良田一部分又流入了地方望族之手。郑板桥在潍县做过知县，他在《潍县竹枝词》中所写"绕郭良田万顷赊，大都归并富豪家"（《潍县竹枝词之三》），描绘的就是当时土地兼并的社会现状。钱泳在《履园丛话》中也称各地"田亩多归缙绅豪富之家"（钱泳《履园丛话》卷七《臆论》"骄奢"条）。以曲阜孔氏家族为例：曲阜孔氏家族因受祖荫，受到历代朝廷的厚赐，获得大量土地。汉平帝封孔子为公爵，授予孔子家族3000亩良田。历经唐朝、宋朝、元朝，又不断加封，至明朝孔子家族的田地已多达20万亩，地跨山东、河南、湖北3省。

大量良田被藩王与各地望族占据，山东地区绝大多数农民无地少地，难以维持生计。即便是各地世家大族，也会因族人众多而出现贫富分化，贫穷无立锥之地者也不鲜见。如即墨望族蓝氏家族，族人中就有难以"自存者"。蓝氏家族第九代蓝再茂的从弟原有万金家产，由于经营不善破产而落得无立锥之地，依靠蓝再茂接济度日。傅以渐在《皇清敕封文林郎内翰林国史院检讨加一级诏赠中大夫前南皮令青初蓝公暨元配孙氏继配崔氏墓志铭》中记载了蓝再茂长期周济破产的从弟，抚育侄辈成才的事迹，称："如从弟之废万金产，而无尺寸土，公（蓝再茂）赡恤其家，抚其诸子，终身如一日。"① 随着蓝氏家族经济的进一步衰退，族内贫困人口越来越多，有些甚至到了入不敷出需要变卖地产来维持生计的地步。蓝氏家族无地、少地族人数量不断增加，蓝氏家族第十一世蓝启晃在《义庄记》中称："及我九世祖兄弟二人，长则我赠侍郎祖，次则城外我九世叔祖也。两支子孙迄今益蕃，但无居址者有之，无地土者有之。"②

从中可见，明朝末年山东土地主要集中在藩王、特权家族及各地望族手中。良田沃野被权贵世族占据，无地或者少地的农民数量增加。失去土地，百姓只能依靠租种土地或者从事手工业等途径来谋生，但是无论是务农还是从事其他营生他们都无法摆脱沉重的赋税和层层盘剥。

综上可见，明朝末年，山东地区自然灾害频仍，苛捐杂税繁重，土地兼并严重，社会矛盾尖锐，各种危机和变乱隐而待发。

---

① ［清］傅以渐：《皇清敕封文林郎内翰林国史院检讨加一级诏赠中大夫前南皮令青初蓝公暨元配孙氏继配崔氏墓志铭》，收入蓝润《余泽录》，即墨蓝氏家刻本，顺治十六年，卷四，第52页。

② ［清］蓝启晃：《义庄记》，即墨蓝氏家藏清钞本，第67页。

| 第二节 | 明末山东地区的兵变民乱

明朝末年，山东地区社会矛盾激化，兵变民乱频发，社会动荡不安。崇祯四年（1631）发起，至崇祯六年（1633）四月被平叛的"吴桥兵变"，历时两年有余，波及大半个山东地区；天启二年（1622）徐鸿儒领导的白莲教起义拉开明末山东农民起义的序幕，继而李廷实、李青山、史东明等领导的农民起义风起云涌，席卷山东各地。

一、"吴桥兵变"

"吴桥兵变"发生于崇祯四年（1631）。这年七月，明总兵祖大寿等率兵民 3 万多筑城大凌河（今辽宁凌海市）。后金皇太极乘机率八旗及蒙古兵精兵数万围攻大凌河。皇太极盘营扎寨数十处，采用"挖壕筑墙，长期困守，围城打援"的战法，切断大凌河城与外界的联系。祖大寿拒绝皇太极多次劝降，坚守待援。大凌河属宁前道，归登莱巡抚统辖。时任巡抚孙元化受命于兵部从海路发兵赶赴耀州盐场（在今辽宁营口市附近）作为牵制，缓解大凌河之困。

九月，孙元化派遣登州游击孔有德率辽兵由水路前往援救。孔有德为毛文龙旧部。崇祯二年（1629），袁崇焕以十二宗大罪矫旨斩杀毛文龙。其下属孔有德、耿仲明、李九成等，被登莱巡抚孙元化收容，并补充辽人予以扩编。孔有德虽受命，但畏惧强悍金兵，以风汛不利出航为由，拒不前行。不得已，孙元化又命他与千总李应元率领千人改由陆路赴宁远候命。队伍行至河北吴桥时，兵卒与百姓发生冲突，孔有德笞之，兵卒大为不满。后孔有德部滞留山东新城（今山东省淄博市桓台县）的辽兵，与新城王氏家族起争端，并杀死王氏家族庄仆，王氏"申详抚按，必欲查首乱者戮以殉众"，辽丁"急至吴桥，邀前队改辕而南"，"皆歃血立誓，若不雪此耻而北行者，众共杀之"。① 同时，李应元之父李九成花了为孙元化买马之钱，恐遭议罪，李氏父子遂率辽丁拥孔有德发动叛乱。于是，孔有德部在河北吴桥发动兵变，史称"吴桥兵变"。

这场兵变虽然在河北吴桥发起，主要战场却在山东登莱等地。叛乱发起后，孔有德遂倒戈杀回山东半岛，连陷临邑、陵县、商河、青城诸城，率兵直趋登州。《明季北略》《福山县志》《莱阳县志》等史志文献详细记载了吴桥兵变的进展与战况：

"崇祯四年……兵大掠，连陷临邑、新城等六县"②，六月乙酉，孔有德攻青州；庚寅，攻登州。崇祯五年正月初三日辛丑，登州城陷；十三日辛亥，有德破黄县；③ 正月十四日，又扑福山，

---

① 中国历史研究社编：《烈皇小识》，上海书店出版社，1982 年影印本，第 71 页。

② 王陵基修，于宗潼纂：《民国福山县志稿》，收入《中国地方志集成·山东府县志辑》，凤凰出版社、上海书店、巴蜀书社，据民国二十年(一九三一)铅印本影印，2004 年，第 415 页。

③ [清]计六奇：《明季北略》，中华书局，2016 年，第 142 页。

知县朱国梓力御之。① 同年四月十七日癸未，孔有德攻莱城，山东巡抚徐从治殉职；六月癸卯，杀莱州知府朱万年。② 《莱阳县志》"卷末·附记·兵革"记载："贼长驱入登州，据之，遂围莱州。分兵徇地，东及莱阳。知县梁衡、游击徐元奇、邑绅姜泻里、宋继澄等预伏兵城外，俟贼围攻不下稍疲伏，发城亦出兵助之，贼遂败退。大掠而去。"③

崇祯五年（1632）九月十四日，孔有德复入登州，遭官兵围攻；十一月，孔有德败走；十二月初三，李九成率叛兵出战时殁于阵，改由王子登替代，因九成勇谋均甚于孔有德，且叛变过程中主要的攻守战役多由他与陈有时担任前锋，素为辽人所推戴，叛军士气于是大受打击，孔有德航海逃往黄县。

崇祯六年（1633）正月，高起潜在挂榜山（今蓬莱市城南）新筑铳城，并用红夷大炮轰击城内，令叛兵胆寒，明廷于是决定自北京再赶运四五门大炮。由于城中日益乏食，孔有德乃于崇祯六年（1633）二月十三日乘船自海上遁去。十八日，官兵攻下水城，叛军被俘者千余人，自缢及投海而死者四五千。至此，始完全收复山东。是年四月，孔有德自盖州归于大清。④

---

① 王陵基修，于宗潼纂：《民国福山县志稿》，收入《中国地方志集成·山东府县志辑》，凤凰出版社、上海书店、巴蜀社社，据民国二十年（一九三一）铅印本影印，2004年，第415页。
② ［清］计六奇：《明季北略》，中华书局，2016年，第142页。
③ 梁秉锟等修，王丕煦等纂：《莱阳县志》，台湾成文出版社有限公司，据民国二十四年铅印本影印，1968年，第1615页。
④ ［清］计六奇：《明季北略》，中华书局，2016年，第142—143页。

吴桥兵变历时两年有余，席卷大半个山东。虽被平定，但最终以叛将孔有德渡海归降后金而结束。这次兵变，使正处于国力衰弱时期的明朝雪上加霜，对明末清初的政治军事格局产生深远的影响。同时，这场军事叛变波及山东济南、登州、莱州三府十余县，叛军所到之处攻城略地，烧杀抢夺，致使山东地区经济和地方大族受到重创。其中以新城王氏家族遭受的杀戮最为惨烈。王象复、王与夔父子死难，王象乾①全家被杀，王象春等则皆易服狼狈逃到邹平长白山别墅得以苟活。

二、 农民起义

明朝末年，连年的自然灾害和繁重的苛捐杂税，加剧了社会矛盾，引发了百姓强烈的抗争。天启二年（1622）的山东曹州白莲教徐鸿儒起义，拉开了明末农民起义的序幕。此后，全国各地农民起义风起云涌，其中以李自成、张献忠领导的农民起义最为著名。崇祯十三年（1640）以后，随着李自成、张献忠等农民起义武装斗争走向高潮，山东境内的农民起义也迎来了一个新的发展阶段。这一时期山东农民军蜂拥而起，土寇横行，波及高堂、东平、东阿、汶上、张秋、肥城、兖州、泰安、曲阜等府州县。②规模较大的起义军"以十数"，其中以李廷实、史东明、李青山、

---

① 王象乾（1546—1630），字子廓，号霁宇，明隆庆四年举人，连科进士，历任金都御史、兵部尚书等职。于"吴桥兵变"事发前一年（崇祯三年）病逝，赠太师。

② ［清］谷应泰：《明史纪事本末》，中华书局，2018 年，第 1272—1274 页。

王俊等领导的农民起义为代表。

1. 徐鸿儒起义。徐鸿儒（？—1622），山东巨野人，明末农民起义领袖。明末土地兼并日益严重，赋税徭役不断增加，社会矛盾日趋激化。徐鸿儒凭借白莲教教义组织群众，联合景州（今河北景县）于弘志、曹州（今山东曹县）张世佩等聚众至数千人，约定天启二年八月于河北景州、蓟州和山东郓城一带起义。因计划泄露，徐鸿儒遂于天启二年（1622）五月十一日在郓城六家屯举旗反明。曹州府一带的白莲教徒呼声震天，群情激昂。当地农民激烈响应，多携持妇子、牵牛架车、裹粮橐饭，争趋赴之，拥立徐鸿儒为中兴福烈帝，设官授衔，建立政权。起义军迅速发展，众至万余人，相继攻占郓城、巨野等地。山东其他地区的白莲教向风而动，尤其是沈智、夏仲进、张柬白、侯五、周念庵、孟先汉等领导的起义军，占领了郓城、滕县、邹县、峄县等县城，《费县志》称："连陷名城，滕、峄邱墟。"[1] 并对兖州、曲阜、郯城等地发起攻击，鲁南广大地区一度处于起义军掌控之下。同时，起义军还占领漕运要道夏镇，阻截漕运，多次重创官军。与此同时，全国各地响应徐鸿儒的农民起义，于弘志在河北武邑、枣强、衡水等地，康傅夫在泽县，李恩贤在河南汝宁府固始县，声援徐鸿儒，发动起义。一时间，起义的烽火四起，大有席卷全国之势，严重冲击了明王朝的统治。明册封鲁藩阳信昭定

---

① ［清］李敬修纂修：光绪《费县志》，收入《中国地方志集成·山东府县志辑》，凤凰出版社、上海书店、巴蜀书社，据清光绪二十二年（一八九六）刻本影印，2004年，第212页。

王朱以㵾墓志记载称："妖贼蜂起，日下邹、滕、郓、峄数县。环攻兖城，势若累卵，固朝廷咽喉之患。"明廷甚至将这次起义与陈胜、吴广，赤眉、黄巾相提并论，足可见其惊惧之深。明政府调集前总兵官杨肇基、游击陈九德率兵讨伐[1]。天启二年（1622）九月，徐鸿儒粮尽援绝，突围不成而被俘。十二月二十一日，徐鸿儒和其父徐东明、母傅氏及重要部属18人被押送北京，慷慨就义。起义军主力被打败后，部分将士转战巨野、郓城，在郓城武安一带被明军包围，上万名起义军将士血洒疆场。

徐鸿儒起义历时190余天，最后虽然失败，但它范围波及半个山东省，点燃了明末农民斗争的烈火，敲响了明王朝的丧钟，被石芳苓称作"摧毁朱明腐朽统治的明末农民大起义的前奏"[2]，在明末农民起义史上具有里程碑意义。

2. 董大成之乱。董大成，明末莱阳人，白莲教教徒。崇祯二年（1629）十一月二十日，董大成受白莲教首领李盛明指示，聚集五千人发动叛乱，二十四日开始攻打莱阳县城。莱阳久无战事，人不识兵，战备松弛。情况危急，县衙只好组织城里的士绅、百姓共保城邑。莱阳各大家族士绅积极参与，其中著名的抗清英雄、莱阳左氏家族左懋第也参与了此次保卫莱阳城的斗争。在士绅的坚决抵制下，董大成屡攻不下，遂围困莱阳城。崇祯三年（1630）正月初一日，登州总兵张可大奉命剿匪，董兵败退孔

---

① ［清］张廷玉等撰：《明史》卷二十二，中华书局，1974年，第300页。

② 石芳苓：《明末徐鸿儒领导的山东农民起义》，《山东师范学院学报》1959年第5期。

家店、李家沟村（今莱西）一带。不久，官兵焚毁垛山道庵、刘家庄、孔家店、李家沟、唐家沟、桃花村六村，董大成败走，至蒙阴县后被捕杀，传首莱阳。民国版《莱阳县志》记载称："思宗崇祯二年，邑人董大成为乱，登镇总兵张可大遣兵讨平之。"[①] 至此，董大成之乱得以平定。

3. 李廷实起义。李廷实，也叫李廷宝。崇祯十四年（1641），山东大饥，各地饥民揭竿而起。李廷实、李鼎铉领导的农民起义，正是在这样的历史背景下发起的。起义发起后，不仅受到饥民的热烈拥护，也得到地方吏胥的积极响应。清谷应泰在《明史纪事本末·中原群盗》中记载："十四年（辛巳，一六四一）正月甲辰，山东土贼李廷实、李鼎铉陷高唐州。时山东盗起，东平、东阿、张秋、肥城所在皆贼。兖州二十州县，一时啸聚响应，惟济宁、滋阳无盗。京畿道梗，省直饷银数百万俱阻于兖州。东平州吏胥倡乱，迎贼入城据之。"[②] 农民起义的迅猛发展，使得明政府大为震怒，时任山东巡抚的王国宝，发六道重兵防卫兖州，派总兵刘泽清率军前往东平。次年正月，起义被镇压。

李廷实领导的农民起义，持续一年有余，波及东平、东阿、章丘、肥城等诸多州县，受到广泛的响应，沉重打击明朝的统治。但起义因灾荒饥饿而起，而战乱和杀戮无疑进一步加重了这种灾难。战后，战乱波及的地区一度出现了"白骨纵横""民父

---

① 梁秉锟等修，王丕煦等纂：《莱阳县志》，台湾成文出版社有限公司，据民国二十四年铅印本影印，1968 年，第 103 页。

② ［清］谷应泰：《明史纪事本末》，中华书局，2018 年，第 1272 页。

子相食，行人断绝"① 的惨烈境况。

4. 史东明起义。崇祯十四年（1641）四月，泰安地区爆发了史东明领导的农民起义。这次起义组织有方，讲究战略战术，人员激增至十数万人，势力迅速扩大。他们围攻泰安州，转战宁阳、曲阜间，一度威胁兖州，甚至突破山东地界，延伸到南直隶（今江苏省）的徐州、海州、扬州一带。不久又挥师横扫沂州、青州，号称军队"二十万"。但是由于长期流动作战，队伍疲惫不堪，粮草不足，进攻泰安及莱芜，均未成功。同年，起义军被明将刘泽清败于吐子口，史东明中流矢而死，起义也以失败告终。

5. 李青山起义。李青山，又名李连堂，山东寿张县人。他出身农民，以屠宰为业。李青山自幼尚武，为人豪爽，慷慨好义，四乡流民避难其门下者甚多。崇祯十四年（1641），山东因连年大旱，蝗灾洊至，农田歉收，瘟疫流行。而官府不仅不加抚恤，反而横征暴敛，致使饿殍载道，民不聊生，农民起义一触即发。李青山因帮助饥民买粮，与屯粮不售的奸商发生争执，失手致账房先生死亡，不得已聚众数千人起义。附近百姓迅速响应，队伍急剧壮大。起义军抗官兵，截漕运，攻州府，控制漕运。《明季北略·山东李青山》称其："乘机啸聚数万人，屡寇兖州，山左骚动。"② 李青山起义，引起朝廷的震怒，崇祯帝命张国维、刘泽

---

① ［清］谷应泰：《明史纪事本末》，中华书局，2018 年，第 1273 页。
② ［清］计六奇：《明季北略》，中华书局，2016 年，第 315 页。

清、刘元斌、黄得功、周遇吉等部在寿张、东平、梁山之野合击起义军。崇祯十五年（1642）正月初六，李青山于费县东部的箕山战败被俘。《崇祯实录》《明史纪事本末》皆记载称："山东盗平，擒李青山入京。"同时，王邻臣等二十余名主要头领被槛送京师，与李青山一起被磔刑处死，起义宣告失败。李青山起义虽然仅仅持续了半年多的时间，但声势浩大，组织严密，沉重打击了明朝统治，加速了明朝的覆亡。

6. 王俊起义。王俊（？—1652），又名王巨，字小吾、肖武，山东费县梁邱人，明末清初山东地区农民起义领袖。明末山东连年遭受旱蝗灾害，土地歉收，百姓食不果腹，流离失所，甚至出现"人相食"的惨剧。崇祯十三年（1640），走投无路的百姓在王俊的领导下，依靠滕、峄、邹三县揭竿而起。起义军先后占据梁邱以西大苍山、小苍山、富贵顶等九个山头，王俊号称"九山王"。同年，马应试以范县（今属河南）的榆树园林区为根据地发动起义。这两股农民起义力量相互支持，先后攻占郯城、邹县、曲阜等地，势力迅速扩大。入清后，王俊起义军还曾与南明鲁王朱以海联合，开展抗清斗争。史志记载："顺治二年，滕峄土寇啸聚掳掠，九山贼王俊焚劫。"[①] 清顺治九年（1652），起义军被清兵击败，王俊遇难。王俊领导的农民起义，持续时间长，波及范围广，不仅打击了腐朽的明朝统

---

① ［清］李敬修纂修：光绪《费县志》，收入《中国地方志集成·山东府县志辑》，凤凰出版社、上海书店、巴蜀书社，据清光绪二十二年（一八九六）刻本影印，2004年，第212页。

治，还积极参与了抗清运动，是明清之际山东地区颇具影响的一次农民起义。

7. 黄宗贤作乱。明崇祯十七年（1644），李自成攻陷北京，崇祯皇帝朱由检在煤山（今北京市景山）自杀殉国，明朝宣布覆灭。明亡后的短短数月间，政局风云变幻：福王朱由崧在南京成立南明政府，清兵赶走李自成占据京城，李自成农民军败走陕西。这几股政治势力进行激烈角逐，无暇顾及山东，致使山东地区不少基层政权处于空缺状态，为地方叛乱力量提供了土壤。如山东莱州府即墨县，黄宗贤、郭尔标、周六等人，乘机煽动当地农民作乱，并率众围攻即墨城，即墨知县仓皇逃窜。河北明军前来增援，结果大败而归。即墨乡绅蓝再茂与黄宗昌等人组织城中士民，固守城门，顽强抵抗。即墨城被围的30多天里，黄宗贤、郭尔标、周六等率众攻城十几次，均未成功。邑绅杨遇吉乘夜出城赶赴莱州求助①，当时莱州已归顺清廷，胶州总镇柯永盛委参将杨遇明、孔国治，守备韩朝相等领兵至即墨，黄宗贤、郭尔标、周六等四散败亡，即墨之围得以解除。黄宗贤等作乱持续时间较短，波及范围较小。但却因镇压其叛乱，杨遇吉求救莱州府而实现了即墨明清鼎革的和平过渡。明清之际尤其是清朝初年，即墨地区基本没有激烈的抗清运动，原因就在于此。

---

　　① 当时杨遇吉并不知道莱州已经归顺清廷。莱州府平定黄宗贤等的叛乱，也促使了即墨实现明清之际的和平过渡，使即墨免受清廷的镇压和摧残。

由上可见，连年不断的自然灾害，名目繁多的苛捐杂税，土地的高度集中，激化了社会矛盾，引发风起云涌的农民起义。而"吴桥兵变"，不仅进一步激化了社会矛盾，加剧了社会动荡，而且严重破坏了山东的经济基础，重创了山东各地的世家大族，山东地区出现了民生凋敝，矛盾尖锐，社会动荡的复杂局面。

| 第三节 | 明末建州女真的崛起 与两次兵犯山东

明朝末年，建州女真迅速崛起，先后五次侵扰大明疆土，其中后两次深入山东境内，给山东地区带来了深重的灾难，也遭到了山东文化世家和地方政府的坚决抵抗。

一、 明末建州女真的崛起

女真族，也称女贞、女直，后皇太极将女真族改名为满族。该族源自3000多年前的肃慎，是我国古老的民族。历经数千年发展，至明朝初年女真分为了建州女真、海西女真、东海女真三个大部落。明朝中后期，自然灾害频仍，社会矛盾尖锐，兵变民乱不息，明政府疲于应对时局，放松了对边陲少数民族的管控。地处东北一隅的建州女真，迎来了发展的机遇，迅速崛起。

从十六世纪后期到十七世纪早期，在努尔哈赤①的领导下，建州女真建立了严格的军事制度，提高了军队的战斗力，巩固了与西方蒙古的联盟，确立了自己的最高领导权。之后，建州女真又吞并了哈达（1599），击溃了辉发（1607），接收了乌拉（1613），消灭了叶赫（1619），统一了女真各部。努尔哈赤所领导的女真部还构建出了一套行之有效的地方行政体系，将游牧部落齐民编户，加强了对部落的管控。努尔哈赤控制辽东后，不断积蓄力量，伺机侵扰大明疆土。万历四十四年（1616），努尔哈赤建立后金，正式称汗。万历四十七年（1619），后金与明军在萨尔浒（今辽宁抚顺境内）展开激战，大败杨镐指挥的四路明军，取得了与明朝辽东战略决战的胜利。萨尔浒战役后，努尔哈赤迁都于盛京（沈阳），率军席卷辽东，攻下明朝所属城池70多个。天命十一年（1626），努尔哈赤兵败于宁远之战，后身患毒疽，病死于瑷福陵隆恩门鸡堡（今沈阳市于洪区翟家乡），终年68岁。

努尔哈赤死后，其子皇太极继承汗位。皇太极积极进行改革，开科取士，从俘虏中选拔官吏，并比其父更深地依赖于汉族合作者的帮助和指点。在皇太极一系列制度的感召和诱惑下，不少汉族知识分子和军队将领投靠后金。崇德元年（1636），皇太极在盛京（今沈阳）称帝，改国号大清。并出兵征服了朝鲜，迫

---

① 努尔哈赤,清朝的奠基者,后金第一位大汗。他统一女真各部,积蓄力量,开拓疆土;建立后金,割据辽东。为女真部落的发展和清朝的建立打下坚实基础。皇太极改国号为大清后,尊其为太祖。

使朝鲜臣服于清朝，从而扫除了进攻明朝的后顾之忧，为入关夺取全国政权奠定基础。

二、 清兵两次兵犯山东

随着实力的增强，满洲女真部落①屡次侵扰大明边境，分别于崇祯二年（1629）、崇祯五年（1632）、崇祯九年（1636）、崇祯十一年至十二年（1638—1639）、崇祯十五年至十六年（1642—1643）先后 5 次入关，并不断向腹地深入。崇祯二年（1629），皇太极率军第一次入关。后金军队从热河进军，攻破长城大安口和龙井关，继而占遵化，陷蓟州，兵临北京，以反间计诱使崇祯帝杀掉了名将袁崇焕，为清军扫除劲敌。崇祯五年（1632），皇太极率军第二次入关。后金军队由蒙古草原进军，兵抵张家口，列营炫耀兵威，迫使明守将缔约讲和而还。崇祯九年（1636），皇太极命其弟阿济格②统军南下，第三次入关。清兵突破居庸关，直驱河北。一路与明军作战数十次，下十余城，俘获人畜十余万，经冷口出长城北而还。

清兵的前三次入关，目的在于试探明政府的态度，炫耀武力，

---

① 1616 年,建州女真部首领努尔哈赤建立后金;1635 年,其子皇太极将女真族改为满洲族;1636 年,皇太极改国号为"清"。明清易代斗争中女真族的五次入关,时间跨度较大,称谓难以统一,故而本书先以"女真部落"称之。后文中随着时间推移,以"后金军队""清兵"称之。

② 阿济格(1605—1651),清太祖努尔哈赤第十二子,皇太极之弟,清初名将。随多尔衮入关,在打击李自成起义军、平定大同姜瓖叛乱等方面立下军功。

其范围基本上局限于北京、河北及周围地区，没有波及山东地区。但是，随着实力的增强和对明斗争的节节胜利，清军开始侵扰大明腹地。后两次入关，均攻入山东境内。他们攻城略地，肆意烧杀，给山东地区造成深重的苦难和无可估量的损失，也受到山东地区广大世家和军民的激烈反抗。因崇祯十一年为旧历戊寅年、崇祯十二年为己卯年，崇祯十五年为壬午年、崇祯十六年为癸未年，故而我们将这两次抗清斗争称之为"戊寅、己卯之难""壬午、癸未之难"。

（一）戊寅、己卯之难

1. 戊寅、己卯之难概况

崇祯十一年（1638）冬，清兵第四次入关，十万大兵分四路，直驱南下。《明实录·崇祯实录》对清兵的行进路线有着详细记载：

十一月癸亥，清兵略良乡、高阳、涿州向河间，自入塞分兵四道：一趋沧、瀛，　趋山东济南，一趋临清，一趋彰德、卫辉。[1]

丁卯，清兵薄景州，太监刘元斌闻召走德州；清兵入高阳。[2]

己酉，清兵入衡水、武邑、枣强、鸡泽、文安、霸州、阜城。

甲子，清兵薄德州。渡河，历临清分道：一趋高唐，一趋济

---

① 台湾"中央研究院"历史语言研究所：《明实录·崇祯实录》卷十一，1962年，据嘉业堂旧藏钞本影印，第347页。

② 台湾"中央研究院"历史语言研究所：《明实录·崇祯实录》卷十一，1962年，据嘉业堂旧藏钞本影印，第349页。

宁，合于济南。

十二月丁酉，清兵连破平乡、南河、沙河、元氏、赞皇、临城、高邑、献县。[1]

崇祯十二年春正月庚申，清兵入济南。先是巡抚颜继祖奉命移驻德州。清兵猝至梯城而上，吏卒骇遁。巡按御史宋学朱方肩舆出院闻。登西城，役隶奔散，学朱因遇害。同时，左布政使张秉文，督粮道副使、散学邓谦，济南道副使周之训，都转盐运使唐世熊，济南知府苟好善及历城、临池、武城、博平、茌平诸县令俱死之。副总兵祖宽以300骑援济南，败没。德王被执，诸郡王并见杀。

壬戌，清兵入青县。[2]

戊辰，督察大学士刘宇亮、总督孙传庭会兵18万，自晋州援济南；祖大寿亦自青州至。命云南道御史郭景昌巡按山东，兼核城陷之故。景昌至，瘗济南城中积尸十三万余，悉发仓粟赈贫民。

甲戌，清兵自济南取东平；乙亥，入莘县，复至济宁、临清、固城。

丙子，取营丘、馆陶；清兵取庆云、东光、海丰，遂东行；庚辰，入冠县。

---

① 台湾"中央研究院"历史语言研究所：《明实录·崇祯实录》卷十一，1962年，据嘉业堂旧藏钞本影印，第350页。
② 台湾"中央研究院"历史语言研究所：《明实录·崇祯实录》卷十二，1962年，据嘉业堂旧藏钞本影印，第355页。

甲申，清兵至张秋、东平，入汶上；焚康庄驿，攻兖州，距徐州百余里，居人南渡。安庆巡抚史可法驻徐州。刘宇亮、孙传庭会师于大城。[1]

二月丙申，清兵退。[2]

清兵这次南下，兵分四路，历时三月余。其中一路兵犯河北，攻掠沧州、霸州；一路兵犯河南，进攻彰德、卫辉。另外两路突进山东：一路进攻济南，一路进攻临清。清兵南下，德州是必经之地，山东巡抚颜继祖奉命率兵扼守。崇祯十二年（1639）己卯初，清兵包围德州。由于颜继祖的重兵固守，又加上山东总兵倪宠援军支持，清兵一时难以攻克德州。于是绕过德州渡河南下，攻掠临清。然后兵分两路：一路先攻高唐，一路迂回至济宁，对济南形成合围之势。当时济南守城兵将多调至德州，故城防空虚。《明季北略》记载称："会报北兵入省，（宋学朱）遂星夜冒围驰入济南，未至，北兵已过德州。而省城标兵三千，先随巡抚远驻北直，城中止留老弱乡兵五百及莱兵七百而已。"[3] 这场艰难而残酷的济南保卫战就在双方力量极度悬殊的情况下拉开序幕。山东布政使张秉文、巡按御史宋学朱、历城知县韩承宣等率领济南军民，顽强抗击清军，坚守两月之久。终因城中弹尽粮

---

① 台湾"中央研究院"历史语言研究所：《明实录·崇祯实录》卷十二，1962年，据嘉业堂旧藏钞本影印，第356—357页。

② 台湾"中央研究院"历史语言研究所：《明实录·崇祯实录》卷十二，1962年，据嘉业堂旧藏钞本影印，第358页。

③ ［清］计六奇：《明季北略》，中华书局，2016年，第249—250页。

绝，而外无援兵，崇祯十二年（1639）正月初二济南城被清兵攻破。清兵由西北城墙攻入济南，并开始疯狂屠城，济南十余万军民惨遭杀戮。

济南失守后，朝野震惊。在明廷的压力下，各路援军迅速汇集：副总兵祖宽以 300 骑驰援济南，督察大学士刘宇亮、总督孙传庭由晋州驰援济南，祖大寿由青州赶往济南。清军为了避开明朝的优势兵力，迅速撤离济南，一路攻克东平、莘县、济宁、临清、固城，然后分兵攻克营丘、馆陶。① 与另一股清军会合后，又经鲁西北南下，取道鲁西南，最后攻占兖州。崇祯十二年二月，清兵撤退。

2. 戊寅、己卯之难中殉难的英烈

在戊寅、己卯之难中，济南地区上至王室宗亲、中至地方官吏士绅、下至士卒百姓均表现出凛然气节和顽强的斗争精神，十余万人慷慨赴难，谱写了明清鼎革斗争史上的光辉篇章。

第一类，王室宗亲。戊寅、己卯之难中，山东境内的明王室宗亲遭受重创。"德王由枢被执"②，"诸郡王并见杀"③，德王府仪宾陈凤仪率二子正学、正己和侄子正心，奉命守东门，城陷均被害④；宁海王朱常淴于清军兵临城下之际，"守南城。城陷，死

---

① ［明］谈迁：《国榷》卷九十七，张宗祥点校，中华书局，1958 年，第 5829 页。

② ［清］张廷玉等撰：《明史》卷二十四，中华书局，1974 年，第 326 页。

③ ［明］谈迁：《国榷》卷九十七，张宗祥点校，中华书局，1958 年，第 5828 页。

④ 靳巩、滕鸿嘉修，毛承霖纂：《续修历城县志》卷四十二《列传四·忠烈》，收入张华松等点校：《历城县志正续合编》，济南出版社，2007 年，第 1046 页。

之"①;"泰安奉国大将军朱常汴、泰安奉国四将军朱常涝、临朐王府奉国将军朱常漆俱死难"②。

第二类,地方官吏。戊寅、己卯之难中,山东巡按御史宋学朱、左布政使张秉文、山东提学翁鸿业、济南参政邓谦、历城知县韩承宣等率众抗清,皆以身殉难。谈迁《国榷》记载:"己卯崇祯十二年正月己未朔庚申,建虏陷济南……巡按御史宋学朱……左布政使桐城张秉文、督粮道副使孝感邓谦……历城知县蒲州韩承宣……俱死之。"③

张秉文(1585—1638),字含之,号钟阳,安徽桐城人。明万历三十八年(1610)进士,初授浙江归安知县。后调徽州教授,迁户部郎中。累官湖广荆襄道,福建建宁兵巡道,广东按察使,广东右布政使。明崇祯十一年(1638)冬,清兵进攻山东时任山东左布政使,保卫济南,抵抗清兵。城破之日,张秉文擐甲巷战,中箭后力不能支而死,《明史》记载:"(崇祯十二年)庚申,大清兵入济南,德王由枢被执,布政使张秉文等死之。"④ 其妻方氏、妾陈氏投大明湖而死⑤,可谓一门忠烈。

宋学朱(?—1639),字用晦,号旭初,南直隶苏州府长洲

---

① 胡德琳修,李文藻、周永年、盛百二等纂:《历城县志》卷四十一《列传七》,收入张华松等点校:《历城县志正续合编》,济南出版社,2007年,第805页。

② [清]王赠芳、王镇修,成瓘、冷烜纂:《济南府志》卷四十九,收入《中国地方志集成·山东府县志辑》,凤凰出版社、上海书店、巴蜀书社,2004年,第43页。

③ [明]谈迁:《国榷》卷九十七,张宗祥点校,中华书局,1958年,第5828页。

④ [清]张廷玉等撰:《明史》卷二十四,中华书局,1974年,第326页。

⑤ [清]胡德琳修,李文藻、周永年、盛百二等纂:《历城县志》卷二《总纪二》,收入张华松等点校:《历城县志正续合编》,济南出版社,2007年,第38页。

（今江苏苏州）人。崇祯辛未（1631）进士，崇祯戊寅年（1638），巡按山东。是年十一月，巡历章丘。清兵骤至，遂星夜冒围驰入济南，"亲率司道登城捍御，时以奇兵出击，重围稍解。相守六旬，不解带，不交睫，头发尽白"。但是，济南城内兵弱粮乏，宋学朱"上求援七疏，时杨嗣昌为枢辅，留中不报"，"高起潜拥精骑翱翔邻境，不发一援"。① 在内无兵粮，外无救援的情况下，宋学朱率领济南军民苦战六十余日。城破后，率亲卒数十人循城而西，持白梃格斗，不幸被俘，被清军缚在城门楼上活活烧死以致尸骨无存。

邓谦，字少于，湖广安德府孝感县人。崇祯元年（1628）进士，崇祯十一年（1638）为山东参政。戊寅之变中，他慷慨激昂，在城墙坚守十昼夜，亲自架炮向清军射击。城陷后，"谦手架大炮，执劲弓，斩射多人。既力不支，被执磔死"。② 其母黄氏匿于民间，不食而死③，母子节烈刚毅如此。

韩承宣，字长卿，山西蒲州人。崇祯七年（1634）进士，历任淄川知县、历城知县。戊寅之变中，韩承宣在清军围城期间，坚守九昼夜，城破后，率家属数十人，持械格斗。他身中数箭，手犹仗利刃，不屈膝，不失印，不离巡地，首被重伤而死，后朝

---

① ［清］计六奇：《明季北略》，中华书局，2016年，第250页。
② ［清］计六奇：《明季北略》，中华书局，2016年，第250页。
③ 胡德琳修、李文藻、周永年、盛百二等纂：《历城县志》卷二《总纪二》，收入张华松等点校：《历城县志正续合编》，济南出版社，2007年，第38页。

廷赠光禄少卿，谥忠烈。①

翁鸿业（？—1639），字一桓，号永固，明钱塘（今杭州）人。天启五年（1625）进士，初授礼部仪制司主事。崇祯十年（1637），任山东督学、右参政。次年冬，清兵围攻济南。当时翁鸿业督学沂水，奉命车驰百里赴济南救援。当时济南城西门阻于水，南门道路狭窄，车马不能行，而东门平旷，无险可扼，城恶。鸿业自请守东门。将士无心应战，翁鸿业率家丁相守十昼夜。崇祯十二年（1639）正月城破，"鸿业尚巷战，兵散马逸，剑着于颊，兼伤左股。遂投烈焰死，骸毁莫可辨识。其家人于积尸中得印，已镕一角，视其余文，则所佩兵备道印也"②。

第三类，地方士绅。面对强敌围城，济南地方士绅同仇敌忾，视死如归，积极协助地方官员守卫城池，保护家园，不惜牺牲生命。

刘化光、刘汉仪父子，历城人，二人皆为孝廉。清军兵临城下时，他们散尽家产，招募亲戚和乡兵抵抗清军。城陷后，他们坚持抵抗，以房屋和街道为屏障与清军开展巷战，"化光头砍三刀、腰中二枪、背中数箭，汉仪亦头砍三刀、身中七箭"③，父子同时遇难。其事迹被收入《明史·忠义传》，其文曰："历城刘化

---

① 胡德琳修，李文藻、周永年、盛百二等纂：《历城县志》卷三十四《宦迹录》，收入张华松等点校：《历城县志正续合编》，济南出版社，2007年，第683页。

② 李江峰、韩玉品：《明清莱阳宋氏家族文化研究》，中华书局，2013年，第50—51页。

③ ［清］计六奇：《明季北略》，中华书局，2016年，第251页。

光与子汉仪先后举于乡，父子俱守城力战死，赠恤有差。"①

历城孙氏家族参与守城，数人殉难。孙止孝，字敬止，天启二年（1622）进士，历任直隶永平府卢龙县知县、户部郎中、密云兵备道参议。己卯（1639），命子建宗率族人守东城，捐赀犒师。乾隆版《历城县志·列传·忠烈传》记载："城陷，自缢死。兄诸生则孝、举人纯孝，弟诸生永孝，侄惠宗、延宗数人，皆与于难。"②

李应荐，山东恩县③人。曾依附魏忠贤，崇祯初入逆案，崇祯十二年（1639）被削职居济。济南保卫战时，他亲率众家丁，并捐募勇士，协助守卫济南城。城破之时，他身中一枪，仍率军与清军搏斗，"及被执，厉声大骂，斫二刀断一指而死"④，《明史》有传。

此外，《济南府志》卷四十九"人物"⑤ 中也记载了部分济南府士绅抗击清兵、英勇殉难的事迹：

张元英，历城举人。清军围城时，他守卫南城，"倡施布被，以恤军之冻者，捐酒食饷戍卒。城陷死"。

历城刘氏家族刘敕、刘橄兄弟及其家人皆死于难："刘敕，

---

① ［清］张廷玉等撰：《明史》卷二百九十一，中华书局，1974 年，第 7470 页。
② 胡德琳修，李文藻、周永年、盛百二等纂：《历城县志》卷四十一《列传七》，收入张华松等点校：《历城县志正续合编》，济南出版社，2007 年，第 805 页。
③ 旧县名。原为恩州，明洪武二年（1369 年）降为县，属高唐州，清属东昌府。1956 年划归平原、夏津和武城三县。
④ ［清］计六奇：《明季北略》，中华书局，2016 年，第 251 页。
⑤ ［清］王赠芳、王镇修，成瓘、冷烜纂：《济南府志》卷四十九，收入《中国地方志集成·山东府县志辑》，凤凰出版社、上海书店、巴蜀书社，2004 年，第 41—43 页。

字君授，历城人。弱冠登贤书春官，十二上不第，授富平县知县。母卒，居庐，砥砺名节，好著书。年八十犹手不释卷。己卯城陷，不屈而死。子弟皆被杀"，"刘橄，救弟也，岁贡生。授乐亭县知县，终邳州知州，举乡饮大宾。己卯死难"。

乔风，"字珊枫，历城人。崇祯九年举人。戊寅守观风楼，城陷，死南城下"；费克谦，"京营副将。戊寅守南城，城陷被杀"；高思恭，"崇祯己卯，知县韩承宣议城守，思恭分守北城。城破死之"。米嘉珠，"戊寅守西城，城陷，投井中死"；徐晖、刘汝通，"戊寅同守南城，城陷俱死"；丁振，"戊寅守北城，城陷死"；张允文，"戊寅守城死"；吴安邦，"戊寅，守北城，城陷死"；王敬贤，"年七十余。戊寅守北城，与吴安邦同死"；王允前，"戊寅守北门，城陷负母至历城山顶。遇大兵，母子俱不屈同死"；贾槐，"己卯纠众协守，捐赀饷，卒城陷死"；胡士杰，"戊寅守西城。出簪珥易蜡百炬以济军需。城陷，父子皆死于难"。

第四类，普通百姓。在戊寅、己卯之难中，不仅是地方官吏士绅，即便是普通民众也誓不受辱，表现出英勇不屈的斗争精神。《济南府志》卷四十九"人物"中也详细记载了在这场保卫战中献出生命的普通百姓：

"杨家寨者，历城县城东北杨家庄也。庄人环水立寨，独留一径，伪设木炮而别点正炮以御敌。己卯城陷，寨犹固守。大兵入寨，死者杨卓等百余人。"

"四城巡守，义社生员死者三百五十二人"；"回兵者，历城西关人。闻警纠千余人，保护西关，陈金两教长，颇有战绩。死者二百余人"。①

3. 戊寅、己卯之难的深刻影响

首先，摧毁山东地方经济。清军这次南下，"凡深入二千里，阅五月，下畿内、山东七十余城"。② 明人陈际泰在《己卯家报》中记载称："今番躏六七十城，杀二总制、一藩王、十数郡王，其他贵官不可胜数。屠男妇百万，掳壮丁数十万。所过二千里莽为赤地。我欲耕无人，欲耕无食，欲耕并无牛种。虏不来且不足自支，而况虏何事不来乎？"（陈际泰《己吾集》卷一三）清兵这次入侵攻占了山东一府、三州、五十五县。一方面，大量民众被杀戮、俘掳。据统计，崇祯十一年底到十二年初，清军的杀戮造成 20 余万山东军民丧生。其中以济南保卫战最为惨烈，积尸达 13 万具。另有泰安州男妇 10319 名口、商河县男妇 7715 名口、夏津县男妇 23906 名口、荏平县 16513 名口等皆死于清军的屠刀之下。③ 另一方面，牛羊牲畜几乎被劫掠殆尽，清兵去后山东出现耕牛匮乏、大量田地无法耕种的局面。明清之际的著名学者张尔岐在《蒿庵闲话》中称："庚辰（崇祯十三年）后五六年，民间畜牧几尽，牛一头直二十金，大者至三十金，贫者相博而耕，率六七人曳一犁，日三四亩，已困惫矣。或以一牛曳获子，其制

---

① ［清］王赠芳、王镇修，成瓘、冷烜纂：《济南府志》卷四十九，收入《中国地方志集成·山东府县志辑》，凤凰出版社、上海书店、巴蜀书社，2004 年，第 41—43 页。

② ［清］张廷玉等撰：《明史》卷二十四，中华书局，1974 年，第 326 页。

③ 沈一民：《清南略考实》，黑龙江大学出版社，2010 年，第 483—484 页。

似耧，无斗子而一足。日亦可二三亩，发土恨浅耳。"①

其次，震慑山东地方大族。此次清兵入关来势凶猛，聚集于山东、河南、河北一带的数十万明军均不敢与之决战。为虚报军功，明军甚至杀平民冒功以报捷。从而导致清军一路势如破竹，长驱南下，抵达济南，济南保卫战拉开序幕。这场历时六十余日，13万济南军民殉难的战争极大地震撼了山东各地政府和地方世家大族。当崇祯十五年清兵第二次进犯山东时，山东各地不少世家大族纷纷外出避难。王宪明在《明清诸城王氏家族文化研究》中称："在壬午清兵入关前，鉴于崇祯十三年（1640）济南残破后的'震邻之恐'，迫近辽东的山东各县就人心惶惶，纷纷加强城防。一旦听到清兵再次突入山东的消息，有条件的就设法避难，或藏于深山，或航海南去。诸城的丁氏、刘氏、丘氏等都有到南方避难的。丁氏到海州，刘氏到南京，丘氏且到杭州。"②山东各地世家大族的外逃无疑是畏惧清兵的残暴，但是却进一步助长了清兵的气焰，同时削弱了地方抗击清兵的力量。故而在壬午、癸未抗击清兵入侵过程中，山东各地虽进行了抵抗，但是激烈与坚决程度远不及戊寅、己卯之难。

再次，谱写山东易代悲歌。戊寅、己卯之难，是济南历史上最惨烈的一次守城之战。济南军民在力量极度悬殊的状况下，浴血奋战，与清军周旋两月余。城破之日，上至藩王，中至地方官

---

① ［清］张尔岐著、张翰勋点校：《蒿庵集·蒿庵集捃逸·蒿庵闲话》卷一，齐鲁书社，1991年，第320页。

② 王宪明：《明清诸城王氏家族文化研究》，中华书局，2013年，第57页。

吏、士绅，下及普通百姓大义凛然，慷慨赴难，十余万人为守卫家园付出生命，谱写了一曲明清易代的悲壮赞歌。济南军民、官绅的壮烈行为得到了明清政府及后人的高度评价。康熙十四年（1675），康熙皇帝南巡，赐题宋学朱墓门"传经世泽"。乾隆四十一年（1776），乾隆皇帝钦定殉节诸臣，赐谥"忠烈"。① 宋学朱在城楼上战死，韩承宣也同其他官员一起遇难。济南百姓追思两公之德，哀其死甚烈，建双忠祠于郡城之西。康熙四十四年（1705），宋学朱族孙宋广业任济东泰武临道，韩承宣之孙韩镐也来济南任知府。两位忠臣之后，共同商议重修济南城内之双忠祠，请新城王士禛撰写了《双忠祠记》，并勒石刻碑，立于双忠祠。第二年，忽有双泉涌出于庭，山东督学赵申季命名为"双忠泉"，并作《双忠泉记》勒石于泉旁。

（二）壬午、癸未之难②

1. 壬午、癸未之难概况

崇祯十三年（1640）至崇祯十五年（1642）间，明清双方各投入十几万大军，进行了一场艰苦的拉锯战。自崇祯十三年清军围困锦州城起，到崇祯十五年清军攻陷松山城、俘获明军主帅洪承畴止，历时两年，史称"松锦之战"。此战最终以明军惨败告

---

① 靳巩、滕鸿嘉修，毛承霖纂：《续修历城县志》卷五一《杂缀一·轶事一》，收入张华松等点校：《历城县志正续合编》，济南出版社，2007 年，第 1221—1222 页。

② 本书在"第二章明末山东主要文化世家及其应时之举"中将重点对明末山东文化家族抗清运动进行分析，于兹不予展开，仅简要概述壬午、癸未之难的基本情况。

终，明朝精锐损失殆尽。崇祯十五年（1642）十月，乘松锦之战战胜明朝军队的余威，皇太极以阿巴泰为奉命大将军，率 10 万清兵再次入关。清兵从墙子岭入关，一直打到山东兖州，又分兵攻陷登州、莱州、莒州、沂州、海州等地，时间一直持续到次年五月。清兵这次入关，发生在壬午、癸未之间，再次对山东地区造成重创，史称"壬午、癸未之难"。对于此次清兵入关的征程，《明实录·崇祯实录》有着较为详细的记载：

崇祯十五年十一月戊辰，清兵大举入塞，分入墙之路界岭青山；癸酉，破辽安三河时分道大入。一趋通州，一自柳树涧趋天津。

甲戌，屯永平之台头；乙亥，攻通州。京师戒严。勋臣分守九门，以太监王承恩提督城守。[1]

庚辰，清兵入蓟州分往真定、河间、香河。[2]

壬寅，清兵攻河间。明日，分向临清，入霸州。

乙巳，入文安；丙午，自青县趋长芦；戊申，入临清；壬子，入阜城，又入景州。

甲寅，入河间；戊午，攻东昌，刘泽清御之。遂西攻冠县。[3]

辛酉，清兵自临清分五道；壬戌，攻宝丰；癸亥，攻张秋。

---

① 台湾"中央研究院"历史语言研究所：《明实录·崇祯实录》卷十五，1962年，据嘉业堂旧藏钞本影印，第 451 页。

② 台湾"中央研究院"历史语言研究所：《明实录·崇祯实录》卷十五，1962年，据嘉业堂旧藏钞本影印，第 452 页。

③ 台湾"中央研究院"历史语言研究所：《明实录·崇祯实录》卷十五，1962年，据嘉业堂旧藏钞本影印，第 453 页。

其两路至大名，不之攻。①

甲戌，清兵入沭阳；乙亥，入沂州。又入丰县，杀知县刘光先。②

戊寅，清兵破蒙阴、泗水、邹县。

崇祯十五年十二月丁卯，清兵自长垣趋曹濮，别将抵青州，入临淄。

戊辰，破阳信；辛未，破滨州。

癸酉，入兖州，执鲁王。寿镛自经，兵备王维新、知府邓锡藩、副总兵丁文明、吏科左给事中范叔泰等死之。

己丑，破滕县；甲午，破峄县；乙未，破郯城。③

崇祯十六年二月，清兵掠寿光，攻德州，入武定、莱阳。杀故工部右侍郎宋玫、吏部郎中宋应亨、中书舍人赵士骥、知县张宏等。

壬午，刘泽清战于安丘，却之；戊子，清兵登莱合兵；三月甲午，清兵入顺德，杀知府吉孔嘉。④

丁酉，清兵攻德州，不克。往西北别部攻武定州，拒却之。俄守备放炮误臂，守者溃，城遂陷。

---

① 台湾"中央研究院"历史语言研究所：《明实录·崇祯实录》卷十五，1962年，据嘉业堂旧藏钞本影印，第455页。

② 台湾"中央研究院"历史语言研究所：《明实录·崇祯实录》卷十五，1962年，据嘉业堂旧藏钞本影印，第458页。

③ 台湾"中央研究院"历史语言研究所：《明实录·崇祯实录》卷十五，1962年，据嘉业堂旧藏钞本影印，第459页。

④ 台湾"中央研究院"历史语言研究所：《明实录·崇祯实录》卷十六，1962年，据嘉业堂旧藏钞本影印，第463—465页。

四月丙戌，清兵至琉璃河，各督抚。① 五月开始出关，六月全部还师辽东。

清军这次入关，前后延续八个月，"克河间、顺德、兖州三府、州十八、县六十七，降州一、县五，与明大小三十九战，杀鲁王朱衣珮及乐陵、阳信、东原、安丘、滋阳五郡王，暨宗室文武凡千余员，俘获人民、牲畜、金币以数十万计"②，再次给山东地区带来深重灾难。

2. 壬午、癸未之难的深远影响

壬午、癸未之难再次重创了山东的社会经济，打击了山东文化世家，造成了山东人口锐减，劳动力匮乏。

首先，重创地方经济。明朝中后期，在资本主义萌芽的带动下，山东地区经济得到长足的发展，并涌现出以临清和济宁等为代表的一批著名的商业城市。临清隶属于东昌府，因会通河的开通它成为南北水陆要冲，漕舟必经之地，是京杭大运河沿岸的著名都市。明政府为囤积南北货物，除京师太仓外，沿运河自南向北设立淮安、徐州、临清、德州四大仓储。洪武二十四年（1391），"储粮十六万石于临清，以给训练骑兵"；宣德四年（1429），"运粮二百二十万石于临清仓"。③ 朝鲜人崔溥曾将临清

---

① 台湾"中央研究院"历史语言研究所：《明实录·崇祯实录》卷十六，1962年，据嘉业堂旧藏钞本影印，第472页。

② 赵尔巽等撰：《清史稿》卷三《本纪第三·太宗二》，中华书局，1977年，第80页。

③ ［清］张廷玉等撰：《明史》卷七十九《志第五五·食货三》，中华书局，1974年，第1916页。

与江南并举，称："繁华丰阜，无异江南，临清为尤盛。"① 意大利人利玛窦在《利玛窦中国札记》中赞叹称："临清是一个大城市，很少有别的城市在商业上超过它。不仅本省的货物，而且还有大量来自全国的货物都在这里买卖。因而经常有大量旅客经过这里。"② 济宁隶属于兖州府，也是京杭大运河沿线七个对外商埠之一，它是山东南部的漕运码头，是很重要的商品集散地，其规模为江北最大。在漕运的带动下，济宁获得全面发展，《歙志》记载称："今之所谓都会者，则大之为两京、江、浙、闽、广诸省（会）；次之而苏、松、淮、扬诸府，临清、济宁诸州，仪真、芜湖诸县，瓜州、景德诸镇……"（万历版《歙志》）而清兵这次入关，打破了山东经济繁荣的局面，摧毁了山东的经济基础。这次入关，清兵攻下内地城八十八座，俘获人口三十六万九千人，牲畜三十二万一千余头，黄金一万二千二百五十两，白金二百二十万五千二百七十余两，珍珠四千四百四十两，彩缎五万二千二百三十匹。③

清兵撤离后，山东各地基层政权多处于瘫痪状态，叛乱接连发生，兵患匪乱频仍，战后的山东呈现出一片萧索的景象。而临清以南的东昌一带，所有村镇都化为一片废墟，至 1643 年春，

① ［朝］崔溥：《漂海录——中国行记》，葛振家点注，社会科学文献出版社，1992年，第 15 页。

② ［意］利玛窦、［比］金尼阁著：《利玛窦中国札记》，何高济、王遵仲、李申译，何兆武校，中华书局，2010 年，第 337 页。

③ 张德信、谭天星：《崇祯皇帝大传》，辽宁教育出版社，1993 年，第 321 页。

只有一座济宁城孤零零地矗立在方圆数千里的荒草废墟之中。崇祯十六年（1643）三月，诸城丁氏家族丁耀亢结束逃亡生活，举家返回诸城。途中所经之处，尸骨累累，哀鸿遍野。他在《航海出劫始末》中作了详细的记载。①

其次，打击地方望族。由于济南保卫战的血腥与残酷，当清兵于壬午年再次侵犯山东腹地时，山东各地乡绅纷纷逃难避难。丁耀亢在《航海出劫始末》称："时见北方大家，举族南避，车马络绎不绝。"② 而丁氏家族也加入了南逃的行列。先是丁耀亢逃往海州清风岛③避难，后又接其母亲及亡弟幼子二十余口同往。由于匆忙外逃，衣食钱物准备不足，加上途中遭受匪寇劫掠，衣囊被劫尽，他们不得不煮麦粥以食。至癸未（1643）二月，粮食缺乏更为严重，一家人常常食不果腹。三月初旬，因东兵退去，在老友戴子厚、陈谦自、戴小异的资助下，丁耀亢一家途经日照，返回诸城。丁氏家族在海州度过了极为艰难的一段逃亡生活。

再次，造成人口锐减。清兵入侵，一方面，破城屠城，抢掠财物。莱阳城破，"清兵大肆焚掠，庐舍为墟"，"绅民死于锋镝

---

① ［清］丁耀亢撰，李增坡主编，张清吉点校：《丁耀亢全集》下，中州古籍出版社，1999 年，第 278—279 页。

② ［清］丁耀亢撰，李增坡主编，张清吉点校：《丁耀亢全集》下，中州古籍出版社，1999 年，第 277 页。

③ 今江苏省连云港市下辖区海州境内云台山。

酷刑下者不啻万人"[①]；诸城城破，"白骨成堆，城堞夷毁，路无行人"。[②] 这造成大量百姓死亡，农田荒芜，饥荒、疾病与动乱接踵而至。当时来自山东临清的报告说，当地人民3/10死于饥荒，3/10死于疾疫，其余4/10则被迫为盗，以劫掠为生。另一方面，大量劫掠人口。崇祯十六年（1643）三月，诸路清军饱掠而归，会于密云，至五月出塞。此次入关，清军"克兖州、顺德、河间三府，州十八，县六十七，共克八十八城。归顺者一州、五县"[③]，合计94城，共掳获人口36万9000余。其中山东受害最重，从登莱至临清，从德州至兖州，整个山东都暴露在清军的铁蹄之下，造成山东地区人口锐减，劳动力匮乏。

| 第四节 | 甲申之变与山东社会

崇祯末年，山东时局急剧变化。继戊寅、己卯之难，壬午、癸未之难后，崇祯十七年（1644）的甲申之变给破败不堪的山东地区又一沉重打击。崇祯十七年三月十九日，李自成起义军攻破北京城，崇祯帝在紫禁城北面的煤山自缢殉国，明朝灭亡。消息

---

　　① 梁秉锟等修，王丕煦等纂：《莱阳县志》，台湾成文出版社有限公司，据民国二十四年铅印本影印，1968 年，第 1616 页。
　　② ［清］丁耀亢撰，李增坡主编，张清吉点校：《丁耀亢全集》下，中州古籍出版社，1999 年，第 278 页。
　　③ 《清实录·太宗文皇帝实录》卷六五，中华书局，1985 年，第 903 页。

传来，山东社会各界反应激烈。

一、　地方士绅慷慨殉节

甲申之变发生后，山东各文化世家迅速作出反应。新城王氏家族王象晋次子王与胤携妻子毕氏、子王士和一家三口闭门自杀，以身殉国。朱彝尊曾在《曝书亭集》指出："甲申前后，士大夫殉难者，不下数百人，大都半出科第；而新城王氏，科第最盛，尽节死者亦最多。"① 莱阳左氏家族再次表现出凛然大节，六世左之龙继室陈氏，扼腕不食而卒。六世左之武率军御清，以身殉国。死时，仅存左股。再如即墨庠生王曦如，明亡后，"衣冠入文庙，长号再拜，以母在，不即死。次年五月母殁，营葬毕，阖门作书训子，大书壁间曰：生为王氏之子，便为大明之臣，义当死时当死，若复偷生，所学何事？衰服杖而自缢"。② 王曦如殉国难时，子三人，其妻周氏年三十，"苦守抚孤"③。后王曦如季子王绳徽早卒，其妻杨氏④年二十六，"苦守抚孤"⑤。婆媳二人

---

① ［清］朱彝尊：《曝书亭集》卷七十二《文林郎湖广道监察御史王公墓表》，国学整理社，1937 年，第 829—830 页。

② ［清］林溥修，周翕镜等纂：《即墨县志》，台湾成文出版社有限公司，据清同治十一年刊本影印，1976 年，第 584 页。

③ ［清］林溥修，周翕镜等纂：《即墨县志》，台湾成文出版社有限公司，据清同治十一年刊本影印，1976 年，第 659 页。

④ 即墨杨氏家族杨遇吉中女。

⑤ ［清］林溥修，周翕镜等纂：《即墨县志》，台湾成文出版社有限公司，据清同治十一年刊本影印，1976 年，第 661 页。

皆被《即墨县志》列入"人物·列女传"。可谓一门节烈。

二、 地方世家纷纷逃难

甲申之变后，大顺政权、南明政府与清廷几股政治力量在山东地区开展激烈的角逐，基层政权交替频繁，时局态势混乱。为躲避战乱，保存实力，山东不少文化世家再次选择外逃避难。诸城丁氏家族就在逃难家族之列。丁氏家族丁耀亢，曾在壬午、癸未之难时前往江苏海州避难。因仓促外逃，筹备不足，又遭盗匪洗劫，一家老小过着极为艰苦的生活。甲申之难前，丁耀亢吸取壬午、癸未之难的教训，知明朝将亡，预先准备好船只，以防不测。甲申年（1644）三月十六日，丁耀亢备好充足粮食、财物，带着家人子女南下再次前往海州。这次丁耀亢已有在岛中长期定居的准备。他在《航海出劫始末》写道："至三月闻闯信，知不可支，系舟海畔，恐蹈前辙。老母挟孤侄居海上，以待非复前此之仓皇也。三月十六日，以子女登舟，载粮而南，以老母畏海，同孤侄陆行。车驾牛特，将隐岛以耕，不复出矣。"[①] 与丁耀亢一同南下的山东官绅家族不下百余家。"内阁大学士苑讳复粹由登州泛海至，侍御苏讳京、给谏丁讳允元由日照、安东至，巨室将

---

① ［清］丁耀亢撰，李增坡主编，张清吉点校：《丁耀亢全集》下，中州古籍出版社，1999年，第279页。

百余家矣。"① 大批山东文化世家外出逃难，加剧了山东地区动荡不安的局面，极大地削弱了山东地区的经济文化水平。

三、　各地匪寇蜂拥而起

甲申之难后，明朝政府覆亡，各种政治势力开展激烈斗争。社会动荡，局势混乱，不法之徒乘机作乱，山东各地匪寇四起，横行乡邑。即墨县黄宗贤、郭尔标、周六等人，乘机煽动当地农民作乱，围攻即墨城，即墨知县仓皇逃窜。河北的明军前来救援，大败而归。即墨士绅蓝再茂、黄宗昌等组织兵民抵抗，成功阻挡敌人十余次进攻。后即墨杨氏家族杨遇吉乘夜出城赶赴莱州求助，胶州总镇柯永盛派兵至即墨，打败了黄宗贤、郭尔标等，即墨之围得以解除。莱阳地区也是匪盗横行，基层政权陷入瘫痪状态。《莱阳县志》卷末"附记·兵革"记载称："乃不一年而又有甲申之乱，时思宗殉国，县内盗贼四起。知县关捷先毁冠潜遁。闯贼所署伪官亦窜。"② 诸城同样"土寇复炽"③。土寇肆虐，加剧了山东地区的动荡，给山东文化世家和百姓带来更加深重的灾难。

---

①　[清]丁耀亢撰，李增坡主编，张清吉点校：《丁耀亢全集》下，中州古籍出版社，1999年，第279页。

②　梁秉锟等修，王丕煦等纂：《莱阳县志》，台湾成文出版社有限公司，据民国二十四年铅印本影印，1968年，第1616—1617页。

③　[清]丁耀亢撰，李增坡主编，张清吉点校：《丁耀亢全集》下，中州古籍出版社，1999年，第279页。

综上可见，明朝末年，山东地区自然灾害频仍，苛捐杂税繁重，土地兼并严重，社会矛盾尖锐。而接踵而至的民乱兵变，尤其是清兵的两次进犯，造成山东地区经济衰落，望族外逃，人口锐减，社会已处于崩溃的边缘。

第二章　明末山东主要文化世家
及其应时之举

|第一节| 明末山东主要文化世家

一、 明末山东主要文化世家概况

　　明朝山东下辖六府，即青州、莱州、登州、济南、兖州、东昌。根据地理位置和经济文化特色，略可分为东西两大区域。西三府济南、兖州、东昌，作为运河沿线重要城市，商贾往来频繁，经济发达。而东三府青州、莱州、登州，境内多丘陵、山地，陆路交通不便，明代以前经济文化相对落后。尤其是位于最东部的登州府，徐应元在《辽运船粮议》中称其"僻在东隅，阻山环海，地瘠民稀，贸易不通，商贾罕至"（参见施闰章修，杨奇烈纂：《登州府志》卷十九《艺文志》）。明初，社会稳定，经济发展，尤其是嘉靖年间，海禁逐步松弛，海上贸易复苏，东三府沿海州县经济得以发展。

同时，明朝政府重视科举，完善八股取士制度，扩充录取名额，并将朝廷高级官员的选拔与科举功名紧密联系起来。在科举取士制度的引导和鼓舞下，明代山东地区涌现出一大批以科举仕宦起家的世家望族。至明末，已多达 100 余家。[①] 另有数十个地方家族经过累世蓄积，至明末已初露头角，或者在清初脱颖而出。这些文化家族分布于山东各地，作为地方望族，他们在维护地方稳定、推动地方发展、赈济地方灾荒等方面都发挥着积极作用。

表 2.1　　　　　　　明清时期山东地区主要文化世家[②]

序号	朝代	地区	家族	代表人物
1	明清	曲阜	孔氏家族	孔克坚
2	明清	邹城	孟氏家族	孟闻玺
3	明清	曲阜	颜氏家族	颜绍绪
4	明清	嘉祥	曾氏家族	曾闻达

----

①　朱亚非等在《明清山东仕宦家族与家族文化》中统计，明清两朝山东地区三代以上科举入仕的家族多达 200 余家，其中较为著名的文化世家有数十家。他在《明清山东仕宦家族文化及其时代价值》(《齐鲁学刊》2012 年第 2 期) 中也指出，据不完全统计，明清时期山东这类大家族有二三百家，其中影响较大的也有六七十家。本书根据山东各地县志记载，整理出在明清时期成就较为突出的主要文化家族 115 家。

②　本书虽然以明清鼎革之际的山东文化世家为考察对象，但是由于家族发展具有延续性和渐进性，为全面、深入考察山东文化世家的命运遭际与历史选择，文中所列家族基本囊括了明清两朝山东地区影响较大的主要文化世家。

（续表）

序号	朝代	地区	家族	代表人物
5	明清	济宁	杨氏家族	杨士聪
6	明清	济宁	靳氏家族	靳学颜
7	明清	章丘	张氏家族	张 蕴
8	明清	章丘	焦氏家族	焦 芬
9	明清	章丘	王氏家族	王春腾
10	明清	章丘	谢氏家族	谢九仪
11	明清	章丘	焦氏家族	焦 馨
12	明清	历城	孙氏家族	孙止孝
13	明清	新城	王氏家族	王象乾
14	明清	新城	耿氏家族	耿鸣世
15	明清	新城	沈氏家族	沈 渊
16	明清	新城	毕氏家族	毕 亨
17	明清	新城	宋氏家族	宋 锐
18	明清	即墨	周氏家族	周如砥
19	明清	即墨	黄氏家族	黄嘉善
20	明清	即墨	蓝氏家族	蓝 田
21	明清	即墨	杨氏家族	杨良臣
22	明清	即墨	郭氏家族	郭 琇
23	明清	胶州	张氏家族	张若獬
24	明清	胶州	法氏家族	法若真
25	明清	胶州	匡氏家族	匡翼之
26	明清	胶州	赵氏家族	赵成龙
27	明清	潍县	刘氏家族	刘应杰

（续表）

序号	朝代	地区	家族	代表人物
28	明清	高密	傅氏家族	傅钟秀
29	明清	高密	单氏家族	单 崇
30	明清	高密	李氏家族	李元直
31	明清	高密	张氏家族	张福臻
32	明代	寿光	刘氏家族	刘 翎
33	明清	安丘	张氏家族	张 贞
34	明清	安丘	马氏家族	马 愁
35	明清	安丘	刘氏家族	刘正宗
36	明清	安丘	曹氏家族	曹申吉
37	明清	诸城	臧氏家族	臧惟一
38	明清	诸城	丁氏家族	丁耀亢
39	明清	诸城	王氏家族	王 钺
40	明清	诸城	李氏家族	李澄中
41	明清	诸城	丘氏家族	丘 桥
42	明清	临朐	马氏家族	马 愉
43	明清	临朐	冯氏家族	冯 裕
44	明清	掖县	张氏家族	张孔教
45	明清	掖县	毛氏家族	毛 纪
46	明清	掖县	赵氏家族	赵 焕
47	明清	福山	王氏家族	王 瞖
48	明清	莱阳	左氏家族	左懋第
49	明清	莱阳	宋氏家族	宋 琬
50	明清	莱阳	赵氏家族	赵士骥
51	明清	莱阳	张氏家族	张梦鲤

（续表）

序号	朝代	地区	家族	代表人物
52	明清	黄县	王氏家族	王　祯
53	明清	文登	刘氏家族	刘启先
54	明清	文登	毕氏家族	毕忠姬
55	明清	文登	从氏家族	从　兰
56	明清	海丰	张氏家族	张树桢
57	明清	海丰	杨氏家族	杨　巍
58	明清	东昌	邓氏家族	邓秉谦
59	明清	东昌	任氏家族	任克溥
60	明清	东昌	许氏家族	许　麾
61	明清	东阿	于氏家族	于慎行
62	明清	日照	丁氏家族	丁允元
63	明清	蒙阴	公氏家族	公勉仁
64	明清	莒南	庄氏家族	庄　谦
65	明清	沂水	刘氏家族	刘应宾
66	明清	曹县	李氏家族	李　秉
67	明清	德平	葛氏家族	葛守礼
68	明清	平原	赵氏家族	赵　烨
69	明清	平原	董氏家族	董　访
70	明清	长山	李氏家族	李士翱
71	明清	长山	王氏家族	王　梃
72	明清	长山	刘氏家族	刘鸿训
73	明清	长山	李氏家族	李化熙

（续表）

序号	朝代	地区	家族	代表人物
74	明清	陵县	康氏家族	康丕扬
75	明清	邹平	张氏家族	张延登
76	明清	邹平	张氏家族	张奇策
77	明清	益都	孙氏家族	孙廷铨
78	明清	淄川	王氏家族	王鳌永
79	明清	淄川	孙氏家族	孙之獬
80	明清	淄川	张氏家族	张至发
81	明清	淄川	高氏家族	高 举
82	明清	淄川	毕氏家族	毕自严
83	明清	青城	于氏家族	于永清
84	明清	高苑	张氏家族	张希稷
85	明清	汶上	路氏家族	路 楷
86	明清	临邑	邢氏家族	邢 侗
87	明清	博山	赵氏家族	赵进美
88	清代	聊城	杨氏家族	杨兆煜
89	清代	聊城	傅氏家族	傅以渐
90	清代	海丰	吴氏家族	吴绍诗
91	清代	惠民	李氏家族	李之芳
92	清代	文登	于氏家族	于 涟
93	清代	黄县	丁氏家族	丁九龄
94	清代	黄县	贾氏家族	贾允升
95	清代	栖霞	牟氏家族	牟道行
96	清代	海阳	李氏家族	李赞元
97	清代	福山	谢氏家族	谢乃果

（续表）

序号	朝代	地区	家族	代表人物
98	清代	福山	鹿氏家族	鹿 忠
99	清代	福山	萧氏家族	萧程俨
100	清代	诸城	刘氏家族	刘统勋
101	清代	昌乐	阎氏家族	阎世绳
102	清代	潍县	陈氏家族	陈介祺
103	清代	潍县	郭氏家族	郭尚友
104	清代	济宁	孙氏家族	孙玉庭
105	清代	章丘	孟氏家族	孟廷对
106	清代	章丘	胡氏家族	胡世藻
107	清代	寿光	李氏家族	李 炯
108	清代	安丘	李氏家族	李湘秦
109	清代	历城	朱氏家族	朱 缃
110	清代	高唐	朱氏家族	朱昌祚
111	清代	滨州	杜氏家族	杜 诗
112	清代	栖霞	郝氏家族	郝懿行
113	清代	长山	袁氏家族	袁守侗
114	清代	长山	鲍氏家族	鲍开茂
115	清代	青城	韩氏家族	韩庭芑

二、 明末山东主要文化世家分类

明清鼎革之际，山东文化世家的家族状况、科宦成就、社会地位有所不同，它们正处于不同的发展阶段。总结而言，这一时期山东文化世家可分为：世袭特权家族、仕途鼎盛家族、仕途衰落家族、初入仕途家族和蓄势待发家族五大类。

（一）世袭特权家族

曲阜孔氏家族、颜氏家族，邹城孟氏家族，嘉祥曾氏家族，作为圣贤后裔，在我国古代长期受到政府的眷顾和礼遇，他们拥有大量的田产，受历代朝廷封赏，在科举、仕宦、祭祀等方面拥有着一般世家大族所无法享受的特权，我们称之为"世袭特权家族"。尤其是孔氏家族，以其特殊的地位，更是受到各代统治者的优渥礼遇。明朝自开国以来，便沿袭历代的做法，赐给孔氏家族诸多的尊崇与特权。

1. 祭祀孔子，优免赋役。明朝沿袭历代的惯例，立国之初，便规定祭祀孔子的相关礼仪。《大明会典》记载："国初诏正诸神封号，惟孔子封爵，特仍其旧。每岁二丁传制遣官祭于国学，每月朔望遣内臣降香，朔日则祭酒行释菜礼。"（《大明会典》卷九十一之明初"月朔释菜仪"）洪武元年（1368）二月丁未，便"以太牢祀先师孔子于国学"。[①]"洪武四年，令进士释褐诣国学行释菜礼。"[②] 此后，明朝历代君主沿袭祭祀孔子的传统。嘉靖九年（1530），明朝政府将孔子牌位改为"至圣先师孔子神位"，供奉孔子的大成殿改成"先师庙"。另立"四配""十哲"牌位从祀[③]。

---

① ［清］张廷玉等撰：《明史》卷二，中华书局，1974 年，第 20 页。

② ［明］李东阳等撰，［明］申时行等重修：《大明会典》，广陵书社，2007 年，第1441 页。

③ 四配：复圣颜回、宗圣曾参、述圣孔伋、亚圣孟轲。十哲：闵子骞、冉雍、端木赐、仲由、卜商、冉耕、宰予、冉求、言偃、颛孙师。

在开展国家祭祀的同时，为确保孔氏家祭的顺利开展，明朝政府还赏赐孔府大量的土地，并通过配置庙户、佃户、礼生、乐舞生，优免赋役等途径为孔氏家祭提供稳定的经济基础和充裕物质保障。民国版《续修曲阜县志》中对明代政府为孔氏家祭配置的庙户、佃户、礼生、乐舞生的数量及其优免政策作了详细记载：

> 庙户，明洪武元年赐俊秀民一百户在庙庭及书院等处供事。佃户，明正统四年赐佃户五百户以为耕种一切所赐田地之用。礼生，明洪武七年奉旨于曲阜内并各州县选民间娴习子弟六十名，应赞礼生与乐舞生一例优免。崇祯二年又添礼生四十名为陈设用。照例优免赋役。乐舞生，明洪武七年奉旨圣庙祭祀合用乐舞生于府州县遴选民间俊秀子弟一百二十名，将二十名起送太常寺协律郎处演习乐舞与生员一例，优免赋役。成化年间，添乐舞生八十名。弘治年间又添二十六名。但照例优免赋役。逢科岁院考选其文学优者进四十名无附。[①]

2. 礼遇圣裔，册封名号。礼遇圣裔，对圣裔进行册封，汉代首开其例。汉高祖十二年（前195），孔子的第九世孙孔腾被封为奉祀君；汉成帝绥和元年（前8），孔氏家族第十四代孔福被封为殷绍嘉侯。自此至唐玄宗开元五年（717）封孔氏家族第三十五代孔璲之为褒圣侯，其间七百余年的时间内，各代朝廷基本是以侯爵封赠孔子嫡裔。而孔子嫡长子孙的世袭封号"衍圣公"肇始于宋

---

① 孙永汉等修，李经野等纂：《续修曲阜县志》，台湾成文出版社有限公司，据民国二十三年铅印本影印，1968年，第91—92页。

代。宋仁宗至和二年（1055），孔子第四十六代孙孔宗愿被封为衍圣公，此为封衍圣公之始。此后孔子嫡裔袭封衍圣公遂成定制。历经宋、金、元、明、清、民国，直至民国二十四年（1935）国民政府改封衍圣公孔德成为"大成至圣先师奉祀官"，此制方止。

衍圣公的封赠历时近九百年，共历孔子子孙 31 代。其中仅明朝就册封衍圣公 11 人。元明易代之际，孔氏家族第五十五代孔克坚为衍圣公。明洪武元年（1368）三月，大将军徐达攻克山东济宁时，朱元璋便传令孔克坚到南京去朝见。孔克坚称病推脱不往，仅派儿子孔希学前往复命。朱元璋深知孔克坚持观望态度，下旨进行规劝，称："尔祖宗垂宪万世，子孙宾职王家，代有崇荣，非独今日。吾奉天命安中夏，虽起庶民，然古人由民而称帝者，汉高祖也。尔言有疾，未知实否。若称疾以慢吾，不可也。"（见孔府二门里《朱元璋与孔克坚、孔希学对话碑》）孔克坚推脱不得，于洪武元年四月初八奉旨觐见，朱元璋大悦。是年，孔克坚之子孔希学袭封衍圣公。洪武十三年（1380），朱元璋下诏旨，令衍圣公位列文臣之首。自此，衍圣公不再兼任地方职务①，专理祀事。此后，孔讷、孔鑑、孔彦缙、孔承庆、孔宏绪、孔宏泰、孔闻韶、孔贞幹、

---

① 明代前曲阜知县通常由衍圣公兼任世袭，明朝立国之初，便规定衍圣公不再担任地方职务，专事祭祀事宜。《阙里文献考·世爵职官》中对孔氏圣裔兼任地方官职的制度沿袭作了梳理，称："考孔氏子孙之为曲阜县令，仿于唐懿宗咸通间四十代孙续，至后唐始以文宣公兼之。宋真宗大中祥符元年，改曲阜为仙源县，特令四十四代孙勖以太常博士知县事……近岁废而不行，非所以尊先圣也。今后宜复以孔氏子弟充选……元仁宗延佑三年，衍圣公兼曲阜尹……其子克钦、孙希大皆世袭县尹"；"至明太祖洪武七年，希大坐事罢职，因改世袭为世职，令衍圣公保举族人之贤者送部选授，领敕赴任……世宗嘉靖四十五年，改令衍圣公选举二人送抚按考试题授"。

孔尚贤、孔胤植先后被袭封为衍圣公。其中，明朝政府给多位衍圣公赠封职衔。赐孔子第五十九代、衍圣公孔彦缙正一品服[①]，赠孔氏第六十四代、衍圣公孔尚贤为太子太保，加孔氏第六十五代、衍圣公孔胤植太子太保、太子太傅。详细情况参见表 2.2 曲阜孔氏家族嫡裔封袭表与表 2.3 明朝政府对曲阜孔氏家族的封赐谕勉情况统计表。

表 2.2　　　　　　　曲阜孔氏家族嫡裔封袭表[②]

序号	世系	受封人	施封人及时间、封袭情况
1	第二	孔 鲤	宋徽宗崇宁元年（1102），追封为泗水侯
2	第三	孔 伋	宋徽宗崇宁元年（1102），追封为沂水侯。元文宗至圣元年（1330）追封为沂国述圣公
3	第九	孔 腾	汉高祖十二年（前 195），封为奉祀君，专管祭祀孔子之事。此为奉祀孔子之始
4	第十	孔 忠	汉文帝时期，封为博士、褒成侯
5	第十一	孔 武	汉文帝时期，封为博士
6	第十二	孔延年	汉文帝时期，封为博士，转继太傅，后又任大将军
7	第十三	孔 霸	汉元帝永光元年（前 43）赐爵关内侯，此为世袭爵位奉祀之始
8	第十四	孔 福	汉成帝绥和元年（前 8）封为关内侯
9	第十五	孔 房	汉哀帝建平二年（前 5）袭封关内侯

---

①　孙永汉等修，李经野等纂：《续修曲阜县志》，台湾成文出版社有限公司，据民国二十三年铅印本影印，1968 年，第 114 页。

②　史料来源于《孔府档案》《阙里志》《曲阜县志》等。

（续表）

序号	世系	受封人	施封人及时间、封袭情况
10	第十六	孔 均	汉平帝元始元年（1）封为褒成侯
11	第十七	孔 志	东汉光武帝建武十四年（38）封为褒成侯
12	第十八	孔 损	汉明帝永平十五年（72）袭爵。和帝永元四年（92）封为褒亭侯
13	第十九	孔 曜	汉安帝延光三年（124）封为奉圣亭侯
14	第二十	孔 完	汉灵帝建宁二年（169）袭封褒亭侯
15	第二十一	孔 羡	三国魏文帝黄初二年（221）封为宗圣侯
16	第二十二	孔 震	西晋武帝泰始三年（267）封为奉圣亭侯
17	第二十三	孔 嶷	东晋明帝太宁三年（325）袭封奉圣亭侯
18	第二十四	孔 抚	袭封奉圣亭侯
19	第二十五	孔 懿	袭封奉圣亭侯
20	第二十六	孔 鲜	南朝宋文帝元嘉十九年（442）袭封圣亭侯
21	第二十七	孔 乘	北魏孝文帝延兴三年（473），封为崇圣大夫
22	第二十八	孔灵珍	袭封崇圣大夫。北魏孝文帝太和十九年（495），改封崇圣侯
23	第二十九	孔文泰	袭封崇圣侯
24	第三十	孔 渠	袭封崇圣侯
25	第三十一	孔长孙	袭封崇圣侯。北齐文宣帝天保元年（550），封恭圣侯
26	第三十二	孔嗣悊	隋炀帝大业四年（608），封为绍圣侯
27	第三十三	孔德伦	唐高祖武德九年（626）封为褒圣侯
28	第三十四	孔崇基	武则天证圣元年（695）袭封褒圣侯
29	第三十五	孔璲之	唐玄宗开元五年（717）袭封褒圣侯
30	第三十六	孔 萱	袭封文宣公。兼任兖州泗水县令

（续表）

序号	世系	受封人	施封人及时间、封袭情况
31	第三十七	孔齐卿	唐德宗建中三年（782）袭封文宣公，兼兖州司马
32	第三十八	孔惟晊	唐宪宗元和十三年（818）袭封文宣公，任兖州参军
33	第三十九	孔策	唐武宗会昌二年（842）袭封文宣公，历国子监博士
34	第四十	孔振	唐懿宗咸通四年（863）袭封文宣公
35	第四十一	孔昭俭	袭封文宣公，授广文博士
36	第四十三	孔仁玉	后唐明宗长兴三年（932）袭封文宣公。后晋高祖天福五年（940），兼任曲阜县令
37	第四十四	孔宜	宋太宗太平兴国三年（978）袭封文宣公
38	第四十五	孔延世	宋太宗至道三年（997）袭封文宣公，兼任曲阜县令
39	第四十六	孔圣佑	宋真宗天禧五年（1021），袭封文宣公，兼曲阜知县事
40		孔宗愿	宋仁宗景祐二年（1035）袭封文宣公，知曲阜县事。宋仁宗至和二年（1055），改封世袭衍圣公。此为封衍圣公之始
41	第四十七	孔若蒙	宋神宗熙宁元年（1068）袭封衍圣公，兼曲阜县主簿。宋哲宗元祐元年（1086）改爵号为"奉圣公"，宋哲宗元符元年（1098），其爵位被废，其弟孔若虚袭封奉圣公
42	第四十八	孔端友	宋徽宗崇宁元年（1102），袭封衍圣公。高宗建炎二年（1128），孔端友跟随高宗南渡，被称为南宗①

---

① 孔氏家族南宗衍圣公连同孔端友共六位，他们是：孔端友、孔玠、孔搢、孔文远、孔万春、孔洙。至孔洙让爵于北宗，至此南北宗归一。

（续表）

序号	世系	受封人	施封人及时间、封袭情况
43	第四十九	孔 璠	金太宗天会十二年（1134）袭封衍圣公，主管祀事。天会十五年（1137）失爵。金熙宗天眷三年（1140），复爵，未及受封即去世
44	第五十	孔 拯 孔 摠	金熙宗皇统二年（1142）孔拯袭封衍圣公。死后，其弟孔摠袭封
45	第五十一	孔元措	金章宗明昌二年（1191），袭封衍圣公。后兼曲阜县令
46	第五十二	孔 浈	元宪宗元贞元年（1251），袭封衍圣公，后被夺爵。其后衍圣公爵位中断四十三年
47	第五十三	孔 治	元成宗元年（1295）袭封衍圣公
48	第五十四	孔思诚 孔思晦	元成宗大德十一年（1307）袭封衍圣公。因为支庶袭封，族人不服而被废爵。元仁宗延祐三年（1316）孔思晦袭封
49	第五十五	孔克坚	元顺帝至元六年（1340）袭封衍圣公
50	第五十六	孔希学	明太祖洪武元年（1368），袭封衍圣公。洪武十三年（1380），令衍圣公位列文臣之首。自此，衍圣公不再兼任地方职务，专理祀事
51	第五十七	孔 讷	明太祖洪武十七年（1384）袭封衍圣公
52	第五十八	孔 鑑	明惠帝建文三年（1401）袭封衍圣公
53	第五十九	孔彦缙	明成祖永乐八年（1410）袭封衍圣公
54	第六十	孔承庆	未袭爵而逝，逝世后追封为衍圣公
55	第六十一	孔宏绪	明代宗景泰六年（1455）袭封衍圣公。后因宫室逾制被夺爵位。其弟孔宏泰袭爵。明孝宗弘治十一年（1498）恢复衍圣公冠服家居
		孔宏泰	明宪宗成化五年（1469）袭封衍圣公
56	第六十二	孔闻韶	明孝宗弘治十六年（1503）袭封衍圣公

序号	世系	受封人	施封人及时间、封袭情况
57	第六十三	孔贞幹	明世宗嘉靖二十五年（1546）袭封衍圣公
58	第六十四	孔尚贤	明世宗嘉靖三十八年（1559）袭封衍圣公，赠太子太保
59	第六十五	孔胤植	明熹宗天启元年（1621）袭封衍圣公。天启七年（1627），加太子太保。明思宗崇祯三年（1630），晋太子太傅
60	第六十六	孔兴燮	清顺治五年（1648）袭封衍圣公，七年晋太子太保
61	第六十七	孔毓圻	清康熙六年（1667）袭封衍圣公，九年授光禄大夫，十五年晋太子少师
62	第六十八	孔传铎	雍正元年（1723）袭封衍圣公。康熙年间，赐二品冠服
63	第六十九	孔继濩	未袭爵而逝，追封衍圣公
64	第七十	孔广棨	雍正九年（1731）袭封衍圣公，授二品冠服
65	第七十一	孔昭焕	乾隆九年（1744）袭封衍圣公
66	第七十二	孔宪培	乾隆四十八年（1783）袭封衍圣公。乾隆帝对孔宪培垂爱有加
67	第七十三	孔庆镕	乾隆五十九年（1794）袭封衍圣公。一生受到皇帝多次接见和大量赏赐
68	第七十四	孔繁灏	清道光二十一年（1841）袭封衍圣公，晋太子太保
69	第七十五	孔祥珂	清同治二年（1863）袭封衍圣公
70	第七十六	孔令贻	清光绪三年（1877）袭封衍圣公。1915年，袁世凯仍封孔令贻为衍圣公
71	第七十七	孔德成	1920年，袭封衍圣公。1935年，国民政府为了彰显共和体制，废除衍圣公称号，改任孔德成为"大成至圣先师奉祀官"

表 2.3　　明朝政府对曲阜孔氏家族的封赐谕勉情况统计表①

序号	时间	事项	对象	内容
1	洪武元年（1368）三月初四日	明太祖亲笔劝谕	孔子五十五代孙祭酒孔克坚	劝谕孔氏家族归附
2	洪武元年（1368）十一月十四日	太祖召见	孔克坚	进行诫谕
3	洪武元年（1368）十二月	敕封	孔子第五十六代孙孔希学	为衍圣公
4	洪武元年（1368）	赐祭田二千大顷	孔府	坐落兖属二十七处，分为五屯、四厂、十八官庄。其界段数载《阙里志》
5	洪武二年（1369）	赐佃户	孔府	钦拔民间身家无过俊秀五百户凑人二千丁。分布于郓城、巨野、平阳、东阿、独山五屯
6	洪武二年（1369）	赐庙户	孔府	钦拔民间俊秀子弟一百一十五户，以供孔庙洒扫之用

①　史料来自［明］陈镐撰，孔胤植重纂：《阙里志》卷十五及孔继汾《阙里文献考》卷二十六。

（续表）

序号	时间	事项	对象	内容
7	洪武三年（1370）五月初四日	下旨整肃孔氏家族宗派	孔氏子孙	除先圣这一宗派，休教他当差，其余假托孔子子孙分拣出来，与百姓一体当差
8	洪武六年（1373）八月二十九日	召见衍圣公	孔希学	殷切勉励
9	洪武七年（1374）七月	敕封	孔克伸	授从仕郎知济宁府兖州曲阜县事
10	洪武十七年（1384）二月初二日	敕封	孔讷	阶资善大夫，享受一品待遇。赐诏以织文玉轴，与一品同
11	洪武二十八（1395）年二月	敕封	孔子五十六代孙孔希范	为承仕郎知曲阜县事
12	永乐四年（1406）三月	敕礼部	详议祭孔之事	躬诣太学，释奠先帅，以称崇儒重道之意
13	永乐五年（1407）	赐田	孔府	七十三大顷
14	洪熙元年（1425）正月十三日	加封	衍圣公孔彦缙妻夏氏为夫人	谕勉称："凡天下后世有事于修齐治平者皆诵法孔子，矧配孔子之孙可不慎哉！可不敬哉！益懋率履，毋忝于家"
15	宣德元年（1426）二月十二日	追赐	衍圣公孔鑑	诰命。封其妻胡氏为太夫人

（续表）

序号	时间	事项	对象	内容
16	宣德十年（1435）十月二十一日	敕封	孔子五十七代孙孔谔	为监察御史
17	英宗正统（1439）四年	存佃户、凑人丁	孔氏家族	户部奏准存佃户五百户，凑人二千丁，专以办纳籽粒以供祭祀
18	景泰元年（1450）正月初五	敕令	孔颜孟三氏子孙、衍圣公孔彦缙等	是年二月初吉，皇帝躬临太学祀先圣
19	景泰六年（1455）九月初四日	晋升	詹事府主簿孔礼徵	为仕郎
20	景泰六年（1455）十二月二十三日	赠封	孔子第六十代孙孔承庆	为衍圣公。赠其妻王氏为太夫人
21	景泰六年（1455）十二月二十三日	加封	孔子第六十一代孙孔宏绪	为衍圣公。封其妻李氏为夫人
22	景泰六年（1455）十二月二十六日	敕封	衍圣公孔彦缙侧室江氏	为夫人
23	天顺四年（1460）九月初四日	晋升	礼科给事中孔恂	阶征仕郎
24	成化七年（1471）五月二十六日	敕封	进南京詹事府少詹事孔恂	阶中宪大夫
25	正德四年（1509）十一月初十日	敕谕	衍圣公孔闻韶	整饬家风

（续表）

序号	时间	事项	对象	内容
26	正德五年（1510）十月十二日	敕封	衍圣公孔闻韶继嫡母袁氏	为太夫人
27	嘉靖十九年（1536）六月十二日	敕封	衍圣公孔闻韶妻李氏、继室卫氏	为夫人
28	嘉靖十九年（1536）六月十二日	敕封	衍圣公孔闻韶生母江氏	为夫人
29	嘉靖二十五年（1546）八月十二日	敕封	孔子第六十三代孙孔贞幹	为衍圣公。封其妻张氏为夫人
30	嘉靖三十二年（1553）	敕谕	衍圣公孔贞幹	整饬家族
31	嘉靖三十八年（1559）九月三十日	赐封	孔子第六十四代孙孔尚贤	为衍圣公。封其妻严氏为夫人
32	嘉靖四十一年（1562）九月三十日	敕谕	衍圣公孔尚贤	整饬家族
33	隆庆三年（1569）三月初八日	敕谕	衍圣公孔尚贤	整饬家族
34	隆庆六年（1572）十月初一日	加封	衍圣公孔尚贤祖母卫氏	为太夫人
35	万历七年（1579）	敕谕	衍圣公孔尚贤	衍圣公孔尚贤不在文武职官之列，朕待以宾礼，今后不必常朝，只以万寿入贺，事毕辞回，永为定例
36	天启五年（1625）二月初六日	诰封	衍圣公孔胤植妻侯氏、继妻仝氏	为夫人

（续表）

序号	时间	事项	对象	内容
37	天启五年（1625）二月十四日	诰封	衍圣公孔胤植继庶母张氏	为衍圣公夫人
38	天启五年（1625）二月十四日	诰封	衍圣公孔胤植本生父母孔尚坦及其妻吴氏	为衍圣公及衍圣公夫人
39	天启五年（1625）二月十四日	诰封	衍圣公孔胤植兄嫂孔胤椿及其妻殷氏	赠衍圣公、衍圣公夫人
40	天启六年（1626）正月十六日	诰封	衍圣公孔胤植本生祖父母	赠衍圣公及衍圣公夫人
41	崇祯元年（1628）三月	覃恩封	衍圣公孔胤植	为太子太保。妻侯氏、继室全氏为太子太保衍圣公夫人
42	崇祯元年（1628）三月	加封	衍圣公孔胤植本生祖父母	为太子太保衍圣公、太子太保衍圣公夫人
43	崇祯三年（1628）三月	覃恩封	衍圣公孔胤植继父孔尚贤	为太子太保衍圣公。继嫡母严氏、继庶母张氏为太子太保衍圣公夫人

3. 赏赐田产，蠲免税粮。为供给孔子祭祀所需，维持孔府日常开支，历代君主常常大量赏赐孔氏家族田产。明洪武元年

（1368），明朝就拨给孔府祭田二千大顷，分为五屯四厂十八官庄。（清孔继汾《阙里文献考》卷二十六《户田》）成祖永乐五年（1407）二月，赐衍圣公滋阳田七十三大顷。[①] 不仅如此，孔府还通过多种手段，大量购置、兼并土地。至明末，孔府共计占有土地6500余顷，分布于鲁西南二十二个州县中。其中仅衍圣公汤沐地就有大亩八十二顷有奇，在顺天府属东安等五县。[②] 孔府不仅拥有大量的土地，而且在税粮征收方面也享受减免的优厚待遇。《阙里孔氏优免恩例》中对相关情况作了详细记载："明洪武元年（公元一三六八年）……太祖高皇帝圣旨孔氏子孙皆免差发税粮……洪武七年……奉圣旨衍圣公典免本户粮税三十顷，余田起科，族人田土依旧纳粮免"；"明宪宗成化元年（公元一四六五年）……孔氏名下续买民间征粮地一百一十六顷五十六亩四分，蠲免税粮三分之二"；"明孝宗弘治十八年（公元一五〇五年）……孔氏子孙并免差税……续买民田二百五十三顷一十二亩三分七厘八毫二丝……除豁缴……将合入站地亩编入各府州县，不独累曲阜"；"（明武宗）正德二年（公元一五〇七年）……孔氏税粮尽行蠲免……嘉靖十三年（公元一五三四年）均地，孔氏续买民田，征七免三"。[③]

4. 修缮府庙，增扩新宅。孔府、孔林、孔庙，作为曲阜孔氏家

---

① 孙永汉等修，李经野等纂：《续修曲阜县志》，台湾成文出版社有限公司，据民国二十三年铅印本影印，1968 年，第 114 页。

② 中国社会科学院近代史研究所民国史研究室、山东省曲阜文化管理委员会：《孔府档案选编》，中华书局，1982 年，第 140 页引孔档［7004］。

③ 中国社会科学院近代史研究所民国史研究室、山东省曲阜文化管理委员会：《孔府档案选编》，中华书局，1982 年，第 101 页引《阙里孔氏优免恩例》卷四。

族标志性建筑，其创建与完善经历了相当长的历史过程。以孔府为例。唐代以前孔子的嫡系长支一般住在阙里旧宅，称之为"袭封宅"。随着历代帝王对"圣裔"赐封的不断攀升，孔府的规模也日益扩大。自宋仁宗至和年间孔子的嫡裔被封为衍圣公后，孔府被改称"衍圣公府"，并开始扩建。明代，对孔府的修缮与扩建投入了较大精力。洪武十年（1377）朱元璋赐孔府筹建新宅，并诏令授权设置官署。弘治年间，孔府、孔庙遭火灾，遂又改建。嘉靖年间，移城卫庙，又改建衍圣公府于庙东，奠定了今天孔府的规模。孔府的整个布局与北京的故宫相似，堪称中国最大、最豪华的贵族府第。

由此可见，鉴于曲阜孔氏家族在中国思想文化与政权维系方面的特殊地位和重要作用，明朝政府给予孔府"圣裔"诸多礼遇和丰厚赏赐，继续确保曲阜孔氏家族所享有的各项特殊待遇。同时，邹城孟氏家族、曲阜颜氏家族、嘉祥曾氏家族作为儒家先贤家族也受到相应的礼遇。

（二）科宦鼎盛家族

科宦鼎盛家族通常人丁旺盛，族人科举仕宦成就斐然。这类家族以莱阳宋氏家族和左氏家族为代表。明朝中后期，尤其是明万历、天启、崇祯年间，莱阳宋氏家族进入了全面辉煌时期，在科举、仕宦、文学与结社等方面都取得了重要成就。这些成就不仅确立了其在"莱阳文化圈"中的位置，也使其赢得了在全国文化领域的地位，宋氏家族成为名闻海内、众所瞩目的文化世家。

1. 从科举方面来看。莱阳宋氏家族以科举起家，早在明朝中期便已在地方上崭露头角。宋琬的四世祖宋戢，于景泰元年

（1450）中举，天顺四年（1460）举进士，他是明代莱阳宋氏家族的第一位进士。此后，宋氏家族举业大兴。尤其是从万历十三年（1585）至崇祯十二年（1639）的五十余年间，莱阳宋氏家族更是科甲蝉联，宋继澄、宋琬两支三代就考取 6 位进士、4 位举人。其中宋继澄一支，4 位进士，4 位举人：长兄宋继登，万历甲辰科（1604）进士；仲兄宋继发，崇祯戊辰科（1628）进士；侄子宋琮（宋继登长子），崇祯戊辰科（1628）进士；侄子宋玫（宋继登次子），天启乙丑科（1625）进士。宋兆祥（宋继澄之父），万历乙酉科（1585）举人；宋继澄，天启丁酉科（1627）举人；宋瑚（宋继澄长子），崇祯己卯科（1639）举人；宋琏（宋继澄三子），崇祯己卯科（1639）举人。宋琬一支两位进士：父亲宋应亨，天启乙丑科（1625）进士；仲兄宋璜，崇祯庚辰科（1640）进士。而此时，身为家中第三子，宋琬也已初露头角，应试县、府、道皆名列榜首。一时间，宋氏家族出现了叔侄同科，兄弟父子同中进士的盛况，创造了莱阳地区科举史上的辉煌，为宋氏家族赢得了科举世家的美誉。吴伟业在《复社纪事》中曾将莱阳宋氏家族与江西临川陈际泰家族进行对比，盛赞称"自制举艺之法行，其撰著之富，单行可传，无如临川陈大士……宋九青玫父子兄弟治一家言，于临川不及也，然最以科第显"①，足见莱阳宋氏家族在当时的影响。

---

① ［清］吴伟业：《复社纪事》，收入［明］吴应箕、［清］吴伟业等著：《明代野史丛书：东林本末（外七种）》，北京古籍出版社，2002 年，第 181 页。

2. 从仕宦方面来看。明万历至崇祯数十年间，莱阳宋氏家族两支共有九人入仕。其中宋继登，历任直隶定兴县知县、户部郎中、浙江布政司参政、南京鸿胪寺卿，入祀嘉兴府名宦祠，例赠资政大夫，为正二品。宋玫，历任永城知县、杞县知县、刑科都给事中、大理寺少卿、太仆寺卿、工部右侍郎，为正三品。此外宋兆祥、宋继发、宋琮、宋瑀、宋应亨等皆有政声。尤其是宋应亨、宋玫叔侄二人，在当时最为著名。他们是同科进士，又在相邻的地方任职，政声颇著，一时传为美谈。《明史》记载："玫即以是年偕族叔应亨同举进士。玫授虞城知县，应亨得清丰。崇祯元年，玫兄琮亦举进士，知祥符，而玫以才调繁杞县。三人壤地相接，并有治声。"① 宋琬在《清丰祭告先太仆祠堂文》中称宋应亨："阅三年而报最，冠冕乎畿甸之循良。"② 宋应亨离任后，百姓在郭外建祠，世代祭祀。尤其是在莱阳癸未邑难中，叔侄二人抵御清兵入侵，不惜以身殉难，名留青史。

3. 从文学方面来看。文学成就是明末莱阳宋氏家族的主要成就，也是宋氏家族得以名扬海内的主要原因。莱阳宋氏家族自宋兆祥起便文人辈出，涌现出宋继澄、宋琮、宋玫、宋瑚、宋琏等一批享誉海内的著名地方家族文人。《莱阳县志·人物·乡宦》称："（宋兆祥）为人伦师表，从学者半邑中，佥称其善诲焉……子继澄，孙琮、玫、瑚、琏暨曾孙俶等皆秉其家法，文为海内所

---

① ［清］张廷玉等撰：《明史》卷二百六十七，中华书局，1974 年，第 6879 页。

② ［清］宋琬：《清丰祭告先太仆祠堂文》，收入宋琬著，辛鸿义、赵家斌点校：《宋琬全集》，齐鲁书社，2003 年，第 709 页。

称，比之三苏、二陆云。"① 其中又以宋继澄与宋琮、宋玫兄弟不泥时风，高标特立，最为著名。文坛诗界赞美之声，充盈于史书典籍。《莱阳县志·宋孝廉继澄传》评价称："当明之季，宋氏多才，而继澄与玫文名尤高。玫尝至楚，郑澹石赠诗云：'剖斗折衡为文章，天下娄东②与莱阳。'"③《莱阳县志·艺文·著述》还盛赞宋继澄曰"文名震大江南北，学宗程朱，时称理学儒宗"。④而宋琮与宋玫兄弟，时人将他们与浙人翁鸿业并举，有"翁宋"之称，莱阳文字遂为山东之冠。王熙在《通议大夫四川按察使司按察使宋公琬墓志铭》中盛赞称："明万历之季，士子皆习为软靡庸腐之文以取科第，独公（琬）族兄五河琮、九青玫，能为文幽峭奇险，拔地特起，与浙人翁鸿业齐名。相继取甲科，天下谓之'翁宋'。"⑤ 宋琬在《宋宗玉先生诔》中也高度评价宋琮的文学造诣，认为汉代贾谊以下，王融、刘琰、嵇康、谢惠连及唐代王勃、李贺之文学皆有不足，而宋琮堪称继贾谊之衣钵者。称："贾生而下，凡几千年，而后得一宋宗玉。"⑥ 吴伟业在《书宋九

---

① 梁秉锟等修，王丕煦等纂：《莱阳县志》，台湾成文出版社有限公司，据民国二十四年铅印本影印，1968 年，第 896 页。

② 娄东，指江苏太仓。明代文坛盟主王世贞，复社创始人张溥，明末清初著名诗人吴伟业均为娄东人。

③ 梁秉锟等修，王丕煦等纂：《莱阳县志》，台湾成文出版社有限公司，据民国二十四年铅印本影印，1968 年，第 1352 页。

④ 梁秉锟等修，王丕煦等纂：《莱阳县志》，台湾成文出版社有限公司，据民国二十四年铅印本影印，1968 年，第 1531 页。

⑤ ［清］王熙：《王文靖公集》卷十九，直隶总督采进本，第 18 页。

⑥ ［清］宋琬著，辛鸿义、赵家斌点校：《宋琬全集》，齐鲁书社，2003 年，第 704 页。

青逸事》中也盛赞宋玫称："九青姿望吐纳，天下无二，通经书，能文章，其五言最工，章奏亦详雅。"① 此时，宋琬也已经崭露头角。崇祯十一年（1638），宋琬与兄宋璜乡试举茂才入京，与王崇简等交游唱和。王崇简之子王熙在《重刻安雅堂集序》中记载："乙亥，先生举茂才异等来京师，与先君文贞公申侨肸之好，家有小楼，颜曰胜引先生至，辄坐其上，相与扬榷今古，轩眉抵掌，流连竟日。"②

由此可见，明末莱阳宋氏家族文人众多，名家辈出，已经成为驰名山左、饮誉海内的文学世家，故王熙盛赞称："莱阳文字，遂为山东之冠。"③ 吴伟业还将莱阳宋氏家族与临川陈际泰家族并举，云："余幼执经张西铭先生门，即知莱阳之文，与东吴、豫章，壎篪应和。"④

4. 从结社方面来看。明末，莱阳宋氏家族之所以声名远播，与家族文学成就有着密不可分的联系。而宋氏家族的文学成就以及文名的形成，离不开文学结社活动。宋氏家族的文学结社活动主要分为三类。一是缔结宋氏家族文社。宋氏家族文人结社活动，始于宋兆祥。万历三十八年（1610），宋兆祥自汝南返乡，长子宋继登去官，仲子宋继发、三子宋继澄及宋继登之子宋琮均

---

① ［清］吴伟业：《书宋九青逸事》，收入《吴梅村全集》，上海古籍出版社，1990年，第607页。

② ［清］王熙：《王文靖公集》卷十一，直隶总督采进本，第15页。

③ ［清］王熙：《王文靖公集》卷十九，直隶总督采进本，第18页。

④ ［清］吴伟业：《宋玉叔诗文集序》，收入《吴梅村全集》，上海古籍出版社，1990年，第1153页。

赋闲在家，于是宋兆祥选择门人十余人，连同自家父子兄弟缔结文社，相互唱和，吟咏不辍。宋继澄《文起楼文稿序》记载："万历庚戌（1610），先大夫（宋兆祥）自汝南归，长兄以范阳令被人言之诬，未补官，仲兄下春官第，皆在里。乃择及门士十余人，命余暨侄琼与为文社。余年十七，琼十四，以文字与人论交盖自此始。"①　二是参与复社活动。明朝末年，张溥、张采创建复社，研讨学问、评议政事，成为当时最为著名的文社。宋继澄、宋瑚、宋琏、宋玫、宋琬等都是复社的重要成员。三是领导山左大社。复社成立后，全国各地争相效仿，成立分社，山东地区以莱阳为中心成立了"海滨复社"，后改名"山左大社"。山左大社成员遍及山东各地，人数达 91 人，成为复社在北方最大的分社。宋氏族人积极参与，宋继澄更是成为山左大社的领袖。《莱阳县志·宋孝廉继澄传》称："山左有大社，均统于复社，著录共数千人。山左大社九十一人，莱阳除继澄父子，有左懋泰……崔丹，实居十六七。栖霞郝晋亦与斯盟，而继澄为之冠。"②

除宋氏家族外，明朝末年莱阳左氏家族也处于发展的鼎盛时期。该家族重视家族教育，在科举、仕宦等方面都取得了重要成就。据《左氏家族族谱》记载，莱阳左氏家族始祖左原于永乐年

---

①　李江峰、韩品玉：《明清莱阳宋氏家族文化研究》，中华书局，2013 年，第 232 页。

②　梁秉锟等修，王丕煦等纂：《莱阳县志》，台湾成文出版社有限公司，据民国二十四年铅印本影印，1968 年，第 1349 页。

间从山东章丘迁至莱阳，白手起家，数代以农耕为业。明清鼎革之际，左氏家族正处于第六、第七代时期。这一时期，左氏家族刚在地方上崭露头角，成为地方望族。其中，第六代最有代表性的族人为十八楼①，其中有进士 1 人，举人 4 人，贡生 4 人。十八楼中又以云楼左之龙（左懋第之父，南京刑部郎中）、海楼左之宜（云南道监察御史）、昆楼左之似（涿州知州）、曙楼左之俊（巩昌府同知）、月楼左之藩（光山县主簿）、星楼左之注（彰德卫经历）、玄楼左之俊（杭州府推官）、镇楼左之武（天津卫都司）等最为著名。左氏家族第七代更是人丁兴旺，贤才辈出，尤以左氏家族"三十六懋"闻名遐迩。他们是：左懋第、左懋泰、左懋芬、左懋章、左懋实、左懋勋、左懋绩、左懋廉、左懋桂、左懋胤、左懋芝、左懋兰、左懋晋、左懋才、左懋修、左懋儒、左懋谦、左懋甲、左懋赏、左懋颖、左懋功、左懋中、左懋德、左懋登、左懋亨、左懋荣、左懋行、左懋鼎、左懋鼐、左懋肃、左懋润、左懋立、左良辅、左良弼、左良臣等。其中进士 2 人，举人 1 人，贡生 7 人。其中左懋第任兵部右侍郎兼都察院右佥都御史，左懋泰任吏部稽勋司员外郎，左懋甲任将宁县主簿，左懋赏任扬州府海运同知、北使监军，左懋勋任成都府经历，左懋颖任灵昌州知州，左懋绩任上林苑署丞，左良辅任中宪大夫，左氏家族成为明清之际莱阳地区最为显赫的科宦望族之一。

---

① 左氏"十八楼"，为莱阳左氏家族第六代学有所成、取得功名的十八人，因他们的号中都有"楼"字，故而被称为左氏"十八楼"。

（三）仕途衰落家族

仕宦衰落家族，通常经过累世蓄积，在明朝中期便已崭露头角，并持续发展，在科举、仕宦和家族文化建设等方面都取得重要成就。但是，时至明末，整个家族经济衰退，人丁不旺，科举仕宦成就下降，呈现出衰落之势。这一类家族以即墨蓝氏家族为代表。

即墨蓝氏家族发展的鼎盛时期是明代中期，此时正值五世蓝章，六世蓝田、蓝困、蓝因时期。经过蓝文善至蓝铜四代人的不懈努力，至五世蓝章时，蓝氏家族迅速崛起，实现了跨越式发展。蓝章先后考取举人、进士，并顺利走上仕途，从而拉开了蓝氏家族科宦兴族的序幕。他的三个儿子蓝田、蓝困、蓝因也各有建树，尤以文学见长，时人称之为"蓝氏三凤"。而蓝田成就最为突出，与其父蓝章一起，在科举、仕宦、文学等方面取得突出成就：父子进士蝉联，名动一时；父子为官，刚正不阿，不避权贵，蓝章忤逆阉党，蓝田逆鳞进谏，声闻朝野，二人以直节著称；父子均以文学著称，蓝田成就尤高，名重齐鲁。一时间，蓝氏父子四人熠熠生辉，创造了明清蓝氏家族发展的第一次辉煌。

五世：蓝章

蓝章，字文绣，晚号大崂山人，四世祖蓝铜长子。明景泰四年（1453）生，成化十三年（1477）甲辰科举人，成化二十年（1484）春闱举进士。蓝章是蓝氏家族第一个通过科举走上仕途的人，以南京刑部右侍郎致仕，后赠资善大夫，是蓝氏家族官职最高、成就最卓著的一个。嘉靖帝钦题"慎厥身修"以示褒奖，死后御赐兆茔，命入祀乡贤，可谓恩荣殊厚。蓝章著有《西巡录》《西征题稿》《武略总要》《大崂山人遗稿》《八阵合变图说》等。其《八阵合变图说》收入清《四库全书》子部。其事迹载于《即墨县志》《即墨人物志》《莱州府志》及《山东通志》等。

六世：蓝田 蓝因 蓝因

蓝田，字玉夫，也作玉甫，号北泉，蓝章长子。少有才名，被视为"小圣人"，名重齐鲁。其文名与关中康海、山右马理相鼎峙，而行义尤高。明嘉靖二年（1523）癸未科二甲第61名进士，初授河南道监察御史。曾因议大礼受杖，呻吟枕席月余，几乎丧命。复起，任陕西巡按，沿用其父蓝章的做法，革除弊政，镇抚变乱，惠民一方。同时，蓝田又以文学见称，先后参加丽泽社、海岱诗社，与著名诗人杨慎、张含、边贡、刘澄甫等相互唱和，一生吟咏不辍，著述丰富，是蓝氏家族中文学成就最高的一个。著有《蓝侍御集》《北泉集》《东归唱和》《白斋表话》《随笔》《续笔》及奏疏五十余份，其《北泉集》收入清《四库全书》。蓝田入祀即墨乡贤，《明史》《山东通志》《即墨县志》等有传。

蓝因，字深甫，号南泉，又号巨峰，蓝章次子，明选贡生。蓝因科举成就不高，以选贡生而终。因此，他一生居家闲处，无缘仕途。民国二十七年蓝氏家印本《北泉集》（附《南泉遗诗》）中称："蓝因，明贡生。康对山先生撰东泉序有云：北泉侍御与弟深甫、征甫皆擅才誉，能文词，人或拟为'蓝氏三凤'。深甫虽俯就选贡，尚未大售所负。"① 善诗，著有《巨峰诗集》一卷。

蓝因，字征甫，号东泉，蓝章第三子。为官清廉，刚直不阿。以诗文见长，著有《京兆诗集》一卷。清乾隆版《即墨县志·文学》称蓝因："与两兄田、囷齐名，诗文书为世所重。以父荫除知江宁，居官清严，人莫敢干以私，升庆阳府通判，致仕归。"②

这一时期，在蓝章的影响和教导下，蓝氏家族普遍重视子弟教育，读书科考成为家族的共识，形成了科举兴族、诗书传家的优良传统，并在科举、仕宦、文学等方面都取得辉煌的成就，创造了蓝氏家族发展的第一个高峰。除蓝章父子外，蓝章之弟蓝竟有孝行、多义举，其子孙也在德行、科举和仕宦等方面取得一定成就。清同治版《即墨县志·孝义》记载称："蓝竟，铜次了，任义官。幼失恃，事父至孝。凶年贷粟贫者，里党称之。"蓝竟子：长曰国，阴阳学训术；次曰圜，太学生。继室黄氏生子一人，曰图，太学生。蓝竟之孙：芝，阴阳学训术；芸，医学训科；芳，义官；蕙、芮、葵皆邑庠生；荷，省祭。曾孙：长正

---

① ［明］蓝田:《北泉集》,即墨蓝氏家印本,民国二十七年(1938),第112页。
② ［清］尤淑孝等修纂:《清·乾隆版〈即墨县志〉》卷九,中国和平出版社,2005年点校本,第175页。

业，省祭。次光业、振业、大业，皆邑庠生。①

　　繁荣之后，明清之际即墨蓝氏家族进入短暂中衰时期，主要原因是七世蓝柱孙、蓝史孙兄弟二人均英年早逝。嘉靖三十四年（1555），蓝田病逝，时年七十九岁。此后数年间，蓝田嗣子蓝柱孙、子蓝史孙相继病逝，蓝氏家族发展出现严重断层。蓝史孙去世后，其妻栾氏苦心抚育蓝思绍等四个遗孤。蓝柱孙遗有二女，也由栾氏一并抚育成人。栾氏一人抚养六个孩子，支撑维系蓝氏家族，其艰难状况可想而知。蓝柱孙、蓝史孙的早逝，不可避免地造成了子弟教育的缺失，从而导致这一时期蓝氏家族无论是在科举仕宦、文学创作，还是在家族自身建设方面，其成就都难以与蓝章、蓝田时期相提并论。蓝氏整个家族处于短暂中衰时期。经历了七世、八世两代的中衰，明末清初，在九世蓝再茂的带领下，蓝氏家族重新振作精神，外抵侵侮，内振家声（整饬家族，培养子弟），扭转了中衰的低迷局势，实现了家族的复兴，并创造了蓝氏家族发展的第二个高峰。

　　（四）初入仕途家族

　　初入仕途家族，通常在明末初露头角，通过科举踏入仕途，开启家族科举仕宦兴族的序幕，至清代得以持续发展，成为声名显赫的地方大族。这一类家族以福山王氏家族为代表。据王

---

　　① ［清］林溥等纂修：《清·同治版〈即墨县志〉》卷九，中国和平出版社，2005年点校本，第248页。

氏家族族谱记载，始祖王忠（一世）祖籍云南大理府祥云县小云南镇鸡头村。洪武年间任山东登宁盐科大使，通过占卜选址定居于福山，现河北村。王氏家族自落户福山，至明朝末期一百余年间，虽在科举仕宦方面小有成就，但是所任官职多是地方小吏，功名方面止于贡生之类。如二世王云，官知县；三世王俊，明景泰三年（1452）岁贡生，官知县；四世王纶，官江南上海县知县；五世王锦，为礼部儒官；六世王国学，为诸生；七世王久任，明万历十四年（1586）岁贡生，官山西文水县主簿，迁王府纪善。

直至明末第八代、九代起，王氏家族才在地方上逐步崭露头角。八世王道长，为京师锦衣卫。王道长有三子：长子王三锡、次子王慎言、三子王文举，为第九代。崇祯六年（1633），王三锡、王慎言兄弟二人共同参加了顺天府癸酉武科乡试，结果王三锡中第一名武解元，王慎言中第二十三名武举人。次年，兄弟二人又共同赴会试考场，王三锡考取了一甲第二十七名，赐进士出身，授官直隶昌平道（今河北省）中军守备；王慎言考取了三甲第五十六名，赐进士出身，授京师锦衣卫百户官。崇祯皇帝朱由检非常器重王三锡，把他调往陕西任游击（武官名，三品），前去剿灭李自成的起义军，并亲自召见他，赐以御宴、铠甲。不料李自成却自山西突围，一路如破竹势攻克了北京城，崇祯皇帝见大势已去，自缢于煤山。王三锡闻讯大哭，独自东下，蹈海殉国。

入清后，王氏家族迎来了新的发展机遇。据王懿荣统计数据显示：有清一代，王氏家族进士达二十六位（二甲进士八名，三甲进士十八名），举人五十八位，五贡①、生员四百余人。有官职的族人一百多人，封疆大吏三位，督抚五名，翰林六名，持续繁盛三百余年。

表2.4　　　　　　　　清代福山王氏家族进士名录

序号	姓名	科场	名次	官职
1	王允谐	顺治四年（1647）丁亥科	三甲一百五十四名	大理寺观政，甘肃成县县令
2	王骘	顺治十二年（1655）乙未科	二甲四十九名	闽浙总督，户部尚书
3	王检	雍正十一年（1733）癸丑科	二甲五十五名	选翰林院庶吉士，授翰林院编修，官至湖广总督
4	王显绪	乾隆元年（1736）丙辰科	三甲二十五名	吏部文选司主事，安徽布政使
5	王甘敷	乾隆元年（1736）丙辰科	三甲七十名	咸安宫教习
6	王启绪	乾隆十六年（1751）辛未科	二甲五十五名	选翰林院庶吉士，授翰林院编修，河南开封陈许管河兵备道
7	王希旦	乾隆十九年（1754）甲戌科	三甲四十七名	沂州府教授
8	王燕绪	乾隆二十五年（1760）庚辰科	二甲第二名	日讲起居注官，翰林院侍讲

---

①　指恩贡、拔贡、副贡、岁贡和优贡，这是清代科举制度中对五类贡生的总称。

（续表）

序号	姓名	科场	名次	官职
9	王积熙	乾隆三十六年（1771）辛卯恩科	三甲五十七名	复试中去世，追授七品文林郎衔
10	王善垲	乾隆四十九年（1784）甲辰科	三甲六十九名	云南澄江知府，署迤南道
11	王厚庆	嘉庆六年（1801）辛酉恩科	三甲七十七名	内阁中书，浙江台州知府，署宁绍台兵备道
12	王庆长	嘉庆七年（1802）壬戌科	三甲八十二名	内阁中书，福建按察使
13	王延庆	嘉庆十年（1805）乙丑科	三甲一百一十八名	兖州府教授，国子监博士
14	王余晋	嘉庆十三年（1808）戊辰科	三甲五十七名	陕西定远厅同知，兖州府教授
15	王余师	嘉庆十四年（1809）己巳恩科	二甲八十六名	直隶宁津县知县，莱州府教授
16	王余英	嘉庆十四年（1809）己巳恩科	三甲九十五名	湖南善化县知县
17	王德瑛	嘉庆十九年（1814）甲戌科	三甲四十名	河南省安阳县知县
18	王兆琛	嘉庆二十二年（1817）丁丑科	二甲九十名	选翰林院庶吉士，授翰林院编修，官至山西巡抚
19	王森长	嘉庆二十四年（1819）己卯科	三甲一百一十六名	陕西省蒲城县知县
20	王善璧	嘉庆二十四年（1819）己卯科	三甲第七十九名	广东省和平县知县

（续表）

序号	姓名	科场	名次	官职
21	王麟瑞	道光十三年（1833）癸巳恩科	三甲九十一名	直隶武邑县知县，山东沂州府教授
22	王武曾	道光十五年（1835）乙未科	三甲一百零四名	浙江慈溪县知县
23	王钟洭	道光二十五年（1845）乙巳科	三甲十名	甘肃直隶州知州
24	王大辂	道光三十年（1850）庚戌科	三甲六十名	铨选知县（未赴任）
25	王懿荣	光绪六年（1880）庚辰科	二甲十七名	选翰林院庶吉士，授翰林院编修，日讲起居注官，国子监祭酒
26	王乘燮	光绪六年（1880）庚辰科	二甲三十四名	选翰林院庶吉士，安徽铜陵县知县（未赴任）

（五）蓄势待发家族

蓄势待发家族，多是经长期积累，明末虽有所发展，但尚未显达；发展至清代，在科举、仕宦等方面获得重要突破，成为当地名望大族。这一类家族，通常被称为清代家族。这其中以诸城刘氏家族①为代表。明弘治年间，刘氏家族先人刘福因避匪患，率三子刘恒迁入诸城定居。在相当长的时间内，刘氏家族蓄势待

---

① 诸城刘氏，此指逄戈庄刘氏。始祖刘福为迁入诸城第一代。

发，声名无闻。张贞在《杞田集》中对诸城刘氏家族早期数代发展情况作了追溯，称："自处士公讳福者，徙山东之诸城，家焉。数传皆力田孝弟。至大公讳思智，始以文学补邑庠生。"① 直至明末第六世刘必显一代，刘氏家族始有起色。刘必显少负异秉，"稍长，出就外传授之书。读一再过，即成诵"② 明天启四年（1624），二十五岁的刘必显中举，实现了家族科举方面的突破。但此后他却屡试不第。直至清顺治九年（1652），五十三岁的他才考中进士。刘氏家族也迎来了发展的黄金阶段。据张其凤《清代诸城刘氏家族文化研究》统计，清代诸城刘氏家族文人中考取进士 11 人，举人 42 人（含 11 个进士），监生 149 人，庠生 59 人③。清代诸城刘氏家族的仕宦成就更是令人赞叹，仅五世到十三世便拥有 411 个官衔。其中正一品官衔有 14 人次，从一品官衔有 40 人次，正二品官衔有 8 人次，从二品官衔有 36 人次，正三品 14 人次，从三品 2 人次，正四品 25 人次，从四品 14 人次，正五品 26 人次，从五品 34 人次，正六品 23 人次，从六品 7 人次，正七品 94 人次，从七品 14 人次，正八品 28 人次，从八品 2 人次，正九品 4 人次，从九品 26 人次。④ 刘墉的母亲九十寿辰之际，云贵总督阮元献寿联称："帝祝期颐，卿士祝期颐，合三朝

---

① [清]张贞:《杞田集》，收入《四库未收书辑刊》第 7 辑第 28 册，北京出版社，1998 年，第 684 页。

② [清]张贞:《杞田集》，收入《四库未收书辑刊》第 7 辑第 28 册，北京出版社，1998 年，第 685 页。

③ 张其凤:《清代诸城刘氏家族文化研究》，中华书局，2013 年，第 17 页。

④ 张其凤:《清代诸城刘氏家族文化研究》，中华书局，2013 年，第 38 页。

之门下，亦共祝期颐，海内九旬真寿母；夫为宰相，哲嗣为宰相，总百官之文孙，又将为宰相，江南八座太夫人。"① 这副寿联虽为颂祝之词，却也反映出清代诸城刘氏家族的辉煌与鼎盛。

第二节　山东主要文化世家的应时之举

明清鼎革之际山东地区较早地被卷入明清易代斗争，饱受战乱之苦。而作为山东地方名望的文化世家，自然逃脱不了这场战乱的摧残。面对明末动荡不安、复杂多变的时局，山东地区的文化世家一方面担负着应对变乱，抵御外侮，保卫家园的重要使命；另一方面赈济灾荒，周全乡邻，维护地方稳定，同时教育家族子弟，谋划家族发展，对山东地区的稳定和发展发挥着不可替代的重要作用。

一、应对兵变骚乱

明朝末年，社会动乱，兵变四起，山东地区动荡不安。为抵御祸乱、安定时局，山东各地文化世家挺身而出，勇担重任，与入侵的清兵、变乱的兵匪展开激烈的斗争，但也付出了沉重的代价。

---

① 郑泽宇：《宰相刘墉的对联》，《对联》1997 年第 5 期。

1. 应对吴桥兵变。崇祯四年（1631），奉命前往辽宁解祖大寿大凌河之围的孔有德部，在河北吴桥发生兵变，史称"吴桥兵变"。兵变后，孔有德倒戈杀回山东半岛，连陷临邑、陵县、商河、青城诸城，率兵直趋登州，给山东地区及地方家族带来深重灾难。以新城王氏家族为例，叛军途经新城，新城王氏家族王象复、王与夔父子率领族众数十人协助知县秦三辅守城。在这场保卫战中，新城王氏家族付出沉重代价，死伤惨重，除去在外为官者与王象春外，几遭灭门。何成在《明清新城王氏家族文化研究》中指出："新城王氏家族除老幼妇孺避于长白山，青壮成员组织了抵抗，结果死亡三十余人，或父子俱亡，或兄弟同死，且多为第七代风华正茂的学人才子。"[1] 如王与端、王与玫、王士纯、王与龄、王士瞻、王与朋、王士雅、王士熊等都在这场兵变中丧生。

2. 应对甲申之变。崇祯十七年（1644）三月，李自成大军攻入北京，崇祯帝吊死于煤山，明朝灭亡。明亡后，全国陷入一片混乱。计六奇在《明季南略·南京诸臣议立福藩》"附记"中记载了当时无锡的社会状况："（四月）廿八日，予下乡，乡间乱信汹汹。廿九日下午，君征叔云：崇祯皇帝已缢死煤山矣。予大惊异。三十日夜，无锡合城惊恐，盖因一班市井无赖闻国变信，声言杀知县郭佳胤，抢乡绅大户。郭邑尊手持大刀，率役从百人巡行竟夜。嗣后，诸大家各出丁壮二三十人从郭令，每夜巡视，至

---

① 何成:《明清新城王氏家族文化研究》,中华书局,2013 年,第 42 页。

五月初四夜止。"① 文中描述的不仅是无锡的状况，也是当时整个国家的政局态势。山东地区同样也陷入一片混乱之中，各地动乱不息，当地文化世家积极应对时变，维护地方安定。以山东即墨为例，明亡后即墨黄宗贤、郭尔标、周六等人，乘机煽动当地农民作乱，并率众围攻即墨城，即墨知县仓皇逃窜。河北明军前来增援，结果大败而归。蓝氏家族蓝再茂与黄氏家族黄宗昌等人组织城中豪绅士民，固守城门，顽强抵抗。黄宗贤、郭尔标、周六等率众围城三十余日，攻城十几次，均未成功。后杨氏家族杨遇吉乘夜出城赶赴莱州求助。由于当时山东地区各种势力更迭频繁，杨遇吉不知道当时莱州已归顺清廷，胶州总镇柯永盛委参将杨遇明、孔国治，守备韩朝相等领兵至即墨，黄宗贤、郭尔标、周六等四散败亡，即墨围解，清政府毫不费力占领了即墨城。所以，在崇祯十七年明清易代之际，即墨地区实现和平过渡，没有出现激烈的抗争。

二、 抵御清兵侵扰

明朝末年的十余年间，后金（清）军队先后五次进犯大明疆土，其中后两次都到达山东境内，造成"戊寅、己卯之难"与"壬午、癸未之难"（详见第一章第三节）。戊寅、己卯年间，清兵第一次抢掠山东，仅及省西北部数邑，屠济南城，俘鲁王朱由

---

① ［清］计六奇:《明季南略》,中华书局,2016 年,第 7 页。

枢而归。因此，山东大部分地区文化家族没有参与第一次抗击清兵的运动。壬午、癸未年间，清名将阿巴泰带领清兵南下，第二次入侵山东。一路势如破竹，连破沿途各府县，几乎踏遍山东全省，山东地方政府、开明士绅和广大军民开展了坚决斗争。作为地方望族，山东各地文化世家在抵制异族入侵，保卫乡土安定方面发挥着重要作用。

1. 莱阳抗清运动。面对清兵入侵，以宋氏家族、左氏家族为代表的莱阳各大家族不仅捐资助防，而且积极参与到抗击清兵的第一线。大兵压境，莱阳城迫切需要解决的是城防和军备问题。莱阳城年久失修，城墙颓败，尤其是北面城防极为薄弱，城内则武备匮乏，兵器不足。宋氏家族宋应亨、宋玫叔侄①与莱阳诸乡绅慷慨解囊，出资加固城墙，置备武器。《明季北略》称："崇祯十五年闰十一月，清兵破临清，应亨率士民守莱阳。北隅单弱，捐千金建瓮城，浃旬而毕。"②《莱阳县志》卷末"附记·兵革·明代兵事"也记载："十五年，清兵由畿南下山东，连破各府县。闰十一月，邑绅宋应亨与知县陈显际议守。以城北廒薄，自出千金更筑瓮城，浃旬而毕。于是，宋玫、赵士骥诸绅亦各出资治具。"③

---

① 宋应亨为吏部郎中，落官归里。宋玫为工部右侍郎，初除母丧，二人当时都在莱阳城中。

② ［清］计六奇:《明季北略》，中华书局，2016 年，第 350 页。

③ 梁秉锟等修，王丕煦等纂:《莱阳县志》，台湾成文出版社有限公司，据民国二十四年铅印本影印，1968 年，第 1615—1616 页。

为了抗击清兵，宋应亨不仅出资修缮城墙，甚至不惜重金招募死士，夜袭清兵军营，最终迫使清兵败走。《明季北略》与《宋稽勋哀辞（并序）》均对这件事作过记载。《明季北略》称："清兵至，应亨独当一面，悬赏购死士，夜劫营，兵拔围去。"[1]钱谦益《宋稽勋哀辞（并序）》记载曰："十五年闰十一月，奴陷临清……奴至，君独当一面。悬赏购死士，杀一奴，予五十金。士奋跃，夜劫奴营，斩数级。相蹂死者无算。奴拔营遁去。"[2] 在莱阳士绅、军民的顽强抵抗之下，莱阳保卫战取得首次胜利。

清兵首犯莱阳，无功而返。为雪前耻，崇祯十六年（1643）二月，阿巴泰再次率兵进犯莱阳。这次清兵来势更加凶猛，宋应亨、宋玫叔侄抱着必死的决心，与莱阳知县陈显际，士绅赵士骥、姜泻里、孙凤毛、张宏德等分守四门，与清兵进行了顽强斗争。但终因力量悬殊，难敌清军猛烈进攻。二月初六日，清军由城东北突破，攻入莱阳城。城破后，清兵对莱阳军民进行了血腥屠杀。莱阳知县陈显际力战而死，三十余位士绅以身殉难，数以万计的将士和百姓被杀戮或惨遭酷刑，时人称之为"癸未邑难"。《莱阳县志》记载了这场邑难的概况，称："当是时，清兵大肆焚掠，庐舍为墟。据故老传闻，绅民死于锋镝酷刑下者不啻万人，

---

① ［清］计六奇：《明季北略》，中华书局，2016 年，第 350 页。
② ［清］钱谦益：《宋稽勋哀辞（并序）》，收入《牧斋初学集》，上海古籍出版社，1985 年，第 1693 页。

而邑乘弗载，各家谱牒无征。"① 在这场邑难中，宋应亨奋勇杀敌，战败被俘，惨遭杀戮；宋应亨的三十余僮仆皆不屈而死。宋玫夫妇及宗人也同时遇难。宋氏族人的慷慨气节和大义之举被广泛传颂并载入史册。《明实录·崇祯实录》卷十六记载称："（崇祯十六年）二月，清兵掠寿光，攻德州，入武定、莱阳，杀故工部右侍郎宋玫、吏部郎中宋应亨、中书舍人赵士骥、知县张宏等。"② 《明史》卷二百六十七称："明年（崇祯十六年）二月，（清兵）复至，城遂破，玫、应亨、显际、士骥并死之。"③ 《明季北略》更是列专篇《宋应亨不屈》和《宋玫殉节》记述二人事迹。《宋应亨不屈》称："应亨平巾箭衣，驱家僮巷战。家人劝令易帽，不可。战良久，家僮死者三十余人，应亨项中一刀，被执，不屈以死。"④ 《宋玫殉节》记述："亡何，北兵入，东省云扰。玫与同宗、吏部应亨辈经画守御，不遗余力。及城陷，缚玫与应亨相对拷掠，体无完肤，玫始终不屈，遂见杀。"⑤ 钱谦益的《宋稽勋哀辞（并序）》对宋应亨、宋玫事迹记述最为详尽，称："（明年）二月初五日，奴大众奄至。避北城，不敢攻。次日辰时，由城东北隅缘云梯上。君平巾箭衣，趋家僮巷战。家人劝令

---

①　梁秉锟等修，王丕煦等纂：《莱阳县志》，台湾成文出版社有限公司，据民国二十四年铅印本影印，1968 年，第 1616 页。

②　台湾"中央研究院"历史语言研究所：《明实录·崇祯实录》卷十六，1962年，据嘉业堂旧藏钞本影印，第 463 页。

③　[清]张廷玉等撰：《明史》卷二百六十七，中华书局，1974 年，第 6880 页。

④　[清]计六奇：《明季北略》，中华书局，2016 年，第 350 页。

⑤　[清]计六奇：《明季北略》，中华书局，2016 年，第 334 页。

易帽,不可。战良久,家僮死者三十余人。杀奴亦过当。君项中一刀,被执。奴知为宋稽勋也,逼降之,令以金钱赎死。君厉声大骂:'吾资产尽于城守,家无一钱。纵有之,天朝宋司勋,肯以金银奉臊狗奴赎死乎?'奴不肯即杀,考掠穷日夜。君与其族子侍郎玫彭缚左右柱,嚼齿嚄血,喷涌交迸,骂声达旦,交口如夜诵。次日,皆遇害。"①

在莱阳癸未之战中,左氏家族也进行了英勇的抗争,并付出惨重代价。崇祯十六年(1643)二月六日,清兵攻克莱阳城,左氏一族37人殉难。尤其是左懋芬举家十七口投井而亡,最为悲壮。《莱阳左氏殉难录》记载:"明崇祯壬午(崇祯十五年,公元1642年)秋,清兵围莱阳,不克。明年二月,驱劲旅至,城不守。知县陈显际,教谕孙尔振,典史马昕,乡官宋玫、张载征、张宏德、赵士骥、宋应亨等死之,而左氏死者独多……族中殉难者……三十有七人……左懋芬,御史之宜长子,字学海,岁贡生。癸未二月六日城破,举家十七口均投井死,童仆亦与焉。"②

① [清]钱谦益:《宋稽勋哀辞(并序)》,收入《牧斋初学集》,上海古籍出版社,1985年,第1693页。
② 左书谔、左玉品:《左忠贞公年谱》,中国社会科学研究出版社,2011年,第105页。

表 2.5　　　莱阳"癸未邑难"左氏家族殉难人员名录①

序号	世系	姓名	功名	事迹
1	六世	左之龙庶室蔡氏		城破被执,以头触地死,年七十八岁
2	六世	左之武继室王氏		殉邑难
3	七世	左懋第庶室王氏		殉邑难
4	七世	左懋芬	崇祯癸酉（1633）岁贡	守城御清,城破,举家殉难
5	七世	左懋芬之妻咸氏		同夫投井殉邑难
6	七世	左懋芬之妾张氏		同夫投井殉邑难
7	七世	左懋桂		殉邑难
8	七世	左懋桂之妻宋氏		城破坠楼死
9	七世	左懋章	廪生	守城御清,城破,殉难
10	七世	左懋章继室王氏		闻夫死,目睹三女投缳后,自经
11	七世	左懋胤	犀生	殉邑难
12	七世	左懋德		殉邑难
13	七世	左懋登		殉邑难
14	八世	左瑜		殉邑难
15	八世	左瑱		殉邑难
16	七世	左之宜之女（张载征之妻）		同妾周氏赴火死

---

　　① 崇祯癸未(1643)二月六日,莱阳城破,大量莱阳士绅百姓遭受屠戮。《莱阳左氏殉难录》中称左氏家族殉难者三十七人,据左书谔、左玉品《左忠贞公年谱》所记仅得二十三人,谨列其名如下。

（续表）

序号	世系	姓名	功名	事迹
17	八世	左璜之妻姜氏		与夫同殉邑难
18	八世	左玚		殉邑难
19	八世	左玚之妻姜氏		同夫殉邑难
20	八世	左宅人	庠生	于莱阳城北亭山殉难
21	八世	左懋泰之女（庠生姜坡之妻）		城破，骂贼不已，同夫被杀
22	八世	左氏（举人赵涛之妻）		与夫同殉邑难
23	八世	左氏（举人赵汪之妻）		与夫同殉邑难

此外，在莱阳癸未之难中莱阳姜氏家族、赵氏家族等也作出重大牺牲。姜氏家族姜泻里"城破被执，大骂虏，攒刃交加死"①；姜泻里四子廪生姜坡"与宋玫分守东门，闻父死，驰至，抱尸大骂被执。夜复举火爇虏帐，为虏所觉，遇害"②；姜氏家族的姜煌、姜宏煦同时殉难，"一门死者二十余人"③。赵氏家族慷慨赴死者辈出。赵士骧，士骧堂弟，生员。城陷，与妻姜氏同投缳死④。赵士骅，士骧弟，贡监。城破，士骧身殉。

① 梁秉锟等修,王丕煦等纂:《莱阳县志》,台湾成文出版社有限公司,据民国二十四年铅印本影印,1968 年,第 976 页。

② 梁秉锟等修,王丕煦等纂:《莱阳县志》,台湾成文出版社有限公司,据民国二十四年铅印本影印,1968 年,第 977 页。

③ [清]张廷玉等撰:《明史》卷二百五十八,中华书局,2017 年,第 6668 页。

④ 梁秉锟等修,王丕煦等纂:《莱阳县志》,台湾成文出版社有限公司,据民国二十四年铅印本影印,1968 年,第 977 页。

士骅泣曰：吾习武，未经一试，今可用报家国矣！手持长枪，腰挟双刃，往来冲杀于东马路，敌死伤无算，士骅亦身被数创，中暗箭死。① 此外，赵尔润（监贡）、赵仲栻（廪生）、赵仲朴（生员）、赵仲相（生员）父子四人也同时殉难。

从中可见，莱阳各大家族在清兵入侵和乡邑遭难之际，捐财助资，坚决抗击，尤其是在莱阳癸未邑难中，以身殉难，表现出可歌可泣的民族气节和顽强的斗争精神。莱阳文化世家的英勇斗争精神，受到了明清政府的褒扬及世人的景仰，名留青史。如宋氏家族：宋玫，《明史》《山东通志》《莱阳县志》皆有传记，《明季北略》有《宋玫殉节》，"清乾隆间赐谥忠节"②。宋应亨，《明季北略》有《宋应亨不屈》，《莱阳县志》有传。祀乡贤祠。明政府诏赠其为太仆寺少卿，入清丰县名宦祠，"乾隆间赐谥节愍"③。赵氏家族：赵士骥，祀于乡贤祠。乾隆年间赠奉政大夫，礼部主事。姜氏家族：姜泻里，崇祯帝诏褒嘉其"一门义烈"，恤赠光禄寺卿，谥忠肃，赐祭葬，事载《明史》。

2. 即墨抗清运动。壬午年（1642），即墨地区也受到了清兵侵扰，百姓生命财产屡受威胁。即墨蓝氏家族在整修城墙、加强

---

① 梁秉锟等修，王丕煦等纂：《莱阳县志》，台湾成文出版社有限公司，据民国二十四年铅印本影印，1968 年，第 977 页。

② 梁秉锟等修，王丕煦等纂：《莱阳县志》，台湾成文出版社有限公司，据民国二十四年铅印本影印，1968 年，第 975 页。

③ 梁秉锟等修，王丕煦等纂：《莱阳县志》，台湾成文出版社有限公司，据民国二十四年铅印本影印，1968 年，第 975 页。

城防、组织抵抗等方面都作出了突出贡献。蓝再茂出资捐修损坏的东城，长九十尺，用银五百余两，弥月告成。由热河等地流窜入山东境内的清军随至，围攻即墨城，蓝再茂又偕子蓝深、蓝滋专守东城门，捐银捐粮，身先士卒，督率城中军民鼎力拒守，清兵久攻不克，被迫撤走，即墨城得以保全。《县亲友叙先封太史公历履》中对这件事做了记录，称："独是去冬，敌人叩关本县东城。自门以北倾倒日久，尚未修理。乃不忍坐视，竭力任修，不动公帑，不派一夫，计修九十尺，用银五百余，弥月告成。东兵随至矣，设不修破城，众必弃城，虽捐多金，将谁与守，谓非其保障之功不可也。及其忧国忧民，殚精竭虑，偕两子廪生蓝深、蓝滋专守东城，督卒青衿，协力死守，昼夜巡察，衣不解带者三阅月，而捐银捐粮，不恤空囊。诸如雇觅壮丁，犒赏营兵，制炕炮造大药器械等项，费银五百余两。是以城头严密，攻者三至城下，而东城屹如山立，不敢内窥者有，独当一面之势，运筹帷幄，巩固封强，咸加人一等矣。"[①] 即墨黄氏家族也加入了抗清的斗争。即墨黄氏家族黄宗昌变卖家产作军饷，率乡人据守。交战中，次子黄基被清兵射死，黄宗昌忍痛指挥士民继续战斗，即墨得以保全。黄基中矢死，其妻及三妾殉之，时人谓之"一门五烈"。《即墨县志》卷九"人物·忠节"记载黄基"勇敢善战，崇祯壬午从宗昌昼夜乘城，风饕雪虐未尝暂离，发必应弦，殪敌功

---

① ［明］蓝再茂：《世鹰堂遗稿》，蓝氏家印本，2014年，第100页。

为最。既乃中矢贯额，犹力战不退，信宿而卒"。①

3. 诸城抗清运动。在"壬午之难"中，诸城文化世家坚决抵制清兵入侵。十二月十七日城破后，清兵大肆烧杀。丁耀亢在《航海出劫始末》记载称："是夜，大雨雪，遥望百里，火光不绝。各村焚屠殆遍。明日，得破城之信。"② 诸城世家大族受害尤为严重，以王氏家族与丁氏家族为例。《大营王氏族谱六支支谱》记载了王氏家族王郡一门的英勇壮举："未几大兵南下，公入草堂，以头触地而殁。其子尚执、尚吉，孙仲修激于义，亦以身殉。妻孥多缢死。一时父死于义，子死其父，妇死其夫，阖门之节义，古今罕觏焉。"③ 丁氏家族在这场抗清运动中也受到了重创。丁耀亢在《乱后忍侮叹》记载："壬午东兵破城，胞弟举人耀心、侄举人大谷皆殉难，长兄虹野父子皆被创，居宅焚毁，赤贫徒步，奴仆死散殆尽，苟活而已。予以壬午十二月入海，癸未渡海归。虽经劫掠，家口幸全，犹有驴马衣履可备出入。彼受祸之家，以予局外独全，每揶揄之。见予家二孝廉罹变，不能振起，予归又勉整旧业，虽贤豪称久交者，时侧目焉。先是叛仆乘乱为贼者，予归理之官。邑大姓阴为之主，使其反噬，或使人诬讼于郡，以谋叛谋杀人命等事，冀以试吾之强弱。又使亡命无赖

① ［清］林溥修，周翕鐄等纂：《即墨县志》，台湾成文出版社有限公司，据清同治十一年刊本影印，1968年，第583页。

② ［清］丁耀亢撰，李增坡主编，张清吉点校：《丁耀亢全集》下，中州古籍出版社，1999年，第278页。

③ 王宪明：《明清诸城王氏家族文化研究》，中华书局，2013年，第57页，引自王茂桐：《大营王氏族谱六支支谱·支谱传》，清光绪三十一年（1905）抄本。

者，率众登门殴骂，观吾动静。予皆不较，复诱恶仆某跳梁，率众劫粮畜以去。明为之主，冀予忿恨，假逆仆甘心焉。予亦不较，卒无策。族人穷悍者，据产为业，主率强邻，逐散佃户，分吾积聚。孤之遗产，处处如此。"① 从中可见，在壬午之难中，丁氏家族丁耀心、丁大谷殉难，丁虹野父子受伤，家宅遭到焚毁，家仆死散。丁耀亢扶老携幼外逃避难，备受颠簸之苦。返乡后又家遭多难，处境困顿。

4. 高密抗清运动。崇祯十五年（1642），清军深入山东，攻破济南、昌邑、诸城等数十座城池，云集高密城下。由于高密原知县程万里固修城防，加强戒备，为成功应对清兵进犯做了充分准备。《高密县志》载："程万里，洪洞人。崇正十年任县事。严毅有介气，执法不阿，四境肃清。以武备废弛，用罚赎积硝黄数万觔。壬午城守实赖其预备云。"② 崇祯十五年，时任知县何平，廉明仁恕，造士爱民，带领高密军民同仇敌忾，固守城邑百余日，成功瓦解清兵围城。《高密县志》称其"壬午率众守城，三阅月不破"。③ 典史张修尹"分守西北敌台，与弟张奖尹，亲丁杨宗曜、于光显奋勇致死。身中二箭犹不退，复为箭中前心，毙于

① ［清］丁耀亢撰，李增坡主编，张清吉点校：《丁耀亢全集》下，中州古籍出版社，1999 年，第 282—283 页。
② 余友林等修，王照青纂：《高密县志》，台湾成文出版社有限公司，据民国二十四年排印本影印，1968 年，第 618 页。
③ 余友林等修，王照青纂：《高密县志》，台湾成文出版社有限公司，据民国二十四年排印本影印，1968 年，第 618 页。

城上"①。在地方官吏的领导和感召下，高密单、张、傅、李等士绅大族，面对家国危难，毅然决然地走在一起，特别是单氏族人为抗击清军入侵作出了突出贡献。当时已是举人的单父令首先倡导捐资助饷，高密绅民群起响应。高密城当时有四座城门，南城永安门由原任太常寺少卿傅钟秀负责守卫、监生单峤为副手，东城广惠门由单崇负责，西城通德门由单若鲁与举人李裀负责，西南保宁门由单崏、单父令父子负责。另外，充任将领御敌的单氏族人还有东城游兵把总单岑，北城将领武生单巍等。

5. 潍县抗清运动。崇祯十五年（1642）冬，清军从莱州湾入侵，先攻陷莱州、昌邑、安丘等县，后又由潍北炮台登陆。集中骑兵三千，步兵万余人，大举围攻潍县。面对突如其来的入侵者，年仅三十岁的知县周亮工积极备战。他一方面亲自撰写关于抗击清军的告示，倡导有钱者捐资、无钱者效力，并首先自捐俸银，全城士绅民众深受鼓舞，纷纷响应，积极捐款捐物协助他囤积粮草、整备军械；另一方面与潍县城内原任户部尚书郭尚友、原任陕抚金都张尔忠、原任南瑞道参政王珝、候补主事胡振奇、举人郭知逊等乡宦士绅多次聚议，会同商榷防御清兵、保卫潍城事宜，他的举措得到了众人的鼎力支持。自崇祯十六年（1643）一月二十八日潍城被清兵围困，到二月十三日清军败退，围困解除，历时 17 天。在外无援兵的情况下，潍城知县周亮工临危不

---

① 余友林等修，王照青纂：《高密县志》，台湾成文出版社有限公司，据民国二十四年排印本影印，1968 年，第 619 页。

惧，身先士卒，冒死作战，而且胸怀韬略，指挥得力，最终打赢了这场潍城保卫战。"当地士民感念其保境守土之功，为他立了生祠。他离潍升迁时，乡民燃香步送直到德州。"①

此外，福山等地也开展了激烈的抗清运动。崇祯十六年（1643）二月十三日，清兵攻破成山卫，进而包围福山县城，"知县吴闻诗固守，未下"。②

三、 赈济受灾亲邻

明朝末年，战乱四起，灾害频仍，百姓生活困苦。山东各地文化世家赈灾济贫，周济亲邻，为地方稳定作出贡献。以即墨为例，明末，即墨蓝氏家族已是一个具有数百年历史的一方大族。据《即墨县志》及《蓝氏族谱》记载：明万历四十三年（1615）至明崇祯十三年（1640）短短二十余年间，即墨地区发生了多次严重的旱灾，造成即墨大饥，一度出现人相食的惨剧。面对连年灾荒，蓝氏家族通过周济族人、赈济邻里维护了即墨的一方稳定。

首先，周济族人。蓝氏家族支系繁复，人口众多，其中不乏

---

① 白一瑾：《论清初贰臣士人"两截人"的处境心态》，《北方论丛》2010 年第1 期。

② 王陵基修，于宗潼纂：《民国福山县志稿》，收入《中国地方志集成·山东府县志辑》，凤凰出版社、上海书店、巴蜀社，据民国二十年铅印本影印，2004 年，第415 页。

贫寒困顿的族人。《南皮令蓝公月旦颂》记载曰："蓝宗巨族也，中有贫而绝粟者，死而乏棺者，欲葬而无墓者，婚姻之不给者。"① 可见，即墨蓝氏家族中，贫困族人不在少数。为维护家族稳定，使族人免于沦落，九世祖蓝再茂继承家族传统，慷慨解囊，不遗余力地接济贫弱族人，不少族人依靠蓝再茂周济过活。王铎称蓝再茂："素好义，慷慨周人之急，恤人之事，解衣推食亲族每待以举火者。又培本根，笃宗姓，脱数兄弟于寒贫，后扶其子有成就"，"从兄弟或荡徒产，辄分予以歉子，其子六七人皆赋青衿。族有寠贫……为会计相周，而蓝氏之宗以不堕"②。傅以渐在《皇清敕封文林郎内翰林国史院检讨加一级诏赠中大夫前南皮令青初蓝公暨元配孙氏继配崔氏墓志铭》中也记载称："如从弟之废万金产，而无尺寸土，公（蓝再茂）赡恤其家，抚其诸子，终身如一日。父母养老，公产尽让幼弟。敦宗睦族，每当岁时伏腊，输粟捐资，赖以举火者不一而足。"③ 正是由于蓝再茂的慷慨救助和多方周济，即墨蓝氏家族才得以稳定和睦，并持续发展。

其次，赈济邻里。即墨蓝氏家族家风仁厚，蓝再茂经常接济贫弱，赈救灾荒，救生葬死，乡里百姓深受其恩惠，不少人依靠蓝再茂接济得以度日。蓝深、蓝润在《封太史公行述》记载：

① ［明］蓝再茂：《世鬻堂遗稿》，即墨蓝氏家印本，2014 年，第 97 页。
② ［清］王铎：《贺蓝老年翁初度序》，收入蓝润：《余泽录》卷四，即墨蓝氏家刻本，顺治十六年，第 18 页。
③ ［清］蓝润：《余泽录》卷四，即墨蓝氏家刻本，顺治十六年，第 52 页。

"庚辰大祲，粟米如珠，饿殍载道，府君捐粟粥场赈饥民，掘万人坑瘗枯骨，宗族乡党暨四方流离，有闻必赈，全活者不可数计，里中积谷之家，悉成巨富，府君施予一空。庚寅再饥，乙未又饥，赈之皆如初事。"① 张琛称蓝再茂："分财不怯，诸凡洽比其邻，收恤其族，举火者惟公，无告者惟公，捍患御灾者惟公。维系风俗，转移利害，成败之惟公，此皆邦之人生而仰其德，殁而怀其惠。故君子悉有众善无弗，爱且敬焉。"② 宋澄岚也盛赞蓝再茂曰："世其懿徽而益培之。大本在孝友，推之为施济，完人室家，助人丧葬，资人俯仰，成人之德，免人之患，盖不可举数。至于重学敦儒，勤勤不倦，知人材之，自出风俗之繇兴，所以致其志也，诚处厚之君子哉！"③ 蓝启肃在《祭历代乡贤暨崇祀先侍郎先御史先赠按察公文》中也指出："（蓝再茂）承前启后，周人之急，恤人之困，扶危定倾，啧啧人口。"④

此外，德州田氏家族、安丘曹氏家族等也都在灾荒战乱之年，接济贫弱，周济乡里。德州田氏家族田实粟曾告诫弟弟田实畎曰："邻里亲串望拯救于汝矣。人生不为长者之行，虽有余财能常聚而不散乎？"⑤ 安丘曹氏家族也尽己所能，安抚一方百

---

① ［清］蓝深、蓝润：《封太史公行述》，河北大学图书馆藏即墨蓝氏家族清钞本，第17页。

② ［清］张琛：《前南皮县大尹青翁蓝老大人老先生崇祀乡贤序》，收入蓝润：《余泽录》卷四，即墨蓝氏家刻本，顺治十六年，第46页。

③ ［清］宋澄岚：《前南皮县大尹青翁蓝老先生崇祀乡贤序》，收入蓝润：《余泽录》卷四，即墨蓝氏家刻本，顺治十六年，第49页。

④ ［清］蓝启肃：《清贻居集》，即墨蓝氏家印本，2012年，第100页。

⑤ 黄金元：《清代德州田氏家族文化研究》，中华书局，2013年，第75页。

姓。清孙光祀在《曹铨暨配太淑人王太君合葬墓志铭》中称曹铨："竭仓廪以赈贫者，先族人，次姻亲，暨乡邻农佃待举火以存活者，盖数百人有奇。"（《安丘曹氏族谱》卷三）

四、 推动家族发展

面对动荡和战乱，山东各地文化世家在保家护城的同时，时刻没有放松教育子弟，积极寻求家族发展之路。

1. 聊城傅氏家族。明清易代之际聊城傅氏家族发展至傅以渐一代。经过数代人的积淀，傅氏家族蓄势待发。面对混乱的时局，傅以渐韬光养晦，专心读书，等待时机，寻求家族发展的机会。李泉《清代聊城傅氏家族文化研究》记载称："明末社会动荡，民变纷起，盗寇多有，小者骚扰乡村，大者进攻城市，民众生计断绝，朝不保夕，县学诸生，大都辍学，傅以渐却并没有就此中断学业。有一次，土匪围攻聊城，城垣眼看被攻破，人心惶恐，城中纷乱不堪，但傅以渐诵读典籍，一如平日。有人过来劝他说：'生死目前，奚事此？'意思是说，生死就在眼前，还读书干什么。傅以渐笑了笑说：'生死命耳！苟不死，天下不用读书人耶？'亲戚朋友劝他该从其他行业谋生，傅以渐不肯，说'兴王欲坐致太平，必当柄用读书人'，于是诵读更加努力。"[1] 足见，傅以渐能高中清初首榜状元，傅氏家族能够异军突起，与傅氏家

---

[1]　李泉:《清代聊城傅氏家族文化研究》,中华书局,2013 年,第39 页。

族重视家族教育、积极寻求家族发展之路是分不开的。

2. 诸城刘氏家族。明朝末年，诸城刘氏家族发展至刘必显一代。刘必显高度重视科举，为实现目标，在离乱动荡环境中坚持刻苦读书。王培荀《乡园忆旧录》记载："公名必显，官员外郎。年少与民避乱山中，众方喧阗，忽闻读书声，迹之则公方于石上摊书朗读。"① 张贞《杞田集》也记载："十二岁，（必显）从叔祖某读书远村。塾中多村竖，惟知撄蒱嬉戏，殊无切磋益。公叹曰：'辞亲远出，期上达耳。若然何必去乡井为哉！'独正襟危坐，读书不辍。诸竖百计诱之，弗顾也。"②

经过不懈努力，刘必显于天启四年（1624）中举。但此后屡遭挫败，直到顺治九年（1652）才实现梦想，考取进士。此时离中举已有二十八年之久。张贞《杞田集》评价称："甲子，（刘必显）以第六人举于乡。时公文誉久著，士林指数，皆谓当立陛上，第乃困顿公车几三十载。又倔疆（强）成性，耻事干谒，遂至家徒四壁立，或劝以禄仕，公愀然曰：'嘻，岂知我者哉？余性傲急，且无宦情，惟思得进士二字，启牖后人耳。以青袍致台鼎，非其好也。'自是坎坷百罹，终不废读，遂登顺治壬辰（1652）进士，殿试二甲，授行人司行人，旋捧诏偏沅。"③

正是由于刘必显重视家族教育，立志科举，屡遭挫败而不放弃，才造就诸城刘氏家族的持续辉煌。有清一代，诸城刘氏家族共培养出

---

① ［清］王培荀著，蒲泽校点：《乡园忆旧录》，齐鲁书社，1993年，第234页。
② ［清］张贞：《杞田集》，北京出版社，1998年，第685页。
③ ［清］张贞：《杞田集》，北京出版社，1998年，第684—685页。

进士 11 人①，举人 42 人（含 11 名进士）、监生 149 人，庠生 59 人。

3. 即墨蓝氏家族。明清之际，即墨蓝氏家族虽然总体呈现出衰退之势，但在蓝氏家族第九世蓝再茂的努力下，蓝氏家族一度出现复兴的局面。蓝氏家族的复兴源于对家族教育的重视。蓝再茂非常注重对子弟的教育，尤其是致仕归里后，更是细心教导子弟。清人高尔俨《贺蓝老父母初度序》称："太翁（蓝再茂）遂解组归里，种术莳菊，盟鸥鹭而纫萝薜，抽先人架上缥湘课子若孙，粹掌下帷，星灯雨檠，意甚适也。"② 不仅如此，蓝再茂还延请名师教导子弟读书。蓝深、蓝润在《封太史公行述》记述称："（蓝再茂）延师友，令子孙肄业于内。"③

在严格而系统的家族教育下，这一时期蓝氏家族人才辈出，成就斐然。蓝再茂之子蓝深、蓝润，其孙蓝启肃、蓝启延、蓝启蕊、蓝启华等都在科举、文学等方面取得了突出成就。魏天赏称赞道："（蓝再茂）教长郎毓宗（蓝深）兄，举经学简，授大尹。仲即凫渚（蓝润）兄，成皇清首科，进士起家。太史诸孙，森森玉树，或弱冠食廪饩，或孟年拔胄监、补弟子员者，旦抱曾孙焉。所谓文德武功世其家，世其德，世其功业荣名，真易世未艾

---

① 其中四位翰林，刘统勋、刘墉皆在其列。

② ［清］高尔俨：《贺蓝老父母初度序》，收入蓝润：《余泽录》卷四，即墨蓝氏家刻本，顺治十六年，第 33—34 页。

③ ［清］蓝深、蓝润：《封太史公行述》，河北大学图书馆藏即墨蓝氏家族清钞本，第 17 页。

也。"① 清人高尔俨《贺蓝老父母初度序》也盛赞称:"太翁即以凫渚公贵,龙章宠锡,晋秩太史,可称特恩殊荣。而长公毓宗,翘楚艺坛,飞鸣仁见惊人。诸孙森森玉立,髫年已食饩王家,则天之酬太翁,正日升月恒,方兴未艾也。"② 一时间,即墨蓝氏家族人才济济,声名再起,创造了第二次发展高峰。

4. 莱阳左氏家族。明清鼎革之际,莱阳左氏家族注重家族发展,在家族教育方面颇为用力。左懋第在《萝石山房文钞》卷4《诰授奉正大夫先考云楼府君行状》中记载其祖父左奎与其父左之龙励志读书,参加科举之事,称:

> 先大父三子,长即府君。仲父之藩,岁贡,光山县主簿。季父之桢(祯),选贡,巩昌府同知。府君生嘉靖二十九年庚戌秋七月之十日壬辰。生而端凝,不为嬉戏。年五岁始言,八岁知读书,从季大父彦,十二通《毛诗》。隆庆改元丁卯,府君年十八,学使者邹公,深性命之学,奇府君,录为庠生第一。明年戊辰,年十九,再试,擢第三。为邑学生,志愈远。先大父起家布衣,不饶于利,常借人书。又苦不能尽,故自性理、《通鉴》、《左氏春秋》以至司马迁、班固、老聃、庄周列御寇之书,无不阅其辞。手自较(校)录,盖至今遗纸累累盈筒。好读《左氏传》、《国语》,性尤好楷书。以故为举子

---

① [清]魏天赏:《贺蓝老先生七十有一初度序》,收入蓝润:《余泽录》卷四,即墨蓝氏家刻本,顺治十六年,第37页。

② [清]高尔俨:《贺蓝老父母初度序》,收入蓝润:《余泽录》卷四,即墨蓝氏家刻本,顺治十六年,第33—34页。

业，清逸典秀。时贤所不及，书法亦高一时。[1]

《左忠贞公年谱》中也详细记载了左懋第刻苦读书、参加科考，接受系统教育的情况[2]：

万历三十五年丁未（公元 1607 年），7 岁。是年，父左之龙平息哗变，为忠贞公口授诗书。

万历三十六年戊申（公元 1608 年），8 岁。是年，在榆林官署中师从陈对吾先生学习《礼记》。

万历四十年壬子（公元 1612 年），12 岁。是年，师从赵太冲先生学习《毛诗》。

万历四十一癸丑（公元 1613 年），13 岁。是年，从父左之龙读书里中，左之龙授以《毛诗》《礼记》。

万历四十二年甲寅（公元 1614 年），14 岁。是年，从父左之龙授古本《史记》三十卷。是年，应童子试，前后受知于两任县令。

万历四十三年乙卯（公元 1615 年），15 岁。是年，师从钟太音先生学习《毛诗》。

万历四十六年戊午（公元 1618 年），18 岁。是年，忠贞公第一次参加山东乡试未中，作诗《感秋》。

天启元年辛酉（公元 1621 年），21 岁。是年，忠贞公第

---

①　左书谔、左玉品：《左忠贞公年谱》，中国社会科学研究出版社，2011 年，第 233 页。

②　左书谔、左玉品：《左忠贞公年谱》，中国社会科学研究出版社，2011 年，第 29—57 页。

二次参加山东乡试未中，对父左之龙承颜顺志。

天启二年壬戌（公元 1622 年），22 岁。是年，忠贞公在草堂学习。是年，忠贞公学陈明卿制义与所诠古文。

天启七年丁卯（公元 1627 年），27 岁。是年，徙治《春秋》。是年，第三次参加山东乡试未中。

崇祯元年戊辰（公元 1628 年），28 岁。是年，史籍对忠贞公记载阙如，应该是继续学业。

崇祯三年庚午（公元 1630 年），30 岁。是年，中山东乡试第二名，座主为卫仲玉先生。

崇祯四年辛未（公元 1631 年），31 岁。是年，考中进士，出陈仁锡先生之门。

左氏家族不仅重视读书应试，也非常注重对子孙的为官从政与为人处世方面的教育。左懋第之父左之龙晚年致仕返乡，他曾经总结过自己的为官之道，称："我举孝廉后，四十有余年，二十年居乡，二十年为吏。居乡，恂恂惟恐得罪于人。曾未闻人以我骄抗责我以无礼，亦未从邑父母干以私，致里人怨。为吏，凡令三邑，佐两郡，郎署两司，奖荐者百有余。再受玺书，内外经计吏者八，不一挂弹章，为人所指摘。我实亦不妄取民间一钱，从未以私怨杀一人。戆愚获罪，天子不诛。疏直中伤，而大臣不黜，使我皤然白首致仕而归，我所受于朝廷乡党者幸矣。"① 左懋

---

① 左书谔、左玉品:《左忠贞公年谱》,中国社会科学研究出版社,2011 年,第 246 页。

第之母陈氏也严于教子，吴肃公《明语林·贤媛》也记载："左萝石（懋第）太君陈氏，谙书史而好谈节义。李映碧（清）为给谏，疏请靖难殉义诸谥，太君诵之，咨嗟叹赏，击节称快。及萝石以侍郎北使殉节，人谓母教居多。"①

5. 济宁孙氏家族。济宁孙氏家族也非常重视家族教育。明清鼎革之际，孙氏家族正处于孙鳌化、孙瀛洲时期。孙鳌化虽然仅为秀才，但是一生勤于读书，教导子弟。《济宁直隶州志》卷二十八《人物六·隐逸》记载他病重期间仍为自己科途不顺而哀叹，称："我恐遂不起，念先世世为儒，我亦靡国饩十年，时势如斯，且复奈何？"哀叹之中对儿子充满着殷切希望。孙瀛洲牢记父亲的嘱咐，专心教导子弟读书，"至康熙丁卯（1687），少子芳魁其经，伯仲三人，食指日繁，遂不预家计，视诸孙弦诵以为乐"②，为济宁孙氏家族的崛起打下坚实基础。

6. 栖霞牟氏家族。栖霞牟氏家族也重视家族教育。牟氏家族九世祖牟鐩于顺治五年（1648）选授沾化训导，未仕，生八子。为教子成才，他"亲自授课，读无虚日。每以家课命题后，必外出，与邑中诸士大夫比酒会诗，灯后始归，逐一检查，或评其甲乙第次，或亲笔写出范文，令子传诵。此后，八子中两人中进

---

① 左书谔、左玉品：《左忠贞公年谱》，中国社会科学研究出版社，2011年，第20页。

② ［清］胡德琳修，蓝应桂续纂，王道亨增修，盛百二补辑：乾隆《济宁直隶州志》，收入《中国地方志集成补编·山东府县志辑》，上海书店出版社，2020年，第284页。

士，其余也皆有成就。时人称誉‘能教善诲’”。[①] 由此可见，明清鼎革之际，山东各地文化世家在应对复杂态势和多变时局的同时，始终坚持以教育为本，加强子弟培养，积蓄力量，积极谋划家族发展前景。

综上所述，明朝末年，面对复杂多变、动荡不安的时局，山东文化世家挺身而出、勇担重任，在抵御外敌入侵、维护地方稳定、赈济灾荒亲邻、推动家族发展等方面都作出了积极贡献，在很大程度上降低了战乱灾害给山东地区和山东文化家族造成的创伤。

---

① 俞祖华、王海鹏：《清代栖霞牟氏家族文化研究》，中华书局，2013 年，第 17 页。

第三章　清初政权角逐与山东文化世家的顺逆取舍

崇祯十七年（1644）三月十九日，李自成起义军攻入北京，崇祯帝吊死在煤山，明朝二百七十六年的统治就此结束。明亡后的短短数月之间，我国政权经历了几度变革。先是李自成入主北京，进行了四十余天的统治；继而多尔衮率领八旗军及孔有德等统率的天祐兵、天助兵，外加藩蒙古兵、朝鲜军共十二万军队入关，联合吴三桂击溃李自成的大顺军。四月三十日，李自成退出北京城，败走陕西，清政府开始入主中原；是年五月，福王朱由崧在南京登极，开启了南明政权的统治。

这一时期，南明政权、大顺残余势力和清政府之间的斗争仍在继续，但是清政府统一全国已经成为不可阻挡的趋势。为了稳定局势，巩固统治，清廷采取了一系列的重要举措。在这种形势之下，山东文化世家不可避免地成为清政府重点关注和征服的对象。他们不得不在南明政权、大顺残余势力和清政府之间作出不同的政治选择。而这种选择不仅关乎生死、名节，而且还会影响到家族的发展命运。

| 第一节 | 明亡后山东政权交替
与时局发展态势

甲申之变后，山东时局动荡不安。一方面，多地出现地方官员弃官潜逃事件。莱阳知县关捷先毁冠潜遁[1]，高密知县何平在壬午之难中率领高密军民士绅守城三月而城不破，"甲申闻京师陷，弃官去"。[2] 地方官员的潜逃，加剧了时局的混乱。另一方面，由于山东地区特殊的战略地位，明亡后几股政治势力在山东地区开展了激烈的角逐。明朝灭亡，地方官员潜逃、各种政治势力争斗，造成时局混乱，民变四起，山东各地政权处于崩溃的边缘。诸城丁氏家族丁耀亢于甲申之乱前南逃避难，顺治二年（1645）返回归里。他在《避风漫游》中详细记载了当时山东混乱的社会状况，称：

> 大清顺治乙酉，出海归里。八月入都，以旧廪例贡于乡。时残破之余，劫杀相习。乱民经闯宦纵恶之势，藏身衙胥，以巨室寒士为奇货，草野之间，动相杀害。县有令倪君者，辽伍卒也。严刑暴鸷，如苍鹰乳虎，择人而食。邑宦甲

---

① 梁秉锟等修，王丕煦等纂：《莱阳县志》，台湾成文出版社有限公司，据民国二十四年铅印本影印，1968 年，第 1617 页。

② 余友林等修，王照青纂：《高密县志》，台湾成文出版社有限公司，据民国二十四年排印本影印，1968 年，第 618 页。

科某，以人命事辄械送狱，不二日笞杀十数人。凡生儒入县，皆以铁锁系颈于庭，方候理。或无事拿入狱禁，与死囚同桎梏死。出入无时，以鹰犬甲马前驱，一邑无人声，不寒而栗。其时士官等咸尽矣。①

综上可见，清初山东地方政权交替频繁，地方官吏暴虐，乱民横行，官匪勾结，处于夹缝中的山东文化家族艰难维系，百姓生活在水深火热之中，社会处于极度混乱状态。

一、　大顺政权与山东

崇祯十七年（1644）三月十九日晨，李自成起义军攻占北京，崇祯帝自杀殉国，明朝灭亡。占领北京后，李自成迅速行动，向各地委派地方官吏，建立基层政权。山东作为战略要地，自然受到起义军的重视。李自成派明降将郭升率力余骑兵途经德州、临清，进驻济南。又派姚应奉率兵进驻青州，任命王道成为青州防御使，冯大成为青州府尹，薛柱为青州同知。同时，派军沿运河南下山东西部，四月二十五日，抵达济宁。由于沿途少有抵抗，大顺政权迅速占领山东，设立权将军1人，将军1人，防御使7人，府尹（知府）及僚佐10人，州牧（知州）及同知8人，县令37人，建立的地方政权机构几乎遍布山东全境，基本

---

① ［清］丁耀亢撰，李增坡主编，张清吉点校：《丁耀亢全集》下，中州古籍出版社，1999年，第283页。

完成了对山东的控制。

这种局面对大顺政权而言是极其有利的。但是，大顺政权的不当举措却又使其在短短时间内失掉了山东的民心，丧失了对山东地区的掌控。究其原因，主要有两个方面。其一是大顺军军纪不严，所到之处不仅抢掠财物，还大肆烧杀奸淫。《明季北略》"奸淫"记载："贼初入城，先挐娼妓小唱，渐及良家女。良子弟脸稍白者，辄为挐去，或哀求还家，仍以贼随之。妇女淫污死者，井洿梁屋皆满。"① 进入山东后，大顺军同样对山东进行残酷的搜刮抢掠。《德州志》"程先贞·何振先传"记载："济南既陷，临清、盐城、武定、滨州贼骑充斥，杀人如麻，乞丐不免。"② 其二是李自成占据北京后对降臣大加拷掠，又纵兵掳掠。"抄没勋戚，锁押百官。追银两或千金、或万金，昼夜夹打，惨酷万状。"分派到山东等地方的大顺官吏对地方大族和士绅如法炮制，以致"追掠缙绅，桁杨接踵，相望于道"（乾隆《德州志》卷十二）。

大顺军一系列的暴行，不仅激起山东各地百姓的强烈不满，也触及山东各地世家大族的核心利益，从而引起山东地区广泛的反抗活动。顺治元年（1644）四月，李自成在山海关战败，退守西安，山东各地士绅乘机诛杀大顺官员。四月乙酉（二十八日），德州士绅率先扯起反抗大顺的旗帜。谈迁《国榷》"崇祯十七年

---

① ［清］计六奇：《明季北略》，中华书局，2016，第 480 页。
② 郑克晟：《明清史探实》，中国社会科学出版社，2001 年，第 240 页引《怀陵流寇始终录》卷一八。

（1644）四月乙酉（二十八日）条"记载："德州杀防御史阎杰、德州牧吴征文。……郡县响应，凡四十余城，俱杀逐伪官，出帅钦，推为济王，传檄远近。"①民国版《德县志》也记载："三月十八日，李自成陷京师，遣贼将郭升循山东；四月初八日，升（郭升）陷德州，设伪武德道阎杰、伪知州吴征文。州人御史卢世灌、赵继鼎，主事程先贞、推官李瓒明、生员谢升等合谋诛之。为怀宗发丧，起义兵讨贼，并诛景州、故城、武邑、东光等处伪官。"②五月十五日，济宁士绅也举行了祭奠崇祯皇帝的仪式，同时"发牌各州县，擒拿伪官，传檄各路，号召忠义"。几天内附近的多数地方政权纷纷回到忠于明王朝的势力手中，不久大顺政权在山东土崩瓦解。清军入关后，许多归顺李自成的乡绅，见情势大变，纷纷归顺清廷。至此，大顺政权在山东的统治基本结束，但残余势力仍未彻底肃清。

二、　南明政权与山东

明亡后，因崇祯帝的三个儿子下落不明，为延续明朝国脉，顺治元年（1644）五月，福王朱由崧在马士英等人的支持下，率先进入南京宣布监国，并于五月十五日宣布即皇帝位，建立南明政权，改元"弘光"，史称"南明政权"。南明立国之初，淮河以

---

① ［清］谈迁：《国榷》，张宗祥点校，卷一〇一，中华书局，1958年，第6079页。
② 李树德修：《民国德县志》卷二，收入《中国地方志集成·山东府县志辑》，凤凰出版社、上海书店、巴蜀书社，2004年，第45页。

南的大部分地区尚在明朝遗臣手中，南明政权名下有百万军队。故而据魏斐德称："1644 年冬季，名义上属于南明的军队超过 100 万人，是其兵力最盛之时。"① 其中包括高杰部 4 万，黄得功部 3 万，刘泽清部 3 万，左良玉部 80 万，安庆驻军 1 万，凤阳驻军 1 万，淮安驻军 1.5 万，黄斌卿 1.8 万，李成栋部 4000，吴材驻军 1 万，安庆驻军 5000。

但是，国内政局态势复杂多变，南明政权成立之初便面临着内外交困的局面。一方面，农民起义政权虽然遭受挫伤，但残余势力仍然存在，社会影响不容忽视；清政府占据北京，蓄势南下，大有吞并全国之势；各地地方政权土崩瓦解，土寇蜂拥而起，百姓流离失所。另一方面，南明政府作为临时政权，它的产生从一开始便是各种矛盾斗争妥协的产物。南明政权内部党派纷立，斗争激烈，虽有百万军队掌握在各地军事将领手中，但大家各怀鬼胎，难以形成合力，南明政权的处境岌岌可危。

如何处理这些问题和关系，成为南明政权面临的最为棘手的问题。为了解决这些问题，南明政府进行了一系列的改革。其中与山东有关的政策主要有三点：第一，礼部尚书、东阁大学士高弘图上《新政切要八事》，其中第七条提出巩固江防、对山东蠲免田税等政策。同时，弘光政权接受史可法的建议，设立江北四

① ［美］魏斐德：《洪业：清朝开国史》，陈苏镇、薄小莹等译，新星出版社，2017年，第 235 页。

镇，颁监国和即位两道诏书，慰山东、河北军民心。第二，1644
年6月，弘光帝任命王燮为山东巡抚，由于当时山东地区很多地
方或被清朝占领，或被土寇控制，王燮根本无法就任。登莱、东
江等地巡抚王溁也面临着同样的境况，他虽然接到圣旨，但无法
上任，只能在淮安附近逗留。为此，朝廷有人上疏弹劾，圣旨一
再催促，但他们仍是充耳不闻，不敢前行。李清在《三垣笔记》
记载称："王齐抚燮、王东抚溁辞朝后，皆惴怯不行，观望淮上。
虽疏纠旨催，充耳而已。"① 第三，南明初年，朝廷为惩处降清明
臣，发动了"顺案"，对曾投降"闯贼"的故明官绅展开追究，
"然于青、兖、开、汝，似置之不讲矣"。②

　　由于南明政府偏居一隅，再加上内部不团结，各派势力相互
攻讦，最终导致节节败退。"弘光"政权存续时间很短，1645年
清军攻破南京，朱由崧逃亡芜湖，因部将出卖被俘，弘光政权宣
布灭亡。此后，鲁王朱以海在绍兴就任监国，朱聿键在福州建立
的"隆武"政权、朱聿𨮁在广州建立的"绍武"政权、朱由榔在
肇庆建立的"永历"政权相继存在，连同明郑时期，史称"四帝
一监国"，坚持"抗清复明"近四十年。南明虽有意加强对山东
地区的管控，但是始终是鞭长莫及，对山东地区的掌控极其
微弱。

---

① ［清］李清：《南渡录》卷一，浙江古籍出版社，1988年，第14页。
② ［清］李清：《南渡录》卷一，浙江古籍出版社，1988年，第14页。

三、 清朝政府与山东

清朝初年，面对动荡复杂的时局，为尽快消灭南明势力和大顺余部，巩固新生政权，清政府广泛听取降清旧臣的建议。顺治元年四月，洪承畴便建议：“今宜先遣官宣布王令，示以此行特扫除乱逆，期于灭贼，有抗拒者必加诛戮，不屠人民，不焚庐舍，不掠财物之意。仍布告各府州县，有开门迎降者，官则加升，军民秋毫无犯。若抗拒不服者，城下之日，官吏诛，百姓仍予安全。有首倡内应立大功者，则破格封赏，法在必行。此要务也。”① 同时，为拉拢汉族知识分子，清政府接受范文程等的建议，于顺治元年（1644）恢复科举。顺治二年，山东、河南、山西、江西、陕西、江南、直隶等地举行乡试，录取举人约千名。次年二月，举行会试。三月十五日，清廷举行殿试。在殿试策问中，清廷围绕五个问题进行测试。这些问题既是为了检测学子们的学识，又是为解决立国之初面临的困境。五个问题为：一、帝王君临天下，莫不欲国祚长久，传之无穷，怎么样才能得到？二、前朝大臣结党营私，招权纳贿，蒙蔽皇上，怎样才能革除旧弊，修明纲纪？三、地方官贪酷不公者甚多，吏治败坏，致使民心涣散，怎么才能官方肃清，风俗还淳，以至太平？四、欲定天下，必使天下人同心，怎么才能使满

---

① 《清实录》第三册《世祖章皇帝实录》卷四，中华出版社影印，1985 年，第53 页。

汉官民同心合力？五、地方民众，必有大贤，能帮助君主治理天下，怎么才能招徕这样的人才？① 总结起来，一是如何处理君臣关系，二是如何处理满汉关系。

清政府虚心接受了这些降臣的建议，采取了一系列的重要举措，到康熙初年，基本上统一了中国。故而，张玉兴在《试论顺治时期对汉族地主阶级的政策及其作用》一文中指出："清统治者仅以二十万左右的兵力在二十多年的时间内，先后瓦解了近二百万兵力的农民军和南明地主武装，而成一统的局面。"② 在这过程中，对山东的招抚和控制成为清政府巩固政权、拓展势力的重要举措。

（一）清初招抚山东的举措

山东因其优越的地理位置、丰富的资源和特殊的文化影响，受到了清廷的高度重视。那么，清政府在山东地区又是通过哪些措施来镇抚百姓，巩固统治的呢？

早在顺治元年五月十二日（6月16日），都察院参政祖可法、张存仁就曾极言山东地区的重要战略意义，建议清廷尽快招抚，其文曰：

> 今王代天行仁，泽及万姓，内外欢忭，勘定之速，莫逾于此。窃以平削祸乱，肇成大业，所当急图绥宁，不可或缓。盖京师为天下之根本，兆民所展望而取则者也。京师理则天下不烦挞伐，而近悦远来，率从恐后矣。然致治亦无异术，在于得

---

① 李泉:《清代聊城傅氏家族文化研究》,中华书局,2013 年,第40—41 页。
② 张玉兴:《明清史探索》,辽海出版社,2004 年,第140 页。

人而已。臣等所虑者吏兵二部，任事不实，仍蹈汉习，互相推诿，任用匪人，贻误非小。今地广事繁，非一人所能理。安内攘外，非一才所能任，宜将内院通达治理之人暂摄吏兵二部事务。至于山东乃粮运之道，山西乃商贾之途，急宜招抚。若二省兵民，归我版图，则财赋有出，国用不匮矣。①

清政府听从了张存仁等的建议，多措并举，开启了对山东的镇抚活动。

1. 尊孔崇儒。孔子作为儒家学派的创始人，也是我国历史上著名的思想家、教育家和政治家，受到历代王朝的推重和尊崇，孔子后裔也被赐予世袭爵位。历代王朝之所以要这样做，其目的主要有三：一是显示国家推崇孔子思想，二是报答孔子的功绩，三是期望孔子后裔继承和弘扬孔子思想，成为士林的榜样。② 后金（清）统治者深知尊孔崇儒的重要意义，早在天聪三年（1629），皇太极就下令改造沈阳孔庙，开始祭祀孔子。崇德元年（1636）八月，又遣大学士范文程祭祀孔子，并盛赞孔子"德侔天地，道贯古今，删述六经，垂宪万世，昭宣文治，历代尊崇"（《清太宗实录》卷三十"崇德元年八月丁丑"条）。

清朝立国之初，降清汉臣深知儒学的重要性和孔子的影响力，纷纷建议清廷继续尊崇儒学。山东巡抚方大猷上疏平定山东十二策事，其中第七条便是"崇圣学"，其文曰：

---

① 《清实录》第三册《世祖章皇帝实录》卷五，中华书局影印，1985 年，第 58 页。
② 孔祥林、管蕾、房伟：《孔府文化研究》，中华书局，2013 年，第 98 页。

先圣孔子为万世道统之宗，本朝开国之初，一代纲常培植于此，礼应敕官崇祀，复衍圣公并四氏学博士等之封，可卜国脉灵长，人文蔚起……况朝廷尊师重道，与接待臣子不同，古来启运之主，尽有崇祀之文，礼宜先施，碑志可考。谨详列历朝恩例，以备殿下采仿而行。（《孔府档案》六三〇八卷之一）

对于这件事，《世祖实录》中也有着明确记载。其文称："十月初二日（1644 年 10 月 31 日）吏部议覆：'山东巡抚方大猷疏：请以孔子六十五代孙孔胤植，仍袭封衍圣公，照原阶兼太子太傅。其子兴燮，照例加二品冠服。孔允钰、颜绍绪、曾闻达、孟闻玺仍袭五经博士。衍圣公保举曲阜知县孔贞堪仍为原官。其在汶上县管圣泽书院事世袭太常寺博士，应以衍圣公第三子承袭。至尼山书院、洙泗书院乃四氏学录等官，俱照旧留用。管勾、司乐、掌书等缺，听衍圣公咨部补授。'从之。"[1]

顺治帝听从了方大猷的建议，批示曰："先圣为万世道统之宗，礼当崇祀，昭朝廷尊师重道之意。本内所开个款俱应相沿，期与优渥，以成盛典。"（《孔府档案》六三〇八卷之一）顺治元年（1644）二月丁卯，即遣官祭先师孔子[2]。六月十六日，又遣官祭先师孔子[3]。顺治二年（1645），加封孔子为"大成至圣文宣先师"。是年六月，"摄政王多尔衮谒孔子庙，行礼。赐师生胥

---

①　《清实录》第三册《世祖章皇帝实录》卷九，中华书局影印，1985 年，第 92—93 页。

②　《清实录》第三册《世祖章皇帝实录》卷五，中华书局影印，1985 年，第 62 页。

③　《清实录》第三册《世祖章皇帝实录》卷七，中华书局影印，1985 年，第 75 页。

隶银二千二百余两"①；顺治三年（1646），在都城太仆寺街赐孔
氏家族宅邸一座，门、厅、楼、房共计一百余间，此为北京衍圣
公府。顺治五年（1648）二月丁卯（初二），"遣大学士范文程
祭先师孔子"②；顺治九年（1652）九月，顺治帝又亲自率王公
大臣到太学隆重释奠孔子，行两跪六叩礼；顺治十四年（1657）
又复称孔子为"至圣先师"。康熙帝时期，继续执行顺治帝时期
的政策。康熙二十三年（1684）十一月，康熙帝亲临曲阜孔庙祭
奠先师，行三跪九叩大礼，到孔子墓前行一跪三叩之礼。以上祭
孔活动见载于《兖州志·历代褒崇孔圣典孔》。

　　同时，清政府听从方大猷等的奏请，按照旧例恢复孔庙祀
田③，蠲免孔氏后裔税粮等。乾隆甲午《曲阜县志》卷四十一
"赋役"记载：

　　　　共赐衍圣公祭田二千一百五十七大项五十亩，分为五
　　屯、四厂、十八官庄，其散在他州县者，不具载。以曲阜蕞
　　尔之邑，而公府之地若张羊、南池、城西、春亭、红庙、安
　　基、齐王村、齐王坡、颜孟、马草坡、下地屯、胡二窑，共

---

　　① 《清实录》第三册《世祖章皇帝实录》卷一七，中华书局影印，1985 年，第
150 页。
　　② 《清实录》第三册《世祖章皇帝实录》卷三六，中华书局影印，1985 年，第
293 页。
　　③ 中国社会科学院近代史研究所民国史研究室、山东省曲阜文化管理委员
会：《孔府档案选编》，中华书局，1982 年，第 101 页引《阙里孔氏优免恩例》卷四《孔
府散档》。

十二所，皆曰官庄。①

（清顺治年间）圣贤后裔以及庙丁礼生一切杂项差徭概行蠲免。②

顺治十三年（公元一六九六年），蒙户部行文通饬，凡一切地亩杂项差徭俱行蠲免亦在案。顺治十七年均地照例蠲免。康熙四年均地照旧例蠲免。③

这一系列的措施不仅加速了孔氏家族归顺的步伐，而且为山东广大士绅大族放弃抵抗提供了台阶。故而，魏斐德在《全球视野下的明清嬗变》中称："清初满族统治者的精明之处在于成功地继承了儒家的文化并运用了这些观念，才找到了满汉调和的支点。降清的汉族官员和清初的统治者们在维护儒家的道统方面，形成了共同的利害关系——无论什么民族都应当忠于儒家的观念——这些教义是放之四海而皆准的真理。保卫了儒家思想也就得到了身份认同。"④

2. 征召劝降。在清政府的自身发展、与明朝斗争以及镇压农

---

① 中国社会科学院近代史研究所民国史研究室、山东省曲阜文化管理委员会：《孔府档案选编》，中华书局，1982年，第136页。

② 中国社会科学院近代史研究所民国史研究室、山东省曲阜文化管理委员会：《孔府档案选编》，中华书局，1982年，第101—102页引《阙里孔氏优免恩例》卷四《孔府散档》。

③ 中国社会科学院近代史研究所民国史研究室、山东省曲阜文化管理委员会：《孔府档案选编》，中华书局，1982年，第102页引《阙里孔氏优免恩例》卷四《孔府散档》。

④ ［美］魏斐德：《洪业：清朝开国史》，增订版序《全球视野下的明清嬗变》，陈苏镇、薄小莹等译，新星出版社，2017年，第5页。

民起义军中，归降文武将才发挥了重要作用。清廷为招抚汉人，费尽心力，使得大批明代文武官员为其效力。在降清的汉人中，范文程、洪承畴、孔有德等贡献最大，也深受清廷的眷顾。在降清旧臣的建议下，清兵进入京城后，"顺治帝福临在指示并批准追谥明末殉国诸臣的同时，特旨为北京城破前自缢而死的明崇祯帝朱由检树碑、撰文，并亲往祭奠，而'凄然泣下'"①；五月"以礼葬明崇祯帝后及妃袁氏、两公主并天启后张氏、万历妃刘氏，仍造陵墓如制"。② 清廷对明朝亡故的君主、后妃及公主的态度，不仅大大降低了明朝旧臣对清廷的敌意，也为他们归顺清廷提供了台阶。通过政府征召、官员推举等形式，清政府又开始了对明朝山东旧臣的招抚，使得一大批山东籍明朝遗臣归附清廷③。这不仅对维护和巩固清廷在山东的统治起到重要作用，也使得清廷对山东的招抚得以顺利进行。《清实录》中较为详细地记载了清廷对山东地区的招抚进程：

顺治元年 五月二十五日：

以故明井陉道方大猷为监军副使，招抚山东。④

六月初四日：

令户部右侍郎王鳌永招抚山东。⑤

---

① 张玉兴：《明清史探索》，辽海出版社，2004 年，第 200 页。
② 《清实录》第三册《世祖章皇帝实录》卷五，中华书局影印，1985 年，第 59 页。
③ 当然，在王鳌永和沈惟炳所举荐的官员、士绅中，也涌现出一批誓死守节、坚决抗清的忠贞之士，如左懋第和沈迅等。
④ 《清实录》第三册《世祖章皇帝实录》卷五，中华书局影印，1985 年，第 60 页。
⑤ 《清实录》第三册《世祖章皇帝实录》卷五，中华书局影印，1985 年，第 61 页。

六月初十日：

遣固山额真觉罗巴哈纳、石廷柱，率将士平定山东一路地方。①

六月二十九日：

平定山东。固山额真觉罗巴哈纳、石廷柱等启报：霸州、沧州、德州、临清先后俱下，各城无官者，已酌量委署。②

七月庚寅：

以招抚山东监军副史方大猷为都察院右佥都御史巡抚山东。③

七月十二日：

招抚山东、河南侍郎王鳌永启荐山东故明大学士谢升等四十余人。事下吏部。

王鳌永又启报："济南、东昌、青州、临清等州郡，以次抚定，并赍送故明德王朱由枢降表。"④

七月十四日：

以投诚宁远兵备道韩昭宣为山东布政事司参政兼按察使司佥事青州道，进士王标极为山东按察使司佥事济南道。⑤

七月十八日：

以内院副理事官李栖凤为山东布政使司参政兼按察使司佥事

① 《清实录》第三册《世祖章皇帝实录》卷五,中华书局影印,1985 年,第 61 页。
② 《清实录》第三册《世祖章皇帝实录》卷五,中华书局影印,1985 年,第 65 页。
③ 《清实录》第三册《世祖章皇帝实录》卷六,中华书局影印,1985 年,第 66 页。
④ 《清实录》第三册《世祖章皇帝实录》卷六,中华书局影印,1985 年,第 67 页。
⑤ 《清实录》第三册《世祖章皇帝实录》卷六,中华书局影印,1985 年,第 68 页。

分巡东昌道，李翔凤为山东布政使司参政分守济南道，户部启心郎朱国柱为山东布政使司参政兼按察使司佥事分巡济宁道，高士俊为山东布政使司参政兼按察使司分巡武德道，礼部启心郎章于天为山东布政使司参政分守兖东道，兵部启心郎丁文盛为山东布政使司参政兼按察使司佥事分巡登莱道。①

七月十九日：

招抚山东河南侍郎王鳌永，启报抚定青州郡县，并赍故明衡王降书以闻。②

从中可见，清廷对山东的招抚比较顺利，几乎没有受到阻碍，数月之间便基本实现了较为平和的过渡。

3. 推行科举。科举制度作为一种通过考试选拔官吏的人才选拔制度肇始于隋朝大业六年（605），至清光绪三十一年（1905）举行最后一科进士考试为止，历时一千三百余年，极大地促进了我国文化教育事业的发展，培养了大量的社会精英人才，对历代国家政权的建设和统治的巩固起到了极为重要的作用。清朝初年，清廷充分认识到科举在招揽天下英才、淡化汉族知识分子仇清情绪、劝服各地文化世家归附等方面不可替代的重要作用，在降清明臣范文程的建议下，顺治元年（1644）便恢复科举，顺治二年（1645）秋便举行乡试。当然，由于南方大部分地区尚不在

---

① 《清实录》第三册《世祖章皇帝实录》卷六，中华书局影印，1985年，第69—70页。

② 《清实录》第三册《世祖章皇帝实录》卷六，中华书局影印，1985年，第70页。

清朝的统辖范围，故而这次乡试仅局限于直隶、山东、山西、河南、陕西、江南诸省范围之内。尽管这次乡试涵盖范围较正常乡试小，但是录取举人千余人。顺治三年（1646）春，在北京举行会试、殿试，共录取进士373名①，其中第一甲3人，第二甲77人，三甲293人。山东地区取得了前所未有的成绩，93人②中式，占全部进士的1/4。聊城傅以渐成为清朝开国状元。

为认真考察清初山东的科举概况，现将顺治年间会试、殿试录取人数及山东籍进士数量③统计如下：顺治四年（1647）丁亥科，共录取进士二百九十八人，山东籍进士二十七人；顺治六年（1649）己丑科共录取进士三百九十五人，山东籍占六十四人；顺治九年（1652）壬辰科共录取进士三百九十七人，山东籍占四十；顺治十二年（1655）乙未科共录取进士三百九十九人，山

---

① 关于清朝首科进士录取人数，主要有373人与400人两种说法。邓洪波、龚抗云所著《中国状元殿试卷大全》（上海教育出版社，2006年，第1322页）认同373人之说。李树所著《中国科举史话》（齐鲁书社，2004年，第261页）认同400人之说。李泉在《清代聊城傅氏家族文化研究》中，采用400人之说，并以傅以渐"殿试卷"中所称"大一统以建官，扩四百之特额"为证。刘廷銮、孙家兰在《山东明清进士通览》（清代卷）中对顺治三年丙戌科录取人数作了确切的记载：一甲三人名，二甲七十七名，三甲二百九十三名，共计三百七十三名。实际上，顺治三年的会试，一共录取了400人，其中370人参加了当年的殿试并成为进士。这科殿试还有3人来自崇祯十六年的未殿试者，所以顺治三年殿试的最终人数是373人，故而本书采用373人之说。

② 关于清代首科山东籍进士人数，李泉《清代聊城傅氏家族文化研究》中采用99人之说，但无具体姓名、事迹。劳伦斯．D凯斯勒《康熙与清朝统治的巩固》统计，1646年丙戌科山东籍进士为93人（参见魏斐德《洪业：清朝开国史》，新星出版社，2017年，第280页）。刘廷銮、孙家兰《山东明清进士通览》（清代卷）也采用93人之说，并对其生平事迹作简要概述。本书采用93人之说。

③ 相关数据来源于刘廷銮、孙家兰的《山东明清进士通览》（清代卷）。

东籍占四十九人；顺治十五年（1658）戊戌科共录取进士三百四十三人，山东籍占四十三人；顺治十六年（1659）己亥科共录取进士三百七十六人，山东籍占六十一人；顺治十八年（1661）辛丑科共录取进士三百八十三人，山东籍占四十五人。

由上可见，清顺治年间，为尽快招揽天下英才，诱导各地文化世家和广大士子归附，清政府不仅几次打破科举制度三年一次的科考常规，而且增加每科的录取名额。尤其是因为南方各省与清政府处于敌对状态而导致知识分子无缘科举，为以山东为代表的北方汉族知识分子参加科举、踏入仕途提供了更多的机遇。

综上所述，清朝初年，清政府通过尊孔崇儒、征召劝降、推行科举等一系列的举措，淡化了山东地区的仇清情绪，引导各地文化世家和广大汉族知识分子归附清廷，在不到一年的时间基本从形式上完成了对山东地区的掌控。

（二）清初山东官民士绅的态度

清朝初年，清政府虽然形式上实现了对山东地区的统治，但实际上山东局势仍然复杂多变。方大猷也曾在上疏中指出："查山东人心感恩投诚者固多，而阳顺阴逆者亦不少。凡乡绅、土豪、宦裔、回子及闯贼余党、伪官等众，日日招兵买马，毫无忌惮，废农失业，意欲何为，官府呼之不前，动辄自相仇杀。"[①] 总的来看，降清旧臣各怀心机，反抗斗争波澜不息，潜在危机依然非常严峻。

---

① 方大猷：《顺治元年八月二十四日启本》，收入中国人民大学历史系、中国第一历史档案馆合编：《清代农民战争史资料选编》第 1 册（上），中国人民大学出版社，1984 年，第 13 页。

1. 降清旧臣各怀心机

明清鼎革之际，为壮大实力、对抗明朝政府、消灭农民起义力量，清廷通过各种途径劝降明臣。降清的文臣武将就地域分布而言，明朝末年，武将以辽东为主；清朝初年，文臣以山东为主。魏斐德在《洪业：清朝开国史》中称："在崇祯朝，3/4 的高级官僚来自南方；而在 1644 年，2/3 的归降者是北方人。这种比例的倒转，主要在于山东的大量降人，1644 年投降的'贰臣'中有 1/4 来自山东。"① 就山东籍的降清官员来看，他们各怀心机，略可分为三类：

第一类，以王鳌永、孙之獬为代表，他们降清后积极建言献策，举荐明朝旧臣，招抚各地世家大族，为清廷镇抚山东作出重要贡献。如王鳌永，举荐前明大学士谢升，协助都统觉罗巴哈纳、石廷柱等击败了德州李自成余党，招降彰德府、怀庆府、开封府、归德府、卫辉府及明德王朱由栎、衡王朱由棷，并与山东巡抚方大猷等剿清山东各地变乱，使济南、东昌、泰安、兖州、青州归顺清廷。孙之獬与王鳌永不同，他声名狼藉。明末依附阉党，被革职为民。入清上书剃发，激化民族矛盾，引发清廷大肆杀戮。明末文人王家桢将剃发引发杀戮这一历史罪责归于孙之獬，称："中原之民，无不人人思挺螳臂，拒蛙斗，处处蜂起，江南百万生灵，尽膏草野，皆之獬一言激之也。原其心，止起于贪慕富贵，一念无耻，遂

---

① ［美］魏斐德：《洪业：清朝开国史》，陈苏镇、薄小莹等译，新星出版社，2017年，第 269 页。

酿荼毒无穷之祸。"（王家桢《研堂见闻杂记》）降清后，孙之獬虽积极要求建功立业，然功绩平平，后被革职。而在顺治三年秋（1646）淄川邑难中，面对谢迁领导的农民起义军的残酷折磨他却始终不屈，最终被斩首肢解而死，家人同死者共七人。对声名狼藉的孙之獬来讲，这也算是他一生中仅有的人生亮点。

第二类，以刘泽清为代表。刘泽清（1603—1648），山东曹州（今菏泽）人，字鹤洲。明天启年间投军，初为辽东宁前卫守备，叙功，升迁为副总兵、总兵。明崇祯十年（1637），加左都督、太子太师。后于山东、河南一带与农民军作战，经常妄报军功，军纪败坏，对曾参劾过他的朝官，遣人杀害。崇祯十七年（1644），为避清军，率兵大掠临清南下，所至之处焚劫一空。清顺治元年（1644），北京失陷后，与马士英勾结，倡立福王。南明弘光朝立，封为东平伯，驻扎淮安。刘泽清自恃拥立有功，干预朝政，与马上英相内外。顺治二年（1645），清兵南下，兵趋淮安，遂率部迎降。清廷封其三等子爵，令至京居住。顺治五年（1648）十月，因与山东榆园军抗清首领李化鲸密通书信，诈为内应，被清廷发觉后，押送宛平卢沟桥，凌迟处死。由此可见，刘泽清的一生素无操守，长于投机，唯利是趋。清廷将其列入《逆臣传》。

第三类，以谢升为代表。谢升，山东德州人。明万历三十五年（1607）进士，明末已位居礼部尚书兼东阁大学士。顺治元年（1644）正月，谢升杀大顺军所置官吏上表请降。同年八月至京，以建极殿大学士原衔领吏部尚书事。次年正月，便以病乞假。二月，病死。[1] 谢升入清为官仅一年时间而终，他在明朝已位居礼部尚书职。之所以在垂暮之年冒天下之大不韪归顺清廷，其目的绝不是求取高官厚禄，而在于表明对清廷的顺逆态度，使家族免于灾祸，为家族发展提供保证，以自己的声誉换取家族发展的前途。

2. 反抗斗争波澜不息

清朝初年，清廷对汉族百姓的歧视与镇压，使民众大为不满。又加连年灾荒，山东地区民变兵乱四起，反抗斗争声势浩荡。《淄川县志》卷六"续忠节"称："顺治丙戌、丁亥以来，王师虽定山东，而弹丸聚啸，尚未宁息。"[2] 对于清初山东的局势，钦命兵部职方司监军赞理主事凌駉、山东巡抚方大猷等官员有着清醒的认识。顺治元年（1644），凌駉曾上奏朝廷称："从来海岱之区，急功利而喜夸诈。人心难靖，风俗多嚣，户户谈兵，人人习战。……观城、范县、濮州……处处尽成贼薮。"[3] 山东监察御史朱朗镕也感叹道："窃照东省有名巨寇，动号万数贼众者，不下五十余营；次而招聚数百，各雄峙一方者，不知凡几矣。"[4] 从《清实录》中也略可窥见当时山东时局的混乱与抗清运动的激烈：

---

① 王钟翰点校：《清史列传》，中华书局，1987 年，第 6527—6528 页。

② [清]张鸣铎修，张廷寀等纂：乾隆《淄川县志》卷六，艺林石印局，据乾隆四十一年(1776)刻本重刊，1920 年，第 228 页。

③ 中国人民大学历史系、中国第一历史档案馆合编：《清代农民战争史资料选编》第 1 册(下)，中国人民大学出版社，1984 年，第 46 页。

④ 中国人民大学历史系、中国第一历史档案馆合编：《清代农民战争史资料选编》第 1 册(下)，中国人民大学出版社，1984 年，第 54 页。

顺治四年四月二十六日（1647 年 5 月 30 日）山东土寇攻陷邹平、禹城等十五州县。巡抚丁文盛，坐不能扑剿，且奏报迟延，部议褫责，命降一级调用。①

顺治四年九月十九日（1647 年 10 月 16 日）山东巡抚张儒秀奏报："土贼丁可泽，勾引叛贼谢迁等，陷淄川县。原任招抚江西兵部尚书革职孙之獬，被贼肢解死，其孙兰滋等男妇九人，同时遇害。又生员韩茂椿妻贾氏、韩至临妻孙氏，俱不辱死，请敕部旌表。"章下所司。②

顺治四年十二月二十一（1648 年 1 月 15 日）山东巡抚张儒秀疏报："贼首丁维岳、张尧中肆毒东兖，陷城劫库，势成燎原。臣饬各属严缉，飞报守臣沙尔虎达，率兵奋击，杀贼无算，丁、张二渠当阵授首。"报闻。③

顺治五年二月二十九日（1648 年 3 月 22 日）山东巡抚金廷献奏："土贼犯东平，知州李芝桂战殁，东兖道刘可征击却之。"下所司知之。④

顺治六年二月二十六日（1649 年 3 月 8 日）山东巡抚吕降春奏报："土贼杜全、张文齐等，分据村落，筑城浚壕，

① 《清实录》第三册《世祖章皇帝实录》卷三一,中华书局影印,1985 年,第261 页。
② 《清实录》第三册《世祖章皇帝实录》卷三四,中华书局影印,1985 年,第278 页。
③ 《清实录》第三册《世祖章皇帝实录》卷三五,中华书局影印,1985 年,第288 页。
④ 《清实录》第三册《世祖章皇帝实录》卷三六,中华书局影印,1985 年,第295 页。

势甚猖獗。临清总兵宜永贵同满洲大兵往剿，毁其巢穴，斩全、文齐并贼首二千余级。"下兵部察叙。①

顺治六年八月初十日（1649 年 9 月 16 日）礼科右给事中姚文然奏言："北直接壤山东河北一带，盗贼日炽，商贾不前，耕桑失时。"②

顺治十年十月初三日（1653 年 11 月 23 日）直隶山东河南总督马光辉、漕运总督沈文奎奏言："胶州逆镇海时行叛乱，臣等奉诏剿抚，随统官兵渡黄河"；初四日，"遣固山额真济席哈等率官兵往剿山东土寇"。③

此外，山东《临清县志》《淄川县志》《福山县志》《长清县志》《东平县志》《莘县乡土志》等地方文献中也对清初各地抗清运动作过翔实记载。

从这些文献记载中，我们可以清晰地看到：清朝初年，清政府虽然在不到一年的时间内完成了对山东的招抚，但是山东各地世家和百姓并没有放弃对清廷的反抗。从顺治四年开始至顺治十八年的十余年间，他们通过多种形式开展了长期的斗争。复杂多变的时局态势，使清初的政权巩固举步维艰。

---

① 《清实录》第三册《世祖章皇帝实录》卷四二,中华书局影印,1985 年,第339 页。

② 《清实录》第三册《世祖章皇帝实录》卷四五,中华书局影印,1985 年,第361 页。

③ 《清实录》第三册《世祖章皇帝实录》卷七八,中华书局影印,1985 年,第617 页。

（三）清廷巩固政权的措施

面对这样的局势，清政府一方面采取了强硬的手段对山东地区的抗清运动进行残酷镇压、强力推行剃发令；另一个方面通过大兴文字狱和鼓励相互告发等手段加强思想控制、挑起家族之间争端，从而削弱、分解抗清力量，巩固对山东的统治。

1. 镇压抗清运动。清代初年，山东发生了谢迁起义与于七起义，清廷对起义进行了残酷的镇压。顺治三年（1646）十一月，谢迁带领人民举行反清起义，首先把斗争矛头对准投降清廷的地主，没收了当地豪绅张圣鹄的财产、粮食，分给贫苦农民，受到了农民的拥护，势力发展很快，因而被清统治者称为山东"第一巨寇"。十二月，谢迁起义军攻克高苑县城，处死清朝知县武振华。《高苑县志》记载称："（顺治）三年冬，土贼谢率众围城，振华登陴据守，外援不至，城陷以死。"① 《青城县志·祥异志》也记载曰："顺治四年，高苑贼谢千据刘家镇（邑之南境），官兵攻之，千突围走，官兵歼其党。"②

清军入关后执行残暴的民族压迫政策，激发了农民运动的萌生，在胶东一带，于七先后两次率众起义抗清，是清初农民抗清

---

① ［清］张耀璧纂修：乾隆《高苑县志》，收入《中国地方志集成补编·山东府县志辑》，上海书店出版社，据清乾隆二十三年（一七五八）刻本影印，2020年，第240页。

② 杨启东修，赵梓湘纂：民国《青城续修县志》，收入《中国地方志集成·山东府县志辑》，凤凰出版社、上海书店、巴蜀书社，据民国二十四年（一九三五）铅印本影印，2004年，第441页。

斗争中规模较大的地方性起义。起义失败后，于家被清廷满门抄斩，受牵连的家族亲友被关、杀超过三千人，清廷围胶东，攻牙山，杀戮男女老幼和起义军十几万人。于七起义也祸及栖霞地方世族，俞祖华、王海鹏《清代栖霞牟氏家族文化研究》记载："1661 年，牟家因牵涉到'于七抗清'一案，牟镗八个儿子中有七个遭清政府抓捕，并押解至济南，只有牟国璞因府试而幸免。"①

清军对抗清起义进行血腥镇压，景象惨烈。蒲松龄②《聊斋志异》中有多篇文字记述了当时的情景：

谢迁之变，官第皆为贼窟。王学使七襄之宅，盗聚尤众。贼破兵入，扫荡群丑，尸填阶墀，血至充门而流。公入城，扛尸涤血而居。往往白昼见鬼，夜则床下燐飞，墙角鬼哭。（《鬼哭》）③

于七一案，连坐被诛者，栖霞、莱阳两县最多。一日俘数百人，尽戮于演武场中。碧血满地，白骨撑天。上官慈悲，捐给棺木，济城工肆，材木一空。以故伏刑东鬼，多葬南郊。（《公孙九娘》）④

于七之乱，杀人如麻。乡民李化龙，自山中窜归，值大

---

① 俞祖华、王海鹏：《清代栖霞牟氏家族文化研究》，中华书局，2013 年，第79 页。

② 蒲松龄（1640—1715），字留仙，一字剑臣，别号柳泉居士，世称聊斋先生，自称异史氏，山东淄博人，是清初著名的文学家。

③ ［清］蒲松龄：《聊斋志异》，孙通海等译，中华书局，2016 年，第92 页。

④ ［清］蒲松龄：《聊斋志异》，孙通海等译，中华书局，2016 年，第604 页。

兵宵进，恐罹炎崑之祸，急无所匿，僵卧于死人之丛，诈作尸。(《野狗》)①

此外，从《莱阳县志》记载中也可窥其一斑，其中"卷末附记杂述贾人卓识"记载："贾人某，佚其姓名里居。传于七之乱，大军东来，贾人西行。至掖遇之。微闻军人言莱民已变，至境即大屠杀。……微贾人，死者当更不堪设想。"②这些篇章曲折地反映了清廷镇压谢迁起义与于七叛乱时的惨烈境况。

2. 谕令剃发。蓄发而不能毁伤，不仅是我国古代汉人长期形成的生活习惯，更被作为传统孝道的一个重要标尺。儒家经典《孝经》就明确提出："身体发肤，受之父母，不敢毁伤，孝之始也。"(《孝经·开宗明义章》) 正是知晓头发对汉族百姓的重要意义，清廷从入关那一刻起就把剃发作为试探明朝旧臣和世家百姓是否诚心归附的试纸。顺治元年（1644）四月二十二日，清军打败李自成进入山海关后，便下达了剃头令。五月初一日，"摄政和硕睿亲王多尔衮师至通州，知州率百姓迎降，谕令剃发"。③继而诏谕兵部，称"今本朝定鼎燕京，天下罹难军民皆吾赤子，出之水火而安全之。各处城堡著遣人持械招抚，檄文到日剃发归

---

① [清]蒲松龄：《聊斋志异》，孙通海等译，中华书局，2016年，第86页。

② 梁秉锟等修，王丕煦等纂：《莱阳县志》，台湾成文出版社有限公司，据民国二十四年铅印本影印，1968年，第1643页。

③ 《清实录》第三册《世祖章皇帝实录》卷五，中华书局影印，1985年，第57页。

顺者，地方官各升一级，军民免其迁徙，其为首文武官员即将钱粮册籍兵马数目亲赍来京朝见。有虽称归顺而不剃发者，是有狐疑观望之意，宜核地方远近，定为限期，届期至京，酌量加恩。如过限不至，显属抗拒，定行问罪，发兵征剿"。① 又下诏称："凡投诚官吏军民皆著剃发，衣冠悉遵本朝制度，各官宜痛改故明陋习，共砥忠廉。"② 顺治十年（1653）十月，清廷以优人王玉、梁七子二人——"身系戏子，欲扮女妆"——拒绝剃发为由，诏谕各地严格执行剃发令。称："前曾颁旨不剃发者斩。何尝有许优人留发之令，严禁已久。此辈尚违制蓄发，殊为可恶。今刊示严谕内外一切人等，如有讬称优人未经剃发者著遵发速剃，颁示十日，后如有不剃发之人，在内送刑部审明正法，在外该管各地方官奏明正法。若知而不举，无论官民，治以重罪。"③ 清政府一系列的剃发政令，虽然遭到南方各省的强烈抵制，但是在北方各省推行较为顺利。山东地区因为较早归降清廷，各地对清廷的剃发令并没有表现出强烈的抵触情绪。即便是作为圣人后裔的曲阜孔氏家族，也在一番推脱之后，于顺治二年（1645）完成了剃发。

　　3. 发动文字狱案。清政府在武力镇压的同时，还大兴文字

---

　　① 《清实录》第三册《世祖章皇帝实录》卷五，中华书局影印，1985 年，第57 页。

　　② 《清实录》第三册《世祖章皇帝实录》卷五，中华书局影印，1985 年，第57 页。

　　③ 《清实录》第三册《世祖章皇帝实录》卷七八，中华书局影印，1985 年，第619 页。

狱，加强对汉人的文化思想控制。其中发生在康熙五年（1666）山东即墨的黄培诗案是清初北方最大的文字狱案。明清时期，山东即墨地区涌现出周、黄、蓝、杨、郭五大家族。黄培是黄氏家族第九代，明末官至锦衣卫都指挥使。明亡后，隐居在家，曾经接济过于七农民起义军。所作诗句如"一自萑苻纷海上，更无日月照山东""杀尽楼兰未肯归，还将铁骑入金徽""平沙一望无烟火，惟见哀鸿自北飞"，无不隐晦反映出黄培反清的民族思想。后被姜元衡告发。姜元衡是黄培家世奴家仆黄宽之孙，他在考中进士、进入翰林院后，为了归宗还姓（按仆随主姓之规，姜元衡原为黄元衡），解除与黄家的主仆名分，就向官府控告黄家私下刻印并收藏有"悖逆"的诗文书籍等。因此黄培等十四人被捕入狱。姜元衡又伙同他人上了一道《南北通逆》的禀文，指控顾炎武等"故明废臣"和对清廷怀有二心之人，南北之间的通信，密谋造反，诽谤朝廷。此事惊动清廷，清廷下旨严办，山东总督、巡抚也亲自过问。最终，黄培于康熙八年（1669）被处死。顾炎武受此案牵连被囚禁了近七个月，经朱彝尊等人四处营救才出狱。《莱阳县志》"卷末·附记·杂述·宋继澄之文字狱"对该案作了较为详细的记载，称："即墨明兵部尚书黄嘉善孙培以祖荫怀远将军，鼎革后惓怀故国，每寄吟咏。有家奴名元衡者，夤缘入清廷，溷居显要，与培有隙。遂摘其诗中有不满清室语以闻。时康熙初叶，文纲方张，旨交东抚查办，颇有株连。培惧祸，自尽。继澄为黄氏婿，与培善，往来唱和，昆山顾炎武为作诗序，遂同系狱。适东抚性宽厚，不欲兴大狱，含糊奏结，炎武、继澄得释。"①

4. 鼓励相互告发。在打击反清势力、巩固统治过程中，清政府充分利用山东地区家族与家族之间、家族成员之间的矛盾，积极鼓励相互告发，打击瓦解山东文化世家。如黄培诗案、莱阳宋氏家族冤狱案、于七起义、谢迁起义，均与奸人告发有着密切联系。《莱阳县志》"卷末·附记·杂述·东人"记载称："邑老相传，清初某族某家曾为东人诬陷。按东人即满兵也，以居关东故称东人。当甲申变后，满兵分防各地，以监反侧。于时县先有沈兵科抗拒，继遭栖霞于七罣误，东人恣睢陵暴，勾串告讦，邑人因以致祸者必当不少。"②清廷通过这种方式有效地震慑了山东地区的反清势力。

5. 更换地方官吏。为巩固山东基层政权，清政府频繁更换山东地方长官。据统计，自清兵入关至康熙年间短短数十年间，山东共更换了三十位巡抚。这些巡抚中，任期最长的为七年多，但是大部分为一年、两年、三年，任期最短的为一个月，关于调换与处置山东巡抚的记载屡见于《清实录》之中。如顺治二年六月初三，"山东巡抚方大猷坐擅逐县官，当削职。因有微劳，令以监司用"③。六月初四日，"升登莱道参政丁文盛为都察院右金都

① 梁秉锟等修，王丕煦等纂：《莱阳县志》，台湾成文出版社有限公司，据民国二十四年铅印本影印，1968 年，第 1643—1644 页。

② 梁秉锟等修，王丕煦等纂：《莱阳县志》，台湾成文出版社有限公司，据民国二十四年铅印本影印，1968 年，第 1642 页。

③ 《清实录》第三册《世祖章皇帝实录》卷一七，中华书局影印，1985 年，第 149 页。

御史，巡抚山东，督理营田军务"。① 顺治五年二月己巳（初四），"革山东巡抚张儒秀职，下刑部质讯"。② 详情见表3.1清初山东巡抚任免情况一览表。

清廷不仅频繁更换山东巡抚，而且对山东各府州官员进行大幅调整。这在《清实录》中也有大量的记载。如顺治四年十二月乙亥（初九），"升山东运同杨得玉为本省布政使司参议，分守东昌道"；辛巳（十五日），"山东副使祝思信为本省布政使司参议，分守沂州道"，"山西吉州知府崔起鹏为山东按察使司佥事，分巡青州道"③；戊子（二十二日），"升山东登州府知府谭天佑为本省按察使司副使水利道"。④ 频繁更换巡抚、调动地方官吏，是清政府应对时局的举措，反映出当时山东时局的复杂多变。

表 3.1　　　　　　　　清初山东巡抚任免情况一览表

序号	姓名	始任时间	卸任时间	任职时长
1	方大猷	顺治元年七月	顺治二年六月	十一个月
2	丁文盛	顺治二年六月	顺治四年一月	一年零七个月
3	张儒秀	顺治四年二月	顺治五年二月	一年

---

① 《清实录》第三册《世祖章皇帝实录》卷一七，中华书局影印，1985年，第150页。

② 《清实录》第三册《世祖章皇帝实录》卷三六，中华书局影印，1985年，第293页。

③ 《清实录》第三册《世祖章皇帝实录》卷三五，中华书局影印，1985年，第286页。

④ 《清实录》第三册《世祖章皇帝实录》卷三五，中华书局影印，1985年，第288页。

（续表）

序号	姓名	始任时间	卸任时间	任职时长
4	吕逢春	顺治五年二月	顺治六年九月	一年零七个月
5	夏　玉	顺治六年九月	顺治十年二月	三年零五个月
6	耿　焞	顺治十一年二月	顺治十五年十二月	四年十个月
7	许文秀	顺治十六年二月	顺治十八年十月	两年零八个月
8	蒋国柱	顺治十八年十月	康熙二年三月	一年零五个月
9	周有德	康熙二年五月	康熙六年十二月	四年零七个月
10	刘芳躅	康熙七年正月	康熙九年四月	二年三个月
11	袁懋功	康熙九年四月	康熙十年七月	一年零三个月
12	张凤仪	康熙十年七月	康熙十二年十一月	二年零四个月
13	赵祥星	康熙十二年十一月	康熙十八年八月	五年零九个月
14	施维翰	康熙十八年八月	康熙二十一年十一月	三年零三个月
15	李天浴	康熙二十一年十二月	康熙二十二年正月	一个月
16	仇旭龄	康熙二十二年正月	康熙二十三年九月	一年零八个月
17	张　鹏	康熙二十二年九月	康熙二十五年十月	两年零一个月
18	郎永清	康熙二十五年十一月	康熙二十六年二月	三个月
19	钱　钰	康熙二十六年二月	康熙二十八年十月	两年零八个月
20	佛　伦	康熙二十八年十月	康熙三十一年十月	三年
21	桑　额	康熙三十一年十月	康熙三十四年八月	两年十个月
22	杨廷耀	康熙三十四年八月	康熙三十五年八月	一年
23	李　炜	康熙三十五年八月	康熙三十七年二月	一年零六个月
24	李　鈵	康熙三十七年二月	康熙三十七年三月	一个月
25	王国昌	康熙三十七年三月	康熙四十三年正月	五年十个月
26	赵世显	康熙四十三年正月	康熙四十七年十一月	四年十个月
27	蒋陈锡	康熙四十七年十一月	康熙五十五年九月	七年十个月

（续表）

序号	姓名	始任时间	卸任时间	任职时长
28	李树德	康熙五十五年九月	康熙六十一年十月	六年一个月
29	谢赐履	康熙六十一年十月	康熙六十一年十二月	两个月
30	黄　炳	康熙六十一年十二月	雍正二年闰四月	一年零五个月

通过这一系列的措施，清政府成功打击了山东地区的反抗力量，瓦解了抗清的战线，巩固了清朝在山东的统治。

第二节　清初山东文化世家的顺逆取舍与族内分歧

清朝初年，面对三种政治势力激烈角逐和清政府趋于一统的整体态势，山东文化世家面临着艰难的选择。如何对待初主中原的清朝政府成为他们无法回避的难题。出于不同的政治考量，山东各文化世家和家族文人做出了不同的选择。

一、清初山东文化世家的政治选择

清初，山东文化世家因家族发展状况、受明朝恩泽厚薄等状况的不同，在对待清廷的态度上出现了明显分化，形成了顺清家族、抗清家族、观望家族、转轨家族、降清家族等不同的阵营。

1. 顺清家族

这一类家族有孔、孟、颜、曾等家族，尤其以曲阜孔氏家族为代表。孔氏家族在我国古代家族中具有特殊的地位。清初，面对清廷一系列的镇抚政策，曲阜孔氏家族面临着两难的选择。一方面，孔氏家族长期受到明朝的恩泽，身负浩荡皇恩，本该忠于大明王朝但明朝灭亡已成事实；另一方面，清朝入主中原已成定局，孔氏家族作为圣人之家，表明家族立场迫在眉睫。忠于旧朝，便是与新朝为敌，家族命运会相当暗淡；投降新朝，便是对旧朝的背叛，这既辜负旧朝的恩泽，也有伤天下第一家的风范。为了处理好这个问题，既能不得罪清廷，又能保住孔氏家族的声望，以孔胤植为代表的孔氏家族可谓煞费苦心，这主要表现在进呈《初进表文》和剃发两件事上。

进呈表文。顺治元年（1644）四月，清廷进驻北京后，便开始对山东进行招抚。此时，孔氏家族没有迅速表态，而是采取静观其变的态度。九月，清军"定山东"。至此，山东已在清兵的掌控之下。孔氏家族看到明朝灭亡、清朝入主中原已成定局，便在九月初一日，由衍圣公孔胤植上了一道《初进表文》。这个时间的选择可谓煞费苦心、恰到好处。一方面，这时已距清军入关近半年，这半年的时间内，孔氏家族没有表态支持和归顺清廷，这是对旧朝的怀恋和感恩。另一方面，当清廷镇抚山东，大局已定之时，孔府又迅速表态，表明自己归顺的态度。《初进表文》曰：

> 伏以泰运初亨，万国仰维新之治，乾纲中正，九重弘更

始之仁。率土归诚，普天称庆。恭惟皇帝陛下，承天御极，以德绥民。协瑞图而首出，六宇共戴神君，应名世而肇兴，八荒咸歌圣帝。山河与日月交辉，国祚同乾坤并永。臣等阙里竖儒，章缝微末，曩承列代殊恩，今庆新朝盛治，瞻圣学之崇隆，趋跄恐后，仰皇猷之赫濯，景慕弥深。伏愿玉质发祥，懋膺天心之笃祐，金瓯巩固，式庆社稷之灵长。臣等无任瞻仰忻舞屏营之至。谨奉表上进以闻。（《孔府档案》六三〇八卷之一）

衍圣公的《初进表文》不仅表明诚心归顺的态度，而且高度赞扬了新朝的丰功伟业，清廷甚为满意。于是，颁发令旨曰："先圣孔子为万世道统之宗。本朝开国之初，一代纲常培植于此，礼应敕官崇祀，复衍圣公并四氏学博等之封，可卜国脉灵长，人文蔚起。"（《孔府档案》〇〇七九卷之三）同年十月二日，摄政王多尔衮根据方大猷的奏请和吏部的题复，仍封孔胤植为衍圣公，照原阶为太子太傅，孔胤植长男孔兴燮加二品冠服；四氏世袭五经博士，孔胤玉、颜绍绪、鲁闻达、孟闻玺等仍照旧承袭五经博士，孔胤植保举的世职曲阜知县孔贞堪照旧准用。其他，如四氏学录及典籍、书写等也一仍其旧[1]。

奉旨剃发。清军于崇祯十七年（1644）入关后，第一次颁发"剃发令"，因引起汉人的不满和反抗，于是公开废除此令。顺治

---

① 中国社会科学院近代史研究所中华民国史研究室、山东省曲阜文物管理委员会：《孔府档案选编》上，中华书局，1982年，第19—21页。

二年（1645），明降臣孙之獬受到其他汉大臣的排挤，恼羞成怒之下向摄政王多尔衮提出重新颁发"剃发令"，多尔衮下令再次颁发"剃发令"，规定清军所到之处，无论官民，限十日内尽行剃头，削发垂辫，不从者斩。蓄发是我国古人，尤其是汉族人长期保持的风俗。儒家更是将保护发肤提高到遵从孝道的高度。《孝经·开宗明义》称："身体发肤，受之父母，不敢毁坏，孝之始也。""衣冠束发"成为汉人的外在标志。剃发严重伤害了汉人的感情，使他们失去了作为汉人的外在标志和维护民族尊严的最后一道心理防线。人们纷起抗争，悲壮激烈的反剃发斗争风起云涌。尤其是我国广大南方地区，反抗更为激烈。江阴士民所作的《江阴答劝降书》对清廷的剃发政策提出强烈控诉，表达了坚决抵制的决心，其文曰："江阴礼乐之邦，忠义素著；止以变革大故，随时从俗。方谓虽经易代，尚不改衣冠文物之旧。岂意剃发一令，大拂人心。是以乡城老幼，誓死不从，坚持不二。"

清廷的剃头严令，也让孔氏家族很是为难。他们既不想剃发，又不敢公然与清廷抗争，只能费尽心机，多方周旋。

顺治元年（1644）五月初三日，清廷第一次下令剃发，孔府没有响应。顺治二年（1645）闰六月十五日，清廷再次颁布剃发令。宣布自布告发出后，京城内外军民限十日内剃发，各省军民自部文到日起也限十日内剃发。不从者斩。孔氏家族顶住压力，抗拒了清廷的第一次和第二次剃发令，直到山东巡抚巡按联合下发"移文"进行劝谕训诫，孔府又继续拖延数日方才剃发。

从剃发这件事来看，孔府虽然没能抵抗到底，但是极力拖延才最终剃发，这样既执行了清廷的政令，又能堵住天下读书人悠悠之口，可谓煞费苦心。

2. 抗清家族

清朝初期，山东仍有一些家族采取激烈抗争或者柔性对抗的方式抵制清廷，拒绝与清廷合作。这其中以莱阳左氏家族为代表。莱阳左氏家族是明清鼎革之际山东地区最富有斗争精神的家族。在明末一系列的斗争中，左氏家族倾其所有，殚精竭虑，做出了巨大的牺牲。仅"癸未邑难"中，左氏家族就有37位族人殉难。甲申之难中，左氏家族又有数位族人以身殉国。清朝初年，左氏家族已经是人丁稀少，面对清廷节节取胜、即将一统天下的局势，仍涌现出了"文天祥式"的民族英雄——左懋第。

左懋第，莱阳左氏家族第六世。崇祯三年（1630），左懋第在山东乡试中考取第二名举人，次年中进士。左懋第初任陕西韩城令；崇祯十二年（1639）晋升为户科给事中；崇祯十四年（1641），督催漕运；崇祯十六年（1643）秋，出巡长江防务。清兵入关京师沦陷后，左懋第入仕南明政府，后被任命为兵部右侍郎兼右佥都御史，又以陈洪范、马绍愉为副使，前往北京与清军通好议和。崇祯十七年（1644）十月初，左懋第偕二副使及随从百余人至北京张家湾，住进鸿胪寺。在鸿胪寺左懋第陈设太牢，率随员北面哭祭三日。十月二十七日，多尔衮释放左懋第南归。左懋第等出永定门，降清明臣冯铨与副使陈洪范进谏多尔衮切勿放左懋第南归。芮宏、于士标的《左侍郎出使本末略》记载："前逆辅冯铨进见摄政王曰：'主上非欲亡天下者乎？左侍郎一虎也，不可以纵虎遗患。'陈洪范曰：'留左侍郎于燕京，臣赴留都，诈称左侍郎偕麾下诸军各各俛首，即可以壮燕京之色，危留都之人矣。且刘泽清诸人，原以左侍郎为从违，诈言一出，泽清必归。即左氏之素称为群虎者，亦不难于招附。羽翼滋丰，图南何虑。急追，请陛下鉴纳悃诚。'"① 十一月十四日，多尔衮遣百骑在沧州追回左懋第，将其扣留在北京太医院。幽居太医院时，他房间的墙上遍布荆棘，自言："生为明臣，死为明鬼，我志也。"清廷设"太平宴"宴请，懋第拒食。姜垓《敬亭集》卷八《左侍郎传》记载称："敌设马畜酒酪甚具，名曰'太平宴'，宴公，挥之不食。欲胁降之，使洪承畴召公。守者曰：'丞相洪承畴来。'公曰：'是鬼也。洪承畴昔统师边徼，战败死节，先皇帝哭之殿陛，置祠庙，亲与祭，今岂有洪承畴来？'承畴汗流颊际，归白其主，益欲降之。使李建泰来，公曰：'若受先帝钱宠，不能殉国，既降贼，今又降北，何面目见我？'敌又使公从兄懋泰说之，泰曾为公母治丧。泰至，公键户不纳，但于门内扣头曰：'以谢尔治丧之德，勿他言，懋第无降敌之兄也。'"② 弘光元年（清顺治二年，1645）闰六月十五日，清廷颁布剃发令，随员艾大选遵旨剃发，懋第将其乱棍打死。清廷前来责问，懋第曰："吾自行我法，杀我人，与若何预？"知其不可降，顺治二年

---

① 左书谔、左玉品：《左忠贞公年谱》，中国社会科学研究出版社，2011 年，第 25 页。

② 左书谔、左玉品：《左忠贞公年谱》，中国社会科学研究出版社，2011 年，第 250—251 页。

（1645）闰六月二十日，多尔衮命左右将其推出宣武门外菜市口处死。左懋第慷慨就义，时年四十五岁。随员陈用极、王一斌、张良佐、王廷佐、刘统等人皆不屈而死。

左懋第威武不屈、富贵不淫，他坚贞不渝、视死如归的民族气节，以及对国家和人民的赤胆忠心，受到世人的推崇和爱戴。顺治二年（1645），闻左懋第殉难，廪生左司直（莱阳左氏家族第八世）自缢而亡。左懋第之母徐氏，在此之前，也因明朝灭亡绝食而终。汪有典《史外》记载："公母徐，宁海儒家女。甲申京城陷，懋泰载以归。行至白沟河，仰天叹曰：'呜呼！此张叔夜绝吭处也。'呼懋泰前，责以不能死国，且曰：吾妇人，身受国恩，不能草间偷活，寄语懋第勉之，勿以我为念。言讫而死，盖出都不食已数日矣。"①

3. 观望家族

明清鼎革之际，山东大多数家族并没有表现出强烈的抗争意识和行为，而是采取观望态度，较为平稳地实现了朝代更迭。王宪明在《明清诸城王氏家族文化研究》一书中谈到诸城王氏家族对待明清易代的态度时指出："清初，诸城王姓成员无论在朝在野，都没有表现出对明朝的留恋和对清朝的敌视（当然也没表现出对异族新主的奴颜婢膝）。这可能由于他们没受多少明朝的深恩，反而亲历了明末的政治腐败。"② 这里虽然是针对诸城王氏家

---

① 左书谔、左玉品：《左忠贞公年谱》，中国社会科学研究出版社，2011年，第18页。

② 王宪明：《明清诸城王氏家族文化研究》，中华书局，2013年，第59页。

族而言，实际上，山东的不少家族都是同样的态度和表现。赵红卫在《明清安丘曹氏家族文化研究》中也提及："安丘曹氏家族与明清之际的许多家族一样，在朝代更替之际，并非愚忠于前朝，而是与时俱进，较快地适应了时代的变迁。"① 清朝建立后，曹氏家族便积极参加科考，据赵红卫统计，曹氏十二世家族成员中有曹贞吉、曹申吉两位进士，贡、监生员 32 名。

此外，聊城傅氏家族、新城王氏家族、即墨蓝氏家族等也都采取观望的态度。当看到清廷统一已成定局后，便积极组织族人参加科考，并取得了丰硕成果。据何成《明清新城王氏家族文化研究》统计，新城王氏家族在清顺治、康熙两朝，共考取进士 9人，举人 6 人，贡生 42 人，分别占新城科考总数的 30%、12%、35.6%。仅在顺治朝，新城王氏家族就考取两名进士：王士禄，顺治十二年（1655）乙未科进士榜三甲第 221 名；王士禛，顺治十五年（1658）进士。聊城傅氏家族傅以渐夺取清代首科殿试状元；即墨蓝氏家族蓝润于顺治三年（1646）考中进士；即墨黄氏家族黄贞麟于顺治十二年（1655）乙未科考中进士、周氏家族周蕃考中武进士；莱阳赵氏家族赵钥、赵岧共同考中顺治十五年（1658）戊戌科进士；栖霞牟氏家族牟国须于顺治十八年（1661）考中进士；莱阳张氏家族（居双山村，即县门前）张瑞征考中顺治九年（1652）壬辰科进士；莱阳张氏家族（居张家灌、张格庄）张鉴考中康熙四十八年（1709）己丑科进士。

---

① 赵红卫：《明清安丘曹氏家族文化研究》，中华书局，2013 年，第 43 页。

4. 转轨家族

有些家族，明末积极抗清，遭受重创，清初迫于形势发展，及时转变策略，归顺清廷，参加科举并踏入仕途。这类家族以莱阳宋氏家族为代表。明末壬午、癸未间，清军兵临莱阳城，宋氏家族坚决抗清，并付出惨重代价。癸未年二月六日，莱阳城破，宋氏家族宋应亨、宋玫被清兵残酷杀害。钱谦益《宋稽勋哀辞（并序）》对此作了详细记载（见前文第二章第二节）。计六奇《明季北略·宋玫殉节》也记述称："亡何，北兵入，东省云扰。玫与同宗、吏部应亨辈经画守御，不遗余力。及城陷，缚玫与应亨相对拷榜，体无完肤，玫始终不屈，遂见杀。"① 可见，莱阳宋氏家族在明末坚决抗清，与清廷有着深重的国仇家恨。

但是，时至清初，宋氏家族宋应亨一支却由坚决抗清到服软顺从。宋应亨二子宋璜，崇祯九年（1636）丙子科考中举人，崇祯十三年（1640）庚辰科考中进士（三甲 23 名），授浙江杭州府推官。后降清，仍任原官。宋应亨三子宋琬，字玉叔，号荔裳，清初著名诗人。顺治三年（1646），清廷开科取士，宋琬为乡试亚魁。顺治四年（1647）中进士，初授户部河南司主事，后升调吏部稽勋司主事。宋氏家族背负深仇大恨，却屈节事敌，归附清廷，其原因是多方面的：

首先，家族衰落。明末，以宋应亨、宋玫为代表的莱阳宋氏家族英勇抗清，付出惨重代价。明朝灭亡后，宋琬兄弟举家逃亡江南避难，家族进一步衰落。顺治二年（1645），宋琬兄弟避难

---

① ［清］计六奇：《明季北略》，中华书局，2016 年，第 334 页。

归乡，目睹家族败落的情景，感慨万分。王猷定与宋琬兄弟一同避难，并随宋琬兄弟回莱阳暂住，目睹了当时的景象。他在《四照堂文集》卷一《安雅堂诗序》中记述称："自予遭乱，见公（宋琬）京师。公方窜身吴越，归见里社丘墟，渡桑干，相与悲歌燕市。"① 宋氏家族在鼎革斗争中付出惨重的代价。但反观莱阳其他家族和百姓，并没有感激宋氏家族的贡献与牺牲。相反，竟然有些家族和邑人趁宋氏家族衰弱之际，落井下石，意图贪占宋氏家族财产。宋琬曾在《吴蔼次艺香词序》中描述当时的家族困境："近今以来，时移势殊，兵燹之后，继以大狱，鸡连鱼烂，井屋榛墟。桀骜不逞之徒，因之以为奸利，其视刊章告密，犹之乎樗蒲象戏也；其阴诇长吏之短长而牵制之，犹身为家督，而米盐醯酱之出入皆得而覼问之也。"② 这让宋璜、宋琬兄弟既气愤又失落。他们深深地意识到，不与政府合作，没有功名，没有官职，家族就难以发展，难以在地方立足。

其次，人丁零落。莱阳癸未邑难与甲申之变后，莱阳宋氏家族人丁零落，父亲宋应亨被杀，宋璠、宋璜、宋琬三兄弟中，宋璜之子似应在避难期间出生，宋璠一生无子，宋琬此时亦无子。足见当时宋琬一族人丁极为零落。

再次，颠沛流离。癸未莱阳邑难时，宋璜任浙江杭州府推官，宋琬随兄赴任，幸免于难。崇祯十七年（1644）三月十九

---

① 汪超宏:《宋琬年谱》,人民文学出版社,2010 年,第 59 页。
② ［清］宋琬:《宋琬全集》,辛鸿义、赵家斌点校,齐鲁书社,2003 年,第 26 页。

日，崇祯帝自缢身亡。宋琬兄弟携家人南逃，是年冬至南京，与王崇简、王熙父子相遇，同病相怜，相对悲歌，自此两家连舟而行。此后辗转奔走于南京、镇江、苏州、无锡、杭州、湖州、汾湖、淮安、龙潭（今江苏省南京市北）之间，于顺治二年（1645）十月返回莱阳。王崇简在《宋玉叔诗叙》中形容当时的境遇称："既而寤寐思千里，以至流离南土，慰藉于荒烟野泊之间，歌以当泣，感慨为深矣。"① 从中我们可以深刻地体会到，宋琬兄弟及王氏父子国破家亡之悲与流亡颠沛之苦。

在这种局势下，莱阳宋氏家族隐忍国仇家恨，转变态度，最终接受了清廷入主的事实，积极参加科举，踏入仕途，与清廷开展合作。

除了以上家族阵营，还有以王鳌永家族、孙之獬家族、李化熙家族为代表的降清家族。这一类家族将在"清初山东贰臣问题"一章中详论，于兹不再赘述。

二、 清初山东文化家族的内部分歧

明亡后，山东文化世家迫于当时形势，逐步放弃抵抗，相继归附清政府。但是，族内文人在对待清廷的态度上仍有较大分歧。绝大多数家族文人积极参加科举，并踏上仕途。但仍有部分文人或者遁世隐居，或者赋闲家居，拒绝与清政府合作。这种家

---

① 汪超宏：《宋琬年谱》，人民文学出版社，2010 年，第 46 页。

族内的分化在莱阳宋氏家族中表现最为突出。就莱阳宋氏家族来看，家族成员的取向主要可分为四种类型：

第一类，隐居不仕型。其中以宋继澄、宋琏父子为代表。宋继澄为宋兆祥第三子，自幼淡泊名利，倾心于学术研究，无意仕途。他生性坦荡，不拘小节。天启七年（1627）丁卯科方中举人，但始终未入仕。明朝末年，时局动荡，战乱频仍。宋继澄一支颠沛流离，避祸淮扬，生活窘迫。民国本《莱阳县志》"宋孝廉继澄传"记载："崇祯辛未，孔有德叛，攻陷登州，继澄挈家避淮扬，窘甚。"① 而此后，宋继澄一支又连遭变故：崇祯四年（1631），其父宋兆祥去世；崇祯七年（1634），其母去世；崇祯十年（1637），侄子宋琮（宋继登长子）去世；而后，侄子宋玫（宋继登三子）的两个儿子也先后夭折。至癸未邑难之时，宋玫一家皆死于邑难。在短短的十余年间，宋继澄失去了近十位亲人。清初的莱阳宋氏家族宋继澄一支：一方面，连续遭受丧失亲人的痛苦；另一方面，人丁凋零，整个家族仅剩下宋继澄、宋琏父子，宋琮长子宋俶、三子宋俟，宋珵（宋继登次子）之子宋衡，宋玫遗骨宋摅等男丁。在这种状况下，身心疲惫的宋继澄深感无力应对时难。面对清兵进犯和清廷入主，他选择了避世隐居，远离政治漩涡，与其子宋琏设帐授徒，过着颠沛流离的生活。

---

① 梁秉锟等修，王丕煦等纂：《莱阳县志》，台湾成文出版社有限公司，据民国二十四年铅印本影印，1968 年，第 1351 页。

第二类，应试从政型。其中以宋璜、宋琬兄弟为代表。宋璜、宋琬为清末抗清士绅宋应亨次子、三子。在癸未莱阳邑难中，清兵残酷地杀害了他们的父亲。清廷入主中原，取代了明朝的统治，兄弟二人身负君父大仇。但是在残酷的现实面前，他们深深地意识到，没有功名，没有官职，不与政府合作，家族就难以发展，就难以在地方立足。所以，清廷初定中原，宋璜即归附清廷，被授予顺天府推官；宋琬也于顺治三年（1646）进京赶考，翌年中进士，被授予官职。《清史列传》称："琬少负隽才，著声誉。顺治四年进士，授户部主事。"① 宋琬历任吏部稽勋司主事、陇西道佥事、浙江按察使司按察使、四川按察使司按察使等职。其间他三次入狱，长时间流寓于江南。康熙十二年（1673），宋琬进京述职，适逢吴三桂兵变，家属遇难，他忧愤成疾，病死京都，时年六十岁。

第三类，投机钻营型。莱阳宋氏家族以宋一炳为代表。一炳，《宋氏族谱》作"奕炳"，《光绪增修登州府志》亦作"彝秉"。汪超宏在《宋琬年谱》中认为："一炳，与《光绪增修登州府志》卷十三《兵事》所引'宋彝秉'应为一人。"② 他是宋应亨二兄宋大猷长子宋斑之子。此人素无业无行，曾因盗窃罪发，因宋琬兄宋璠不救，怀恨在心。又与栖霞于七之弟于九闹矛盾，被打。因此告发于七为乱，致使于七被迫反叛。清廷出兵镇

---

① 王钟翰点校：《清史列传》卷七十，中华书局，1987 年，第 5710 页。
② 汪超宏：《宋琬年谱》，人民文学出版社，2010 年，第 158 页。

压于七起义，祸及栖霞、莱阳两地，株连甚众。《光绪增修登州府志》卷十三"兵事"称："有谓莱阳同恶者众，欲悉诛之。知县邹知新力陈于三大帅，保全甚多。然犹戮数百人。既又搜索莱、栖两邑向之与七相交。凡通一刺者，皆系于臬狱。株连绅衿，又数十百家。三年始雪。"[1] 一时间，栖霞、莱阳两城血流遍地，白骨横陈。蒲松龄在《聊斋志异·公孙九娘》中做了生动的记述："于七一案，连坐被诛者，栖霞、莱阳两县最多。一日俘数百人，尽戮于演武场中。碧血满地，白骨撑天。上官慈悲，捐给棺木，济城工肆，材木一空。"[2] 其惨烈之状，溢于言表。不仅如此，宋一炳又借机陷害宋琬一家与于七勾结。结果，宋琬全家一百余口下狱。宋璠死于狱中。直至康熙二年（1662）十一月，狱解，宋氏家人在狱中度过两年多的时光。《清史列传·文苑传一》"宋琬"记载："十八年，（宋琬）擢按察使。时登州于七为乱，琬同族子因宿憾，思陷琬，遂以与闻逆谋告变，立逮下狱，阖门缧系者三载。"[3] 宋一炳投机钻营的行为，不仅严重地摧残了宋家族人，使朝廷完全丧失了对宋氏家族的信任，而且也给栖霞、莱阳百姓带来深重灾难。

第四类，平稳过渡型。据《莱阳宋氏族谱》可知，宋琬一支，其祖父宋述有六子，其二早亡。余四子：长子大典，次子大猷，三子大训，四子应亨（即宋琬之父）。宋大猷做过训导，有子三人：

---

[1]　汪超宏：《宋琬年谱》，人民文学出版社，2010 年，第 157 页。

[2]　［清］蒲松龄：《聊斋志异》，孙通海等译，中华书局，2016 年，第 604 页。

[3]　王钟翰点校：《清史列传》卷七十，中华书局，1987 年，第 5710 页。

长子珽，次子瑄，三子琚，均声名无闻。宋珽有六子，被宋琬视为宋氏家族"罪人"的宋一炳，就是其中之一。除了长子宋奕灿为庠生，宋珽的其他儿子皆无功名。宋琬的大哥宋璠卒于顺治十五年，其四弟宋珣卒于顺治七年。宋继澄一支，长兄宋继登有三子，长子琮，次子理，三子玫。宋琮、宋玫自是声名远播，而宋理一生平平，为崇祯元年恩荫贡生。因此，在明清鼎革之际，宋氏家族除去抗争型、隐居型、从政型和个别投机型之外，绝大多数族人还是通过平稳过渡的形式，度过朝代更迭的关口。

此外，临朐冯氏家族、莱阳左氏家族、胶州张氏家族的家族成员都出现了不同程度的分化。

临朐冯氏家族：不同的族人对待清政府有着截然不同的态度。一类，坚决抵抗。冯氏家族的冯三仕积极抗争，在战败被俘后不得已随从朝鲜人质世子同归朝鲜。即使在朝鲜也未放弃反清复明大业。二类，归隐不仕。归隐山林，不入清廷官府任职，以冯士份为代表。三类，出仕为官。冯氏家族中以冯溥为代表。清廷入主中原后，诸生皆以外族入主，相约不仕，但是冯溥见大势已去，于顺治三年（1646）进京应试，次年中进士。历任顺治、康熙二朝，官至大学士。

莱阳左氏家族：左懋第与堂兄左懋泰的表现形成鲜明对比。左懋第富有民族气节，宁死不肯投降清王朝，被后人誉为"明末文天祥"。而他的族兄左懋泰，明崇祯七年（1634）考中甲戌科进士，官至吏部郎中。李自成陷北京，他被大顺政权授官兵部左侍郎。清军入关，左懋泰降清。堂弟左懋第慷慨就义后，左懋泰回籍。顺治年间左懋泰被诬告，充军铁岭。

胶州张氏家族：张若麒与其兄张若獬也形成鲜明对比。张若麒历事明、大顺与清朝，为后人诟病，但是其兄张若獬（崇祯七年进士），历任北直隶河间知县、南京户部主事、徐淮道按察金事等，颇有政声。明亡隐居不仕。

第三节　清初山东文化世家顺逆取舍的原因探讨

顺治元年，清政府仅仅用了几个月的时间，便基本完成了对山东的招抚工作。山东地方政权落入清廷之手，各地文化世家相继归附清廷，文人士绅也积极参加新朝科考。而此时，全国大多数省份或者尚在开展抗清运动，或者是观望时局发展态势。作为儒家思想发源地和儒家文化重镇的山东地区，其文化世家一改明末坚决抵抗的态度，在短短的数月之间，几乎没有进行激烈抵抗便归附了清廷。但是，这种和平归顺并非像表面看起来那么平静，不同家族及家族文人有着不同的顺逆取舍：有些家族和文人主动投靠清廷，有些家族和文人被动归顺，有些家族和文人随波逐流，有些家族和文人以不合作的态度对清政府开展柔性抗争。他们不同的选择与取舍，有着深刻的时代背景和历史原因。

一、 君恩淡薄， 民心不古

我国古代的君臣、君民关系不是单向、无条件的关系，而是双向、有条件的关系。臣民所受的君恩越是厚重，臣民对君王的忠心通常会越加坚定。相反，君王对臣民的恩泽越是淡薄，臣民对君王的忠心通常也十分淡薄。就明朝末年来看，一方面，朝廷腐败，宦官专权，兵变匪乱频发，苛捐杂税繁重，山东地区士绅、百姓不仅无法感受到浩荡的皇恩，反而倍加痛恨朝廷的腐败，进而引发激烈抗争。明末，徐鸿儒、李廷实、史东明、李青山、王俊等领导的农民起义风起云涌，这说明随着明朝君恩的丧失，老百姓的忠心也丧失殆尽，以致君民关系变成了寇仇。另一方面，君臣关系逐渐淡化。就明末山东籍官员来看，不少官员因受到免职、贬黜等"冷遇"而与君王离心，如王鳌永、谢升、房可壮等。王鳌永，曾任湖北宜城县令，累官至郧阳巡抚。崇祯年间，防守江陵，与大学士杨嗣昌督师，因与杨嗣昌意见不合被参奏而罢免。谢升，崇祯初选太常寺少卿，迁至吏部尚书。后晋太子少保，改礼部尚书兼东阁大学士，崇祯十五年（1642），因泄朝廷机密被劾罢归。房可壮，万历三十五年（1607）进士，官至御史，魏忠贤当政时，因反对阉党被贬黜，几遭杀害。魏党事败，房可壮官复原职。后仕途屡经沉浮，官至光禄寺卿、副都御史。因廷举阁臣有挟私之议，庄烈帝怒，可壮被削籍。除却以上三位，莱阳姜埰的遭遇尤能突显君恩淡薄，让臣子寒心。魏禧

《姜黄门埰传》记载了莱阳姜氏家族姜埰因参奏权臣而屡遭迫害之事，其文曰：

> 辛巳，改礼部仪制司主事。……（明年）三月，上御弘政门召见，应对称旨，擢礼科给事中。……十一月，东方告急，公受诏分守德胜门。自元勋以下惮公，不敢归休沐。时首辅周延儒大贪婪，都御史刘公宗周有长安黄金贵之疏。首辅惧，欲卸己罪，乃具密揭进上，谓皆言官所为。上信之……会首辅又欲引用逆辅冯铨相表里，为奸恶。公上疏极论罪在大臣，不在言官。所谓"代人规卸，为人出缺，陛下果何所见而云然？倘如二十四气蜚语腾闻清禁，此皆大奸巨憝恶言官不利于己，而思以陷之。后及涿州知州刘三聘疏荐逆辅冯铨，何物么魔，独逞斧钺"等语。上大怒。闰十一月二十三日，御皇极门，召见群臣。谓"埰欺肆，敢于诘问朕，何所见二十四气之说，不知所指何人何事"。著革职，锦衣卫拏送北镇抚司打问。时行人司副熊开元面劾首辅，既以补牍语不相应，同时下狱，几死。后并得赦。……明年春，莱阳破，公父死于难。台省交章请释公治丧。上曰："埰在。"埰亦疏请以身代埰，不许。七月疫，上命刑部清狱。公暂出。上召见刑部以墨笔叉埰、开元名曰："此两大恶，奈何释之？"于是，再入狱。十二月，首辅伏诛，有新参请释二臣者，上曰："朕怒二臣，岂为罪辅哉？"甲申正月，闯贼猖獗。阁臣某奉命督师山西，上御正阳门行推毂

礼，某请释埰、开元，上报可，谪公戍宣州卫。①

从中可见，姜埰因上疏参奏首辅周延儒贪婪，下诏入狱。崇祯十七年甲申（1644）二月始释，戍宣州卫。其间，姜埰之父姜泻里在癸未莱阳邑难中以身为国、壮烈殉难，崇祯帝不许狱中的姜埰归家治丧，其弟姜垓请求以身相代，也被拒绝。《明史》列传第一百四十六也记载："后闻乡邑破，父殉难，一门死者二十余人。垓请代兄系狱，释埰归葬，不许。"② 后姜埰病重，有司请求释放他，仍遭崇祯帝反对。皇帝的薄情换来了臣子对君主乃至这个朝廷的冷漠。当崇祯十七年（1644）李自成攻入北京时，群臣纷纷归顺起义军，崇祯帝被迫在煤山上吊自杀，死时仅有太监王承恩一人相随，崇祯帝叹息道："吾待士亦不薄，今日至此，群臣何无一人相从，如先朝靖难时有程济其人者乎？"③ 崇祯死后，以身殉难的文臣二十一人。④ 《明史》列传第一百五十三"范景文"记载："崇祯十有七年三月，流贼李自成犯京师。十九日丁未，庄烈帝殉社稷。文臣死国者，东阁大学士范景文而下，凡二十有一人。"⑤ 如此一来，我们就不难理解明末清初为什么会

---

① 梁秉锟等修，王丕煦等纂：《莱阳县志》，台湾成文出版社有限公司，据民国二十四年铅印本影印，1968 年，第 1353—1358 页。

② ［清］张廷玉等撰：《明史》卷二百五十八，中华书局，1974 年，第 6668 页。

③ ［清］计六奇：《明季北略》，中华书局，2016 年，第 455 页。

④ 考察史实，甲申之难中文武官员并非如崇祯帝临终所言"无一人相从"，也不仅仅只有文臣二十一人。文武官员及其家眷以身殉难者多有人在，谷应泰在《明史纪事本末》卷之八十"甲申殉难"（中华书局，2018 年，第 1355—1364 页）中对其忠节义举有着详细记载。

⑤ ［清］张廷玉等撰：《明史》卷二百六十五，中华书局，1974 年，第 6833 页。

有大量的明朝文武大臣归附清廷。王宪明在《明清诸城王氏家族文化研究》一书中谈到清初诸城王氏家族对待明清两朝的态度时也指出："清初，诸城王姓成员无论在野在朝，都没有表现出对明朝的留恋和对清朝的敌视（当然也没有表现出对异族新主的奴颜婢膝）。"[①] 不但诸城王氏家族，山东其他家族也表现出同样的态度。究其原因，"这可能由于他们没受多少明朝的深恩，反而亲历了明末的政治腐败"[②]。甚至有些家族将清政府看作是保障家族利益、实现家族发展的靠山，将家族的兴起寄希望于新朝。故而顾诚在《南明史》中称："应当说黄河流域和南方各省确实存在差别。随着以崇祯帝自尽为标志的明王朝覆亡，黄河流域的汉族官绅一度受到大顺政权的沉重打击，不少人把满洲贵族建立的清廷看成维护自身利益的新靠山。"[③]

二、 战乱频仍， 民心思安

明清鼎革之际，山东地区战乱频仍：先是兵变、民变四起，继而清兵屡次侵扰，明亡后各地土寇横行，社会动荡，生民涂炭。

首先，变乱四起。明朝末年，山东地区兵变、民变频发，其中以吴桥兵变和李廷实起义、李青山起义、史东明起义等影响较

---

① 王宪明:《明清诸城王氏家族文化研究》,中华书局,2013 年,第 59 页。
② 王宪明:《明清诸城王氏家族文化研究》,中华书局,2013 年,第 59 页。
③ 顾诚:《南明史》(下),光明日报出版社,2011 年,第 371 页。

大。尤其是吴桥兵变，自崇祯四年（1631）十一月兵变发生至崇祯六年（1633）四月孔有德、耿仲明率部降清兵变宣告结束，这场变乱持续近两年时间，波及登州莱州两府十余县，攻城略地，烧杀抢夺，造成登莱局势彻底糜烂，山东经济受到重创。

其次，清兵侵扰。明朝末年，清兵屡次侵扰内地，后两次兵犯山东。清军入关带来的危害十分巨大，对山东地区的生产力造成了严重破坏，许多人妻离子散、流离失所。

再次，土寇横行。明亡后，地方政权失控，山东各地一时陷入混乱之中。不少地方官逃逸，土贼乘机据城作乱。《莱阳县志》记载，"知县关捷先潜逃"①；《高密县志》记载，"土寇张舆等据城作乱"②；据《即墨县志》记载，黄宗贤、郭尔标聚众作乱，围攻即墨城，即墨县令仓皇逃跑。各地基层政权崩溃，土寇横行，不仅严重威胁着百姓的生命财产安全，也触动了地方大族的核心利益。

在这种情况下，士绅与百姓人心思定，厌战情绪高涨，因此清初的三股政治势力不管哪个政权能够结束战乱、稳定局势，都将受到欢迎。而在三股势力中，清政府越来越体现出优势，逐步受到山东大族的青睐。何成在《明清新城王氏家族文化研究》一书中分析清初王氏家族归附清廷的原因时就指出："生存环境的

---

① 梁秉锟等修，王丕煦等纂：《莱阳县志》，台湾成文出版社有限公司，据民国二十四年铅印本影印，1968年，第105页。
② 余友林等修，王照青纂：《高密县志》，台湾成文出版社有限公司，1968年，第81—82页。

恶化，迫使新城王氏软化他们的仇清立场，要求通过科举来改善家族的生存处境，以求发展。"① 这不仅是新城王氏家族的选择，也是山东各大家族的普遍共识。

三、 战略要地， 清廷必争

山东自古以来便是兵家必争之地。对地处东北松花江和黑龙江一带的满族而言，要打败明朝政府，统一全中国，占领和征服辽宁和山东两地至关重要。辽宁和山东两地，不仅地理位置重要、物产丰富，而且拥有清政府统一全国所需要的文武将才。辽宁出武将，山东出文官。明朝末年，满族人看到明政府内部的危机日益激化，早就有灭亡明朝、吞并中原的野心。为打败明朝政府，统一中国，他们积极招降纳叛，对明朝官僚尽力收买，李永芳、范文程、宁完我、洪承畴、祖大寿、尚可喜、孔有德、耿仲明等人先后投靠清廷，得其重用。《贰臣传》共收录 125 人，武将近 60 人，大部分出自辽宁而且为清廷进入北京之前招降。

顺治元年（1644），清军进入北京城后，山东成为其巩固新政权、消灭明朝旧势力和大顺起义军政权的重要战略之地。顺治元年五月十二日，清都察院参政祖可法、张存仁等人在上书中指出："山东乃粮运之道，山西乃商贾之途，急宜招抚。若二省兵

---

① 何成:《明清新城王氏家族文化研究》,中华书局,2013 年,第 46 页。

民归我版图，则财赋有出，国用不匮矣。"① 清政府采纳了祖可法等人的建议，对山东进行招抚。在这种局势下，山东地区与山东文化世家没有太多的选择。或者是誓死抗争，或者是归顺新朝。对抗清廷的结局，曾让山东各地文化世家震撼不已。明末清兵曾两次进犯山东，遭到山东各地的顽强抵抗。其时，莱阳的宋氏、左氏诸家族，即墨的蓝氏、黄氏诸家族均参加了抗清运动。抗清运动中，山东各地军民遭到了清兵的残酷杀戮。崇祯十一、十二年间的济南保卫战，济南军民将士十余万人殉难；崇祯十五、十六年间，莱阳士绅军民万余人惨遭杀戮，莱阳左氏家族、宋氏家族、姜氏家族都遭受重创。清军入关带来的危害十分巨大，对山东地区的生产力造成了严重破坏，也让山东的文化世家胆战心惊。故而清代诗人安致远在《玉砌集》卷三"节妇传"中称"虽累叶簪缨之家，鲜不震悼窜易，以丧其所守"。《益都县图志·孝义传》也称"大姓素封者，鲜克自全"。

随着清廷对山东控制的深入，拒绝与清政府合作的家族的生存环境逐步恶化。何成在《明清新城王氏家族文化研究》中对王氏家族清初归附清廷的原因分析时就指出："生存环境的恶化，迫使新城王氏软化他们的仇清立场，要求通过科举来改善家族的生存处境，以求发展。"② 生存环境恶化，既是清初新城王氏家族面临的状况，也是整个山东文化世家面临的困境。在清廷恩威并

---

① 《清实录》第三册《世祖章皇帝实录》卷五,中华书局影印 1985 年,第 58 页。
② 何成:《明清新城王氏家族文化研究》,中华书局,2013 年,第 46 页。

重的政策之下，山东大多数文化世家转变了态度、放弃了抗清的立场，致使清廷对山东招抚的工作进展顺利。顺治元年五月二十五日，清廷派遣明朝降臣方大猷为监军副使，招抚山东；六月派明降臣王鳌永以户部、工部二部侍郎的身份招抚山东。六月初十日，又派遣固山额真觉罗巴哈纳、石廷柱统兵收取山东。经过几个月的努力，清政府基本上实现了对山东的控制。

四、家族盛衰，冷暖有别

明清两朝山东文化家族的崛起，主要得益于科举制度。这些家族，多是经过累世蓄积成为一方大族，又通过读书参加科举踏入仕途，进而重视家族教育，强化家族管理，注重家族文化积累，逐步形成"科举兴族，诗书传家"的家族发展模式。同时，借助家族婚姻、家族交游等途径拓宽家族发展渠道，提高家族地位，扩大家族影响，确保家族持续稳定发展。因而，在山东各地区都形成了数量不等的文化世家，如莱阳四大家族、即墨五大家族、聊城四大家族等。

一个家族在地方上的声望和地位，尤其是在地方上的竞争力，主要取决于该家族在科举仕宦等方面的成就。当一个家族处于鼎盛时期，通常是人丁兴旺，科甲蝉联，高官层出，受到地方政府和乡邑百姓的敬仰和爱戴；当一个家族衰落之时，通常是人丁凋零，科宦不兴，在地方上的声名和威望降低，有时甚至还会受到强恶势力的欺凌。这种倾向在明清鼎革之际表现得尤为明显，不少家族饱尝了盛衰变化带来的人情冷暖。

1. 莱阳左氏家族。作为明清鼎革斗争中抗清态度最为坚决的家族，莱阳左氏家族不仅涌现出了文天祥式的英雄左懋第，而且在明末癸未之难、甲申之难和清初的抗清斗争中，数十位族人献出生命。清翰林院庶吉士、文渊阁校理莱阳邑人王垿在《莱阳左氏殉难录》一文中高度评价左氏家族，称："自古慷慨赴死、从容就义者，莫不史册有光。若夫丁厄运、尽节义，一姓之中，死者枕藉，亦古人所罕见者矣。"① 但是，由于在抗清运动中遭受重创，以"十八楼""三十六懋"为代表的左氏家族男丁伤亡殆尽。至清初，左氏一族男丁仅剩左懋泰、左懋绩数人。人丁凋零，家族衰落，家族发展举步维艰，祖业家产难得保全。据《莱阳左氏族谱》记载：左氏家族作为莱阳的望族，家资丰厚，明末鼎盛时期拥土地和田庄多达六万多亩。仅在莱阳县城房产占地就达六十多亩。清初，由于家族败落，乡邑宋某强行霸占庄田，遭到左懋泰等人的坚决抗争。宋某索要不成，上告左氏家族藏兵、打造兵器，蓄意谋反，同时告发左懋泰在莱州起兵，致使左氏家族百余口被流放铁岭尚阳堡。

2. 即墨蓝氏家族。明清鼎革之际，即墨蓝氏家族经历了七世、八世的中衰，发展至九世蓝再茂时期。蓝氏家族家道中衰，外侮滋生，蓝再茂过早地担负起反抗外侮、维护家族利益的重

---

① 王垿：《莱阳左氏殉难录》，收入《左忠贞公建祠录·莱阳左氏殉难录》，中国社会科学研究出版社，2012年，第157页。

任。在他十二岁时，崂山恶道栾道明等意图霸占蓝氏族产，他勇斗恶道，维护了家族利益。蓝氏家族诸多文献均记载了此事。傅以渐在《皇清敕封文林郎内翰林国史院检讨加一级诏赠中大夫前南皮令青初蓝公墓志铭》中记载："公方十二龄，门户已纷纷多事矣。公色养事父葬母，而奉继母者，诚慎有加。读高曾之书，傅洽简奥，文追左国，侵牟凌侮，概置不计；不意恶横，发于道士，栾道明等纠党聚众，辄欲夺崂山数处之遗产而甘心焉。公乃毅然身当质讼，司台履境亲验，置道明于法不逞之徒，惊服其胆智，而公志气弥厉，谓：'不涉世不可以入道'。"① 蓝深、蓝润《封太史公行述》也称："府君（蓝再茂）毅然支撑，辄以身当诣，台司履境亲验，得保故业，栾道明等置之于法，府君志气弥厉，而胆智亦以是益奇，……府君不茹柔，不吐刚，饮泣前人之绪，誓以不坠，勉图恢复，即豪强亦未得遂其吞并。"② 面对家族内外交困的局面，蓝再茂敢于担当，毫不畏惧，表现出超常的能力和胆识，莱阳宋琬在《封太史公传》中称赞蓝再茂："遭逢多在艰苦，而挺然独立，不少委曲，颇有先世气概，俗自凌暴诟戾，而公之琴书如故也。"③

---

① ［清］傅以渐:《皇清敕封文林郎内翰林国史院检讨加一级诏赠中大夫前南皮令蓝公墓志铭》，收入蓝润:《余泽录》卷四，即墨蓝氏家刻本，顺治十六年，第51—52页。

② ［清］蓝深、蓝润《封太史公行述》，河北大学图书馆藏即墨蓝氏家族清钞本，第4页。

③ ［清］宋琬:《封太史公传》，河北大学图书馆藏即墨蓝氏家族清钞本，第47页。

3. 诸城丁氏家族。明清鼎革之际,诸城丁氏家族丁耀亢曾经两次南下避难,顺治元年返回故里。他在《航海出劫始末》中对清初诸城状况及人情冷暖作了详细的记述:

> 三月初旬,东兵去,乃出海归……至城中,见一二老寡妪出于灰烬中,母兄寥寥,对泣而已。城不可居,明日移于东村。时弟梬浮葬郭外,庄田半为强邻恶族占去。城北麦熟,欲往获而市人皆空。至于腐烂委积,其存蓄不可问类如此。时县无官,市无人,野无农,村巷无驴马牛羊,城中仕宦屠毁尽矣。八月,葬二兄讳耀昂者于城西。十月,葬九弟耀心于旧茔。送者寥寥,徒步数人耳。乱后风尚陵夺,视为弱肉,平昔亲知,反面秋风,百计相倾,忍之而不报。始知人情倾险,利吾衰也。①

从中可见,清初饱受战乱摧残的诸城地区战火方熄,人烟稀少。社会动荡,奸恶横行。丁氏家族庄田多半被强邻所占,庄稼成熟无人收割,昔日亲友不仅不加帮助,反而千方百计进行算计,兄死安葬无人吊问送行。世态炎凉、人情冷暖被表现得淋漓尽致。

4. 德州田氏家族。明清鼎革之际,德州田氏家族正处于田绪宗时期。田绪宗,清顺治八年(1651)辛卯中举,顺治九年(1652)壬辰进士及第。顺治十一年(1654)二月赴浙江省处州

---

① [清]丁耀亢:《丁耀亢全集》下,张清吉点校,中州古籍出版社,1999年,第278—279页。

府丽水县知县任，七月九日卒于丽水任上。他死后，妻子张氏带着四个年幼的孩子艰难度日，备受乡里大族恶霸欺凌。其长子田雯《蒙斋年谱》记载："乙未二十一岁。强族豪戚，横逆叠来，某威逼凤逋，某以恶奴辱于市，某以病媪詈于堂，仆辈三五，投一新贵，某倾侮尤力。宵小伺衅，起难蒲伏，讼庭监司，某持之少伸，里党分左右袒……是时也，患至剥肤，势无完卵。羊肠径险，不啻身寄虎牙；熊耳峰危，亦觉力穷螳臂。"① 为了避免恶霸抢占，田雯不得已求助于知县崔抢奇。最终在崔知县的帮助下"捕华置之法，旗卒解去"。② 其母张氏通诗、春秋传，能文。《清史稿》记载："（张氏）教三子雯、需、霖，皆有文行。"③

由此可见，这些文化世家作为地方望族，他们之间相互协作、相互促进，在维护地方安定，带动地方经济发展，促进地方文教科举事业进步等方面作出积极贡献。但是，他们之间也存在着激烈的矛盾和竞争，弱肉强食是残酷的现实。明清鼎革致使山东文化世家面临着严重分化的可能，在竞争意识的引导下，山东各文化世家虽然背负着国仇家恨，但为了生存和发展，不得不屈从于清政府，继续参加科举，踏入仕宦之途。

---

① 黄金元：《清代德州田氏家族文化研究》，中华书局，2013 年，第 32 页。
② 刘聿津：《田雯年谱》，山东大学出版社，2002 年，第 88—89 页。
③ 赵尔巽等撰：《清史稿》卷五百八列传二百九十五，中华书局，1977 年，第 14020 页。

五、 起家不易， 护族任重

明代初年，由于连年战乱，社会经济遭到严重破坏，山东一带饿殍遍野，百姓流离失所，大部地区"积骸成丘，居民鲜少"。淄博张店《朱氏族谱》曾经描述明朝初年经过战争蹂躏后山东北部的情形：到处井湮木刊，庄村尽为荒郊，偏疆土旷人稀，田亩皆成草莱，通观六府九州一百八县之地，牛羊讫从不见，鸡犬之声莫闻，寥寥然俱成空区，靡有孑遗矣。为充实山东地区人口，发展地方经济。明洪武、建文、永乐三朝官方进行了大规模的移民，明清之际的山东文化世家多出于这些移民家族。现选取明清之际山东主要文化世家，对其籍贯及迁移情况进行分析。

表 3.2　　　　　　明清山东文化世家籍贯情况统计表

序号	姓氏	原籍	迁入地	迁入时间
1	孙氏家族	山西洪洞	济宁	明代初年
2	周氏家族	河南汝南	即墨	明代初年
3	黄嘉善家族	山东青州	即墨	明永乐年间
4	蓝氏家族	山东昌阳	即墨	南宋末年
5	杨氏家族	浙江秀水	即墨	宋代
6	郭氏家族	山东青州	即墨	明永乐年间
7	张氏家族（松山）	山东潍县	胶州	明代初年
8	法氏家族	山东济南	胶州	明成化年间

（续表）

序号	姓氏	原籍	迁入地	迁入时间
9	匡氏家族	河北直隶	胶州	元代末年
10	赵氏家族	云南、河北等地	胶州	明代初年
11	王氏家族	山东诸城	新城	明代初年
12	耿氏家族	由山西曲沃迁山东诸城	复迁新城	明朝初年
13	陈氏家族	河北沧州	潍县	明朝初年
14	郭氏家族	山东高唐	潍县	明成化年间
15	刘氏家族	辽宁开原	潍县	元代
16	傅氏家族	云南乌撒卫	高密	明永乐年间
17	单氏家族	安徽凤阳	高密	明代初年
18	李氏家族	甘肃陇西	高密	宋代
19	阎氏家族	山西洪洞	昌乐	明代初年
20	刘氏家族	山西洪洞	寿光	明代初年
21	李氏家族	江西丰城	寿光	明代初年
22	张氏家族	山西洪洞	安丘	明代初年
23	王氏家族	江南海州	安丘	明代初年
24	李氏家族	河北枣强	安丘	明朝初年
25	马氏家族	河北枣强	安丘	明代
26	曹氏家族	山西洪桐	安丘	明朝初年
27	臧氏家族	江苏宿迁	诸城	明代初年
28	丁氏家族	湖北武昌	诸城	明永乐年间
29	王氏家族	江苏海州	诸城	明代初年
30	李氏家族	四川成都	诸城	明朝初年

（续表）

序号	姓氏	原籍	迁入地	迁入时间
31	刘氏家族	安徽砀山	诸城	明代初年
32	马氏家族	陕西扶风	临朐	宋元之际
33	冯氏家族	原籍临朐，后迁居辽东广宁，复迁回原籍	临朐	明正德年间
34	张氏家族	山东昌阳	掖县	元延祐年间
35	毛氏家族	安徽泗县、江苏淮阴	掖县	元末
36	赵氏家族	四川成都	掖县	明代初年
37	谢氏家族	江南宣城	福山	明代
38	鹿氏家族	河南中州	福山	元代末年
39	萧氏家族	江西太和	福山	明代初年
40	王氏家族	云南大理	福山	明代初年
41	戚氏家族	安徽定远	蓬莱	明代初年
42	左氏家族	山东章丘	莱阳	明永乐年间
43	宋氏家族	山东长清	莱阳	明永乐年间
44	赵氏家族	不详	莱阳	唐宋
45	张氏家族（双山）	山东乐安	莱阳	元代
46	王氏家族	直隶太原	黄县	明代永乐年间
47	王氏家族	直隶长芦	黄县	明代初年
48	丁氏家族	山东诸城	黄县	明代初年
49	贾氏家族	山东平度	黄县	明代初年
50	牟氏家族	荆州府公安县	栖霞	明代初年
51	刘氏家族	宁海	文登	明代初年

（续表）

序号	姓氏	原籍	迁入地	迁入时间
52	毕氏家族	陕西咸阳	文登	汉代
53	丛氏家族	江南	文登	宋代
54	张氏家族	河北枣强	海丰	明代初年
55	吴氏家族	河北直隶	海丰	明朝初年
56	李氏家族	河北枣强	武定	明万历年间
57	杜氏家族	河北枣强	滨州	明代初年
58	邓氏家族	江西南城	东昌	明代初年
59	傅氏家族	江西永丰	东昌	明成化年间
60	杨氏家族	山西洪洞	聊城	明代初期
61	许氏家族	安徽宿松	东昌	明代初年
62	于氏家族	山东文登	东阿	明代初年
63	张氏家族	河北枣强	邹平	明代初年
64	丁氏家族	湖北武昌	日照	明代初年
65	焦氏家族	河北枣强	章丘	明代初年
66	庄氏家族	江南东海	莒南	明代初年
67	刘氏家族	四川内江迁潍坊	复迁沂水	明中期
68	葛氏家族	山东寿光	德平	明代初年
69	赵氏家族	山东乐安	平原	明代初年
70	董氏家族	江西乐安	平原	明代初年

由上表可见，在明清之际山东文化世家中，曲阜孔氏家族、颜氏家族，邹城孟氏家族，嘉祥曾氏家族等特殊家族为山东原始家族；毕氏家族于汉代自陕西咸阳迁入文登，丛氏家族于宋代自

江南迁入文登，杨氏家族于宋代自浙江秀水迁入即墨，蓝氏家族于南宋末年自昌阳迁入即墨，莱阳赵氏家族于唐宋时期迁入莱阳，双山张氏家族于元代自乐安迁入莱阳。除此之外，山东其他文化家族多是于明代外迁而来。从迁入时间来看：绝大多数家族为明朝初期迁入，个别为明中晚期迁入。从迁入地来看：一方面，从外省迁入。来源非常广泛，包括山西、河北、江西、湖北、安徽、陕西、河南、云南、江苏、四川、浙江等。其中，山西洪洞"大槐树"和河北枣强的移民大多迁至胶莱河以西地区，主要分布于今天山东的西北部与西南部地区；而胶东半岛则较多"小云南"与四川移民①。另一方面，省内移民。史料记载，洪武二十五年（1392），迁登州、莱州无地民户5635户于东昌（今山东聊城）②；洪武二十八年（1395），再次迁登州、莱州、兖州、济南府五丁以上及无田民户1051户、4666口于东昌。③ 同时，根据各家族族谱记载，迁入家族落籍山东的原因也各不相同，有些家族是奉命迁移，有些家族是逃避灾荒战乱，有些家族则是先人在山东为官遂落户山东。

明朝末年，这些家族或者有数百年的发展历史，或者刚刚扎根落户。相对于山东本地的家族而言，他们有个共同的身份，那

---

① 参见刘德增：《大迁徙：寻找"大槐树"与"小云南"移民》，山东人民出版社，2009年，第36—39页。
② 台湾"中央研究院"历史语言研究所：《明实录·明太祖实录》卷二百一十六，据嘉业堂旧藏钞本影印，1962年，第3185页。
③ 台湾"中央研究院"历史语言研究所：《明实录·明太祖实录》卷二百一十六，据嘉业堂旧藏钞本影印，1962年，第3445页。

就是"外来户"。作为外来家族，这些家族通常需要经过数代的艰苦努力，长期的默默奋斗，甚至是忍辱负重，才能在新居地站稳脚跟。外来家族的发展历程极为艰难，这在不少文献与著作中都有着清晰的记载。俞祖华、王海鹏在《清代栖霞牟氏家族文化研究》中记述了牟氏家族的发展历史，称："时光荏苒，岁月匆匆，一百多年的光阴转瞬即逝。牟氏家族从二世到七世，由于家境贫寒，牟氏族人饱受困苦，更没有机会读书识字，所以全是平民百姓，毫无功名。再加上牟氏是'外来户'，经常遭受别人歧视，因此从牟敬祖入籍栖霞以来的近150年间，也就是说在明朝末年之前的大部分时间里，整个牟氏家族可以说一直在当地默默无闻，并没有什么影响。"① 从中可以看到，牟氏家族落户栖霞一百余年的时间内，声名无闻，经过数代人的艰苦努力和长期积蓄，才换来家族在清代的快速发展。

再如即墨蓝氏家族，南宋末年迁入即墨，宋元易代之际以武功起家，先后有二十余位族人走上仕途。彼时，蓝氏家族成为当时即墨城最为显赫的家族之一。王鸿儒在《大明赠通议大夫南京刑部右侍郎蓝公神道碑铭》中记载了即墨蓝氏家族当时的辉煌，称："元初，有讳珍者，仕至武义将军，总领监军。攻襄樊，克有大功焉。……子孙由是授千户、百户、镇抚、防御、察官、教

---

① 俞祖华、王海鹏：《清代栖霞牟氏家族文化研究》，中华书局，2013 年，第13 页。

谕、劝课官者二十余人。"① 但至明代初年,蓝氏家族再度沦为普通家族。为了实现家族的发展,蓝氏家族几代人肩负重担,努力奋斗。经过一世祖蓝文善、二世祖蓝景初、三世祖蓝福盛、四世祖蓝铜四代人的累世积蓄,至第五代蓝章时,蓝氏家族才得以崛起,其中的艰辛自不待言。明人官贤在《明故义授七品散官累赠通议大夫南京刑部右侍郎蓝公行状》中记载了蓝铜在儿子蓝章考取举人后,激励儿子不要满足现状,继续努力,为家族争光之事。其文称:"成化丁酉章领山东乡荐,归拜堂下,且喜且属曰:'丈夫立志,当期远大,无以此足也。'甲辰登李旻榜进士。报捷时,公(蓝铜)居父陇,因泣拜曰:'此儿荣显,是父隐德之明验也。'"② 从中我们可以体会到,蓝章考取功名对于蓝氏家族这样一个外来家族的重大意义,它不仅标志着蓝氏家族在即墨得以立足,而且拉开了蓝氏家族跻身科宦家族,成为即墨地方望族的序幕。这就不难理解蓝铜喜极而泣的原因。蓝铜这种家族荣誉意识对蓝田同样有着重要的影响。弘治五年(1492),十六岁的蓝田就考中举人,此后的进士考试却屡战屡败。嘉靖二年(1523),经历了十次进士考试的失败之后,蓝田第十一次参加进士考试,时年已四十七岁。历时三十一年,他最终考取了进士,实现了自己的梦想。这种坚忍执着的背后,有一种强大的力量在支撑着

---

① [明]王鸿儒:《大明赠通议大夫南京刑部右侍郎蓝公神道碑铭》,收入蓝润:《余泽录》卷一,即墨蓝氏家刻本,顺治十六年,第2页。

② [明]官贤:《明故义授七品散官累赠通议大夫南京刑部右侍郎蓝公行状》,收入蓝润:《余泽录》卷一,即墨蓝氏家刻本,顺治十六年,第9页。

他，那就是家族荣誉意识。这种家族荣誉意识也为蓝氏家族十一世蓝启肃所接受，他以先祖为榜样，身体力行并勉励子弟继承祖辈传统，努力振兴家声。蓝启延在续补《皇清乡贡进士考授内阁中书舍人蓝公年谱》中称："庚午，余兄弟共事笔砚，朝夕训勉，以祖父世德，为兢兢念上世家法，则恐陨越贻羞。"① 当族弟蓝启延和侄子蓝昌后同时考取举人后，蓝启肃欣喜之余，仍不忘勉励弟、侄，曰："吾家三年内登科者三人，真祖宗积累之所贻也。但门第可畏不可恃，愿交相勉励，善承祖德，勿自菲薄，以玷家声耳。"② 蓝启肃始终勉励子弟振兴家族，甚至在弥留之际，仍念念不忘光大门庭。据蓝重蕃《皇清乡贡进士钦授内阁中书舍人先府君蓝公行述》记载，蓝启肃临终仍勉励四弟（蓝启延）："门户事大，吾弟勉之。"③ 蓝氏家族的这种家族荣誉教育，在激励后人奋发进取，光大门庭方面起到了重要作用。

山东其他文化世家也与即墨蓝氏家族一样，外来户的身份和经历使他们更加珍惜家族发展与家族声誉，将家族生存、发展和荣誉看得比自己生命更重要。明清鼎革之际，山东文化世家的一切行为无论是明末的抗清，还是清初的顺清归附，都是着眼于家族的稳定和发展。所以，当清初大局已定，山东文化世家相继归

---

① ［清］蓝启延续补：《皇清乡贡进士考授内阁中书舍人蓝公年谱》，即墨蓝氏家钞本，雍正元年，第9页。

② ［清］蓝启延续补：《皇清乡贡进士考授内阁中书舍人蓝公年谱》，即墨蓝氏家钞本，雍正元年，第11页。

③ ［清］蓝启肃：《清贻居集》，即墨蓝氏家族家印本，2012年，第25页。

顺清廷，以谋求家族的继续发展，这是他们在权衡利弊之后做出的慎重选择。

六、 舆论压力， 难以取舍

明清鼎革之际，虽然世风日下，人心不古，但是传统的忠孝节义观念依然是社会的主导思想。秉持忠孝节义受到褒扬，变节事清饱受非议。以莱阳宋氏家族宋琬为例：顺治三年（1646），清政府开科取士，宋琬乡试亚魁，次年举进士，被授予户部河南司主事一职。这原本是一件平常的事情，却在当时的莱阳县城引发了不小的震动。原因有两个方面：第一，宋氏家族是明末著名的抗清家族，宋琬的父亲宋应亨及族兄宋玫夫妇及家人数十人死于清兵的屠刀之下。尤其是宋应亨与宋玫，在癸未邑难中城破被俘，虽然饱受清兵摧残，但大义凛然，慷慨赴死。第二，在宋琬参加科举考试的前一年，莱阳左氏家族左懋第临危受命，与清廷谈判，不受清廷的威逼利诱，最终被清廷杀害。一个是宁死不屈的忠臣义士，一个是投靠杀父仇人做官的文人，在当时的莱阳两个人的人品被拿来对比形成强烈反差，甚至有人将宋琬归入贰臣之列。宋琬政治态度的转变，不可避免地引发时人的非议，打击了其家族士气，影响其家族发展。直至今日，当宋琬后人谈起宋琬归顺清廷参加科考之事时，还不无感叹地说："都过去了，我们现在不是生活得很好吗？"一句叹息体现了宋氏后人多少的无奈与心酸。足见，这种对比与舆论对宋氏家族形成的压力之大，影响之深远。

与莱阳宋氏家族相比，新城王氏家族的做法显得更为稳妥。何成在《明清新城王氏家族文化研究》中将明清易代之际的王氏族人分为两类：一类选择玉石俱焚，舍生取义。如王象晋次子王与胤，明亡后一家三口全部自杀身亡。另一类则隐居山林，拒绝入仕新朝，保留前明情结。如王象晋及其另一子王与敕等都是清初著名的遗民。随着清朝统治的巩固，王氏家族与山东其他家族一样，面临着如何处理家族与清廷关系的问题。假如不与清廷合作，没有新的科举人才出现，支撑门面，很可能会受到新兴势力的迫害、挤兑，丧失家族在地方上的地位。清初的王氏家族已经呈现出衰落之势，王士禄在《西樵山人传》中描绘当时家族的处境时称："门祚中替，外侮时蘖。"① 但如果归顺清廷，则会招致非议。为解决这个两难问题，王象晋在自己和子孙之间划了一个界限：自己和儿子以明遗民自居，拒绝出仕新朝，保守节操。而对于孙子辈则鼓励他们积极参加科考，取得功名。如此一来，既保住了家族名节，也推动了家族发展，两难问题得以解决。

综上所述，基于各方面的因素，明清鼎革之际，山东文化世家经历了复杂的思想斗争，最终做出了艰难的顺逆取舍。

---

① 王士禄：《西樵山人传》，收入王士禛：《王士禛年谱》，中华书局，1992 年，第 82 页。

第四章　清初山东籍"贰臣"
与山东文化世家

　　清代初年，面对朝代更迭、少数民族入主中原的时局，全国各地抗清运动此起彼伏，波澜壮阔。而恰在此时，一批深受儒家文化熏陶的山东籍明代官员却变节归顺，做了清廷消灭明朝残余势力、镇压农民起义、巩固政权的马前卒。他们这种群体性投降行为，暂时保住了自己的性命和家族的安危，却给自己、家族，乃至山东地区抹上了一笔难以祛除的污点。清初撰修明史时，这些人被史家拒收。百余年后，乾隆帝将他们列入《清史列传·贰臣传》，被冠以"贰臣"之名。时至今日，他们变节的行为仍备受诟病。蒋寅在分析清初士大夫状况时，将其分为七类，其中第六类是"归顺新朝、积极出仕的文士"，并称"以山东籍名士最为醒目"。① 魏斐德也在《洪业：清朝开国史》中将清初山东籍

---

　　① 蒋寅：《遗民与贰臣：易代之际士人的生存或文化抉择 ——以明清之际为中心》,《社会科学论坛》2011 年第 9 期。

贰臣的变节行为称为"山东的投降。"①

众所周知，山东地区作为儒学的发源地，长期受到儒家思想的熏染和教化，忠孝节义观念尤为深重。故而，明朝末年，清兵进犯山东的时候，山东各地的文化世家与当地军民进行了坚决抵抗。尤其是戊寅（1638）、己卯（1639）年之间的济南保卫战，以及壬午（1642）、癸未（1643）年间的抗清斗争，一些地方士绅表现出顽强抵抗的勇气和视死如归的精神。济南保卫战历时三个月，官民士绅同仇敌忾，浴血奋战，十三万军民以身殉难。壬午、癸未抗清运动中，莱阳宋氏家族、左氏家族，即墨蓝氏家族、黄氏家族，潍县郭氏家族、张氏家族，诸城王氏家族、丁氏家族等积极参与抗清运动，主动捐银献粮，协助官兵誓死守城。但终因实力悬殊，莱阳、滨州、滕县、峄县等地被清兵攻破。城破之日，清兵对当地抗清世家、军民进行了残酷杀戮，莱阳邑难中"绅民死于锋镝酷刑下者不啻万人"②，仅左氏一族在这场邑难中就有三十七位族人失去生命。这些文化世家及族人以实际行动谱写了山东地区明清易代史上的光辉篇章。

但是，与明朝末年相比，清朝初年山东文化世家、家族文人及各地军民对待清廷的态度有了很大的转变，由坚决抗清转变为无奈顺服。以致清廷在顺治元年的几个月之间，基本完成了对山

---

① ［美］魏斐德：《洪业:清朝开国史》，陈苏镇、薄小莹等译，新星出版社，2017年，第272页。

② 梁秉锟等修，王丕煦等纂：《莱阳县志》，台湾成文出版社有限公司，据民国二十四年铅印本影印，1968年，第1616页。

东的招抚。山东各地政权相继落入清廷的手中。在这个过程，山东籍降臣及地方世族起到了至关重要的作用。尤其是饱读诗书、深受儒家思想影响的文职官员，在明知变节归顺所带来的严重后果的情况下，仍然冒天下之大不韪，突破"忠节观念""夷夏之别""剃发易服"三重障碍，变节归顺清廷。这不仅与明末山东抗清斗争形成鲜明对比，也与当时南方各省如火如荼的抗清运动格格不入，故而饱受后人诟病。魏斐德在《洪业：清朝开国史》中称："在崇祯朝，3/4 的高级官僚来自南方；而在 1644 年，2/3 的归降者是北方人。这种比例的倒转，主要在于山东的大量降人，1644 年投降的'贰臣'中有 1/4 来自山东。"① 这其中的原因必定是深刻而复杂的。清初山东籍贰臣面临着一个怎样的时局动态？什么原因导致他们最终变节归顺？其变节行为给易代之际的家族命运及山东地区的发展带来什么影响？应该如何评判这些"贰臣"的是非功过？这一系列的疑问，是明清易代留给我们的重要议题，"它关系到重大理论问题的认同和严肃的社会道德观念的导向，以及民族精神的塑造"②，值得深入探讨。同时，如孙甄陶所说，《贰臣传》作为官样文章本身也存在"敷衍苟且，潦草塞责之处，尤所在多有"③ 等问题，"实有重新评价之必要"。④

---

① ［美］魏斐德:《洪业:清朝开国史》,陈苏镇、薄小莹等译,新星出版社,2017年, 第 269 页。

② 张玉兴:《明清史探索》,辽海出版社,2004 年,第 1 页。

③ 孙甄陶:《清史述论》,台湾九思出版有限公司,1978 年,第 7 页。

④ 孙甄陶:《清史述论》,台湾九思出版有限公司,1978 年,第 7 页。

有鉴于此，本书主要以《清史列传·贰臣传》为依据，参照其它史书、方志等史料，系统梳理贰臣问题缘起，深入探讨清初山东籍贰臣状况和特点，系统分析其深层原因和背景，全面、客观、公正评价清初山东籍贰臣的功过是非。

第一节 贰臣问题的缘起及清初 山东贰臣概况

一、 贰臣问题的缘起

贰臣概念，来源于清国史馆编纂的《清史列传·贰臣传》。乾隆四十一年（1776），乾隆皇帝晓谕国史馆增立《贰臣传》。这是一部非常特殊的史书，其特殊性不仅在于它是乾隆皇帝敕令修撰并亲自划定名单、进行分类和制定规范的，更在于它提出了评定变节臣子的官方用语"贰臣"，并在撰修过程中体现出鲜明的政治标准和褒贬态度。

虽然《贰臣传》的编纂在乾隆四十一年，但对这个问题的关注早在乾隆二十六年（1761）就已萌生了。事情的起因之一是沈德潜编纂的《国朝诗别裁集》。沈德潜（1673—1769），字确士，号归愚，江苏苏州府长洲（今江苏苏州）人，清代著名诗人。他早年随叶燮学诗，论诗主"格调"，提倡温柔敦厚之诗教。晚年选编《国朝诗别裁集》。据沈德潜称，"是集创始于乾隆乙丑，至戊寅岁告成，今岁庚辰，又复增删镂版"①，前后历时达十六年之久。原选本 36 卷，入选 996 人、3952 首诗，书前有《例言》，作者名下有小传，诗后有评语。乾隆二十六年（1761）十月，适值孝圣皇太后七十大寿。年近九旬的沈德潜到京贺太后万寿，并将所编纂的《国朝诗别裁集》呈于乾隆皇帝御览。乾隆帝看后大为不满，不仅对沈德潜提出委婉批评，甚至连当时的两江总督尹继善和江苏巡抚陈宏谋，也以"佯为不知"受到训诫。究其原因，主要是该诗集不仅收录了明朝降臣钱谦益、吴伟业、龚鼎孳、钱名世、屈大均等人的诗歌，而且将钱谦益置于卷首。钱谦（1582—1664），字受之，号牧斋，晚号蒙叟、东涧老人，苏州府常熟县鹿苑奚浦人，世称虞山先生，是清初诗坛领袖。沈德潜编纂《国朝诗别裁集》，将其置于卷首本无可厚非。但是，钱谦益是明东林党的领袖之一，官至礼部侍郎，因与温体仁争权失败而被革职。明亡后，马士英、阮大铖在南京拥立福王，建立南明弘光政权，钱谦益依附之，为礼部尚书。后变节降清，为礼部侍郎。晚年政治态度反复，其人品气节颇受士人非议，也引起清廷的不满。

在对待《国朝诗别裁集》的态度上，乾隆皇帝已经表现出对钱谦益等人强烈的不满之情。在此后的十余年间，这种不满之情与日俱增，乾隆曾数次下发针对钱谦益等人的专门敕谕。乾隆三

---

① 刘靖渊：《沈德潜〈国朝诗别裁集〉案略论》，《山东师范大学学报（人文社会科学版）》2006 年第 51 卷第 3 期。

十四年六月敕谕称钱谦益为"有才无行之人",认为其"大节有亏",并将其所作《初学集》《有学集》列为禁书,敕令地方督抚"将全板尽数查出,一并送京,勿令留遗片简"。① 乾隆四十一年(1776)十一月晓谕"四库全书"馆时,称:"钱谦益在明朝已居大位,又复身事本朝,而金堡、屈大均则又遁迹缁流,均以不能死节,腼颜苟活,乃托名胜国,妄肆狂狺,其人实不足齿。"(清纪昀《四库全书总目》)乾隆四十一年(1776)十二月初一日敕谕撰修《贰臣传》,再次称钱谦益"身事两朝、有才无行",认为《国朝诗别裁集》将钱谦益居首,"有乖千秋公论"。②乾隆皇帝对钱谦益等人的不满情绪,其实体现出的是清政府对降清明臣的态度和立场。变节明臣为清朝开国立业作出贡献,但是他们的背主变节却是无法抹去的历史污点。对变节臣子的评判,是一个历史性的难题。明清鼎革之际的降臣,自然也逃脱不了历史的评判。所以,魏斐德称:"我在读明清过渡时期的移民和贰臣传记时,一再发现中国历史学家不断地要在对儒家的褒贬问题上苦心孤诣。"③ 最终,乾隆皇帝将钱谦益等 125 位降清明臣列入了《贰臣传》,这也是正史中第一次将前朝降臣冠以羞辱性称谓——"贰臣"。

---

① 〔清〕国史馆:《高宗纯皇帝实录》卷八三六,中华书局,1986 年。
② 原北平故宫博物院文献馆编:《清代文字狱档》,上海书店,1986 年,第 74 页。
③ 〔美〕魏斐德著,梁禾主编:《讲述中国历史》,东方出版社,2008 年,第 841 页。

二、《贰臣传》的甄选标准与人员名录

(一)《贰臣传》的甄选标准

"贰臣"概念的产生,为朝代更迭之际变节臣子扣上了一顶富有贬斥性的"帽子"。贰臣概念的界定,不仅关系到历史人物的功过是非的评价,而且涉及我们对历史变革中忠节孝义问题的认知和判断。概念的界定,需要一定的标准。判断标准不同,其涵盖的范围也就不同。就目前来看,比较有代表性的有三种标准:《贰臣传》标准、《现代汉语词典》标准、食禄标准。

首先,《贰臣传》标准。《清史列传·贰臣传》是"贰臣"概念的来源,它的判定标准是界定"贰臣"概念的重要依据。《贰臣传》分甲乙两编,共收录"贰臣"一百二十五人。从所收录的人员分类与事迹来看,体现出三方面的标准:

第一,从范围来看:所收录人员为明末清初变节降清的明朝旧臣,也就是说这些人在明清两朝为官。乾隆四十一年(1776)十二月,乾隆皇帝下诏命国史馆编修《明季贰臣传》时,就曾指出"此辈在《明史》既不容阑入,若于我朝国史,因其略有事迹列名叙传,竟与开国时范文程……纯一无疵者毫无辨别"(《清高宗实录》卷一千二十二)。可见,这些人因归顺清廷,大节有亏,明史拒绝收录,清朝也不愿意收录于国史之中,故而另列《贰臣传》以示褒贬。

第二，从功业来看：《贰臣传》所收人员均为在明末及降清后官职较高，功业显著，影响较大的官员，如李化熙、李若琳等。李化熙，在明朝官至四川巡抚，后任榆林三边总督，统理西征军务。入清任工部右侍郎，又转为工部左侍郎。不久升至刑部尚书，后晋太子太保。李若琳，明天启二年（1622）进士，官翰林院检讨。入清任翰林院检讨、擢左春坊左庶子，授少詹事，兼国子监祭酒。后改翰林院侍读学士，兼祭酒如故。迁礼部侍郎，进礼部尚书，加太子太保。谢升，明末历任北直隶三河县、遵化县、雄县以及河南滑县知县，升礼部主事。曾为太子讲书，历任吏部文选司郎中、太常寺少卿、太仆寺卿、吏部左侍郎、南京吏部尚书等，官至建极殿大学士兼吏部尚书，加少保兼太子太保。入清后，初授师钦知州，随命为建极殿大学士，兼吏部尚书。

第三，从分类来看：贰臣的官声、品行及业绩大相径庭，应区别对待。乾隆四十三年（1778）二月，乾隆皇帝再次下诏称："兹念诸人立朝事迹既不相同，而品之贤否邪正亦判然各异。岂可不为之分辨淄渑？"于是"著交国史馆总裁，于应入贰臣传诸人，详加考核，分为甲乙二编。俾优者瑕瑜不掩，劣者斧钺凛然。于以传信简编而待天下后世之公论，庶有合于春秋之义焉"（《清高宗实录》卷一千五十一）。

其次，《现代汉语词典》标准。对于"贰臣"，《现代汉语词典》的解释是："贰"意为"变节、背叛"；"贰臣"指"在前一朝代做了官，投降后一朝代又做官的人"①。

再次，食禄标准。即以是否享受明朝俸禄为标准。蒋寅在《遗民与贰臣：易代之际士人的生存或文化抉择——以明清之际为中心》对"贰臣"概念作了界定，指出："其界限在于食前朝俸禄与否。按当时通行的观念，食俸禄的范围下及生员阶层。"②

以上三种标准对贰臣的本质认识是一致的，即在前一代做官或者接受朝廷俸禄而变节事奉新朝的前代官员（士绅）。但是，三个标准涵盖的人员范围有所不同。就明清鼎革之际的贰臣而言，食禄标准最为宽泛，不仅将在明朝做过官吏的降清人员，甚至将食过明朝俸禄的生员也纳入贰臣范围。普通生员数量众多，社会影响较小，将他们纳入贰臣范围意义不大。而按照《现代汉语词典》的解释，以"是否在明清两朝做过官"为标准，比较公允。明清易代之际，明朝官员投降李自成起义军和清政府的可谓降者云集。清代学者温睿临曾在《南疆逸史》中指出："明之绅士，大约荣利禄，趋声势，私妻子是计耳"，"故闯至则降闯，献至则降献，一降不止则再，其目义士皆怪物耳!"③ 崇祯十七年（1644）三月十九日，李自成起义军入北京，明朝旧臣纷纷归降。二十一日"百官报名者甚众，以拥挤故，被守门长班用棍打逐。

① 中国社会科学院语言研究所词典编辑室编：《现代汉语词典》，商务印书馆，1992年，第291页。
② 蒋寅：《遗民与贰臣：易代之际士人的生存或文化抉择——以明清之际为中心》，《社会科学论坛》2011年第9期。
③ 孙福喜、丁海燕：《郑芝龙投降清原因析论》，《内蒙古师大学报（哲学社会科学版）》2001年第4期。

早起，承天门不开，露坐以俟，贼卒竞辱之，竟日无食"。^① 二十三日"百官囚服立午门外，约四千余人，凡遇贼党，咸强笑深揖"。^② 由此可知，明朝覆亡之际，百官为了保住性命和官位不惜变节投靠起义军。面对清廷的残酷杀戮与招抚诱降，降清的明朝官员何止百千，绝不止《贰臣传》所收的一百二十五人。《清史列传·贰臣传》在拟定人员名录时，选取职务较高、影响较大、功绩卓著的代表性官员，将官职较低、影响较小的官员排除在外。同时，对一些官声不佳、人品不良、政治态度反复不定甚至叛变的明朝旧臣，清政府于乾隆四十八年（1783）十月二十五日，谕示国史馆，用《贰臣传》例，编纂《逆臣传》，将他们列入其中，共计四十一人：

吴三桂、马宝、王屏藩、李本深、张国柱、杨遇明、杨富、蔡禄、杨来嘉、杨永清、曹申吉、罗森、吴之茂、陈洪明、崔之瑛、王辅臣、谭洪、谭天密、郑蛟麟、祖泽清、耿精忠、曾养性、刘秉政、刘进忠、尚之信、俨自明、孙延龄、马雄、马承荫、郭义、缐国安、姜瓖、李建泰、金声桓、章于天、李成栋、袁彭年、郑芝龙、刘泽清、马逢知、曹纶。

（二）《贰臣传》的人员名录

《贰臣传》分为甲乙两编，收录于《清史列传》第七十八、七十九两卷，共收录贰臣一百二十五人。

---

① 〔清〕计六奇:《明季北略》,中华书局,2016 年,472 页。
② 〔清〕计六奇:《明季北略》,中华书局,2016 年,473 页。

《贰臣传》甲编名录①：

刘良臣、刘泽洪、孙定辽、孔有德、王鳌永、王正志、徐一范、徐勇、郝效忠、马得功、李永芳、孟乔芳、张存仁、刘武元、祖可法、尚可喜、洪承畴、刘芳名、李国英、张勇、祝世昌、鲍承先、王世选、祖大寿、祖泽润、刘泽溥、祖泽洪、邓长春、耿仲明、全节、吴汝玠、宋权、王宏祚、李化熙、任濬、曹溶、卫周允、李鉴、胡茂祯、高第、孔希贵、张煊、徐起元、贾汉复、张天禄、张天福、马宁、常进功、卢光祖、高进库、霍达、吴六奇、陈世凯、田雄。

《贰臣传》乙编人员名录②：

孙得功、马光远、沈志祥、谢升、金之俊、胡世安、田维嘉、沈维炳、房可壮、刘汉儒、黄图安、高斗光、王永吉、王铎、王无党、左梦庚、许定国、赵之龙、梁云构、刘良佐、刘应宾、苗胙土、张凤翔、吴伟业、夏成德、冯铨、李若琳、谢启光、孙之獬、李鲁生、吴惟华、土国宝、鲁国男、陈之遴、刘正宗、周亮工、钱谦益、魏琯、潘士良、李犹龙、王之纲、任珍、梁清标、党崇雅、卫周祚、戴明说、刘余佑、龚鼎孳、刘昌、孙承泽、熊文举、薛所蕴、李元鼎、傅景星、叶初春、张若麒、唐通、董学礼、骆养性、陈之龙、柳寅东、方大猷、陈名夏、高尔俨、张忻、张端、白广恩、南一魁、张缙彦、孙可望、白文选。

---

① 王仲翰点校：《清史列传》卷七十八，中华书局，1987 年，第 6412—6520 页。
② 王仲翰点校：《清史列传》卷七十九，中华书局，1987 年，第 6523—6628 页。

这些贰臣分属于奉天、山东、直隶、山西、河南、陕西、甘肃、四川、湖北、江西、江苏、安徽、浙江、福建、广东、云南十六个省。其中，奉天二十六人，皆为武将；山东二十人，文臣十九、武将一人；直隶十八，文臣十人、武将八人；山西七人，文臣四人、武将三人；河南十一人，文臣八人、武将三人；陕西十六人，文臣三人、武将十三人；甘肃二人，皆为武将；四川三人，皆为文臣；湖北三人，文臣一人、武将二人；江西四人，皆为文臣；江苏六人，皆为文臣；安徽三人，文人二人、武将一人；浙江三人，皆为文臣；福建一人，为文臣；广东一人，为武将；云南一人，为文臣。

三、　清初山东籍贰臣概况及主要特征

（一）清初山东籍贰臣概况

《贰臣传》共收录贰臣一百二十五人，其中二十人来自山东，甲编三人，乙编十七人。而在这二十人之中，文官占十九人，全部为进士。甲编三人：淄川王鳌永，长山李化熙，益都任濬。乙编十七人：德州谢升，益都房可壮，堂邑黄图安，嘉祥高斗光，临清左梦庚，沂水刘应宾，堂邑张凤翔，新城李若琳，章丘谢启光，淄川孙之獬，沾化李鲁生，安丘刘正宗，寿光魏琯，济宁潘士良，胶州张若麒，掖县张忻、张端父子。

为全面了解清初山东籍贰臣顺逆取舍的时代背景与历史原因，客观公正评价他们在易代之际的政治选择与功过是非，根据

《清史列传·贰臣传》记载，结合各地县志与文化世家族谱，将
清初山东籍贰臣的生平履历整理如下。

1. 王鳌永（1588—1644），字克巩，号蘅皋，又号涧溯，山
东临淄（今淄博市淄川区罗村镇鸾桥村）人。明天启五年
（1625）进士，累官至郧阳巡抚。崇祯时，张献忠犯兴安，鳌永
防江陵。大学士杨嗣昌督师，好自用，每失机宜，鳌永尝规之，
不听，遂奏罢鳌永。鳌永上书参奏，不报。后嗣昌败，授户部右
侍郎。崇祯年间曾任佥都御史，通州巡抚，督治通州军务。李自
成攻陷北京时，被抓下狱，输银得释。

顺治元年（1644）五月归降清廷，六月升为户部侍郎兼工部
侍郎，招抚山东、河南。举荐方大猷、张慎言、谢升等明朝旧臣
四十余人。[①] 八月，"启荐故明工部尚书曹珖、刑部侍郎潘士良、
总漕郭尚友"。数月之间，济南、东昌、泰安、兖州、青州等地
方先后归顺清廷。降明德王朱由栎、衡王朱由棷。[②] 同时，积极
为清政府应对时局建言献策。南明弘光政权建立后，王鳌永就向
清廷密报，称："近闻南中已拥立福王，改元弘光。以史可法为
内阁，封总兵刘泽清、刘良佐、黄得功、高杰等分据各镇。江北
之地，彼所必争，请亟补镇臣，移驻曹单，控扼淮徐。"[③]

---

① 《清实录》第三册《世祖章皇帝实录》卷六，中华书局影印，1985年，第
67页。
② 《清实录》第三册《世祖章皇帝实录》卷六，中华书局影印，1985年，第
67页。
③ 《清实录》第三册《世祖章皇帝实录》卷六，中华书局影印，1985年，第
68页。

先是刘泽清旧部杨威踞登州、莱州为乱。鳌永请兵围绕，并先赴青州备刍饷。时山东乱军并起，青州空虚，李自成裨将赵应元趁机假降，占领青州，鳌永被缚，骂贼不屈，遂遇害。①"后月余，将军哈哈木率师复城，擒斩赵应元，迎榇归家，赠户部尚书，赐祭葬。"（清康熙《淄川县志·忠节传》）

2. 李化熙（1593—1669），山东长山人。明崇祯七年（1634）进士，先后任湖州府推官、河间府推官，累迁天津兵备道，擢四川巡抚，改调陕西总督。孙传庭战死潼关后，擢李化熙为兵部右侍郎，总督三边，但未能成行。李自成陷京师，李化熙率所部就食于家。顺治元年（1644）八月，李化熙及副将赵旗鼓降清。②九月，授工部右侍郎。十月，向清廷举荐故明官员副都御史窦毓祥、太仆少卿刘徽等，获酌量任用。顺治二年（1645）四月，"转工部右侍郎李化熙为左侍郎"③。顺治四年（1647）四月，兼兵部侍郎。顺治六年（1649）十月，加右都御史衔。顺治八年（1651）八月，晋太子太保。顺治九年（1652）十月，升为刑部尚书。顺治十年（1653）四月，上奏"慎刑五事"，对恤刑、死刑、秋决、热审等司法问题提出建议。后以母老乞归。康熙八年（1669）卒。④

---

①　王钟翰点校：《清史列传》卷七十八，中华书局，1987 年，第 6419—6420 页。
②　《清实录》第三册《世祖章皇帝实录》卷六，中华书局影印，1985 年，第 69 页。
③　《清实录》第三册《世祖章皇帝实录》卷十五，中华书局影印，1985 年，第 135 页。
④　王钟翰点校：《清史列传》卷七十八，中华书局，1987 年，第 6489—6490 页。

3. 任濬（1595—1656），字海王，号汶水，山东益都（今博山区南博山镇下庄村人）。明崇祯四年（1631年）进士，崇祯十二年（1639）任河南监军御史，总督豫楚。累官兵部右侍郎，兼右佥都御史。李自成陷京师，任濬被俘不屈，后逃脱。顺治元年（1644），因兵部侍郎刘余佑的推荐，清廷授任濬户部右侍郎职，督理钱法。母死守制，期满补原官。不久授仓场侍郎，加右都御史衔。顺治十年（1653）正月，任濬上疏对清初律法存在的问题作了详细梳理并就量刑、处决等方面存在的问题提出应对策略，称："律多不备，例出随时添注，殊欠折衷。又八旗事多用靠例，如律杀人者抵，而例有义愤自首减免之条；给主埋葬，而例有赔人之条；盗贼未获赃，而例有追产赔主之条；律有五刑，而例自大辟以下，皆止鞭一百。如此类颇多，律例不符，满汉互异。乞皇上敕满汉堂官专领其事，慎选司员一一商榷，疑难者请旨裁定，靠例可更者一准于律，不可更者即载入律条，著为令。又大辟有立决、监候两等，按律所言，决不待时，谓不待秋决，非谓招成不待覆奏，即处决也。查《会典》凡在外绞斩凌迟监候者，依期俱差官处决，如有决不待时，重囚详议具奏。即差官前去审决，盖恐立决中尚有疑情，可临时三覆详慎人命。嗣后凡奉旨依拟立决在内者，三法司仍会审覆奏行刑，在外者宜复差官审决例，庶无冤滥。"① 清廷采纳了任濬的建议。顺治十一年（1654）擢刑部尚书。后以年老致仕，顺治十三年（1656）正月因病去

---

① 王钟翰点校：《清史列传》卷七十八，中华书局，1987年，第6490—6491页。

世。著有《十三经注疏序》《皇明经世文编序》等传世。

4. 谢升（？—1645），字伊晋，号青墩，山东德州人。明万历三十五年（1607）进士。先后任三河、遵化、雄、滑四县知县，擢礼部主事。天启间，迁吏部文选司郎中。崇祯初，选太常寺少卿，迁至吏部尚书。崇祯十三年（1640）晋太子少保，改礼部尚书，兼东阁大学士。崇祯十五年（1642）春正月辛未朔，上朝毕，崇祯"召周延儒、贺逢圣、谢升入殿"，称"古圣帝明王皆崇师道，卿等乃朕之师，宗社奠安允惟诸先生是赖"。① 后因礼科给事中倪仁桢、吏科给事中朱徽、户科给事中廖国遴参奏其妄议朝政、诋毁崇祯帝而被劾削籍。② 顺治元年（1644）正月，清廷招抚山东。六月，谢升在家乡组织乡兵杀大顺军所置官吏，上表请降，抨击李自成罪恶，称"闯贼李自成肆逆逞暴，神人同愤"，称颂清廷"浩荡仁恩，有逾再造"。同年八月至京，以建极殿大学士原衔官吏部尚书事，不久，皇帝命他与诸大学士共理机务。顺治二年（1645）正月，以病乞假。二月，病死，赠太傅，谥清义。③ 民国版《德县志》中没有专门传记，其事迹附见于其父谢廷策传记中，称："子升，字伊晋，万历丁未进士，官至光禄大夫左柱国少傅兼太子太傅吏部尚书建极殿大学士，初，徵拜

① 台湾"中央研究院"历史语言研究所：《明实录·崇祯实录》卷十五，1962年，据嘉业堂旧藏钞本影印，第421页。

② 台湾"中央研究院"历史语言研究所：《明实录·崇祯实录》卷十五，1962年，据嘉业堂旧藏钞本影印，第428页。

③ 王钟翰点校：《清史列传》卷七十九，中华书局，1987年，第6527—6528页。

为左柱国内院大学士少傅兼太子太傅吏部尚书，卒于官，赠太师，谥清义。"①

5. 房可壮（1578—1653），字阳初，一字海客，山东益都（今青州）人。明万历三十五年（1607）进士，授御史。魏忠贤当政时，因与东林党人关系密切，又联名参奏魏忠贤②，被贬黜，为此下狱，几乎被杀。康熙《益都县志》记载，"既入西台，益以澄清为任，纠弹奸邪，不遗余力，直声大著"。③ 魏党事败，起用被迫害诸臣，可壮官复原职。后仕途屡经沉浮，历任河南布政使、南京吏部郎、尚宝寺卿、太仆寺少卿、光禄寺卿、副都御史，因廷举阁臣有挟私之议，庄烈帝怒，可壮被削籍。崇祯十二年（1639），衡王府派卫士抓捕监察御史房可壮。清益都人冯钤在《蕉砚录》中记载："衡藩在青郡，大为民害。即窝盗一端，亦已甚矣。房安恪公，才高志广，不避权贵。尝有盗，直诣衡府索之，遂与相恶。时公以御史家居，王以他事讦之，遂被逮。公素奉佛虔诚，将行，梦佛语之曰：'迟迟其行'，公信之，缘复缓数日，未至卢沟桥而京师陷，乃免。"

顺治元年（1644）六月，王鳌永招抚山东，房可壮率乡人杀

---

① 李树德修，董瑶林纂：《民国德县志》卷十，收入《中国国地方志集成·山东府县志辑》，凤凰出版社、上海书店、巴蜀书社，2004 年，第 298 页。

② 房可壮有奏疏十三篇，其中三篇为参奏魏忠贤及其党羽的奏疏。这些奏疏天启间有刻本，后多散佚，世所罕见。民国年间，房氏后人房丕明出自藏本，奏疏十三篇再次得以面世。

③ ［清］陈食花修，钟锷等纂：康熙《益都县志》，台湾成文出版社有限公司，据清康熙十一年刊本影印，1976 年。

死大顺政权的益都县令，上表归附。顺治三年（1646）二月，授大理寺卿，上疏奏请严格"大理覆核会"之能。十一月擢刑部右侍郎。五年（1648），转为左侍郎。六年（1649），加右都御史衔。八年（1651），加太子太保。十月，以右都御史管左副都御史事。九年（1652）三月，升左都御史。参奏江南华亭知县周世昌、山东临朐知县童本胡苛敛浮征，事下所司，鞫实褫职。后以衰老乞归。顺治十年（1653）十月，"致仕太子太保、都察院左都御史房可壮卒"①，"赠少保，荫一子入监"。②

6. 黄图安（？—1659），字四维，山东堂邑（今山东省聊城市东昌府区）人。明崇祯十年（1637）进士，授推官，升吏部主事，迁员外郎。不久，授易州道。顺治元年（1644）五月，率属归顺，授原官。因镇抚巨盗李联考有功，擢甘肃巡抚。三年（1646）六月，调宁夏巡抚。八月因屡次"疏请终养"，谕部察议以西陲多事"借端规避"为由，革职。九年（1652）四月，以佥都御史巡抚用。十一年（1654）二月，复授宁夏巡抚。十三年（1656）上疏言宁夏屯粮兵饷之事。十四年（1657），加副都御史衔。十六年（1659），因受济南知府贾一奇牵连，降五级调用，寻卒。③

7. 高斗光，字星垣、拱辰，山东嘉祥（今山东省嘉祥县卧龙

---

① 《清实录》第三册《世祖章皇帝实录》卷七八，中华书局影印，1985 年，第618 页。

② 王钟翰点校：《清史列传》卷七十九，中华书局，1987 年，第6536 页。

③ 王钟翰点校：《清史列传》卷七十九，中华书局，1987 年，第6538—6539 页。

山镇酒庄村）人。明万历四十七年（1619）进士。万历四十八年（1620），任河南开封府尉氏县知县；天启四年（1624），任直隶顺德府南和县（现河北省邢台市南和县）知县。《南和县志》称他：在官慈善清廉，不苛下、不媚上，吏治澄清，盗贼屏迹，普均水利，裁革行户，施药积谷，以济困穷，升应天府经历，民攀辕泣送百余里，建生祠三处。后历任南京都察院经历司经历、南京户部福建清吏司员外郎、直隶保定府知府兼密云兵备副史、整饬密云兵备道、延绥巡抚兼都察院右金督御史等职。崇祯十五年（1642），因败于张献忠农民起义军，被逮治。崇祯十七年（1644），遭戍出狱。顺治二年（1645），被举荐，任偏沅巡抚，兵部右侍郎兼都察院右副都御史。顺治四年（1647），"坐将蓄发重犯不行特参降二级调用"①。顺治五年（1648），遭疏劾，革职督抚。是年致仕，寻卒。②

8. 左梦庚（？—1654），山东临清人，其父为明宁南伯左良玉，《明史》有传。左良玉最初在辽东与清军作战，曾受侯恂提拔。后在镇压农民起义军的战争中，不断扩大部队，拜"平贼"将军。崇祯十七年（1644）三月被封为宁南伯后，左良玉以"平贼将军"印授左梦庚。李自成陷京师，南明弘光帝朱由崧在南京登基，左良玉又晋为侯爵，镇武昌。顺治二年（1645），清英亲王阿济格逐李自成至九江，左梦庚遂于东流县（今安徽东至县

---

① 《清实录》第三册《世祖章皇帝实录》卷三四，中华书局影印，1985 年，第 280 页。
② 王钟翰点校：《清史列传》卷七十九，中华书局，2017 年，第 6539—6540 页。

境）率众迎降。并上表奏请安顿部将张应祥、徐恩盛、郝效忠、金声桓、常登、徐勇、吴学礼、张应元、徐育贤等。顺治五年（1648），追叙投诚功，授一等子爵。顺治六年（1649），跟从英亲王阿济格讨大同守将姜瓖，城破屠城。顺治十一年（1654）卒，谥庄敏。①

9. 刘应宾（1588—1660），字元桢，别号思皇，山东沂水人。明万历四十年（1612）举人，万历四十一年（1613）进士。初任河北赞皇县令，在任两年，抚按交章推荐调为畿南巨邑南宫县县令。明熹宗年间，调吏部稽勋司任郎中。魏忠贤当政时，为避党争，回到老家避祸。崇祯九年（1636），起用为验封司郎中，继而转到文选司。李自成陷京师，刘应宾南逃，福王授以通政使。顺治二年（1645）五月，清世祖击败李自成，迁都燕京（北京），命令豫王南征，奄定金陵，刘应宾投诚。七月，擢安庐池太巡抚。后来在扬州侨居 10 年。顺治十三年（1656）秋，洪承畴以刘应宾"衰颓不职，不能为地方兴利除害，滥给武职札付，致奸人藉作护符，假公肆扰"② 对其进行弹劾。刘应宾革职回乡，顺治十七年（1660）病故。

10. 张凤翔，山东堂邑人。明万历二十九年（1601）进士，授广平府推官，寻擢给事中。天启年间，累迁兵部侍郎，巡抚保定。崇祯元年（1628），改吏部左侍郎，次年改工部尚书。十一

---

① 王钟翰点校:《清史列传》卷七十九,中华书局,1987 年,第 6544—6545 页。

② 王钟翰点校:《清史列传》卷七十九,中华书局,1987 年,第 6549 页。

月，京师戒严，以军械不备，下狱。崇祯四年（1631）四月，因久旱言者请缓刑，张凤翔得免死，戍边卫。不久召还，授兵部侍郎。李自成陷京师，凤翔受拷掠，乘隙归里。不久，至福建，为明唐王朱聿键浙直总督。顺治三年（1646）张凤翔降清，授户部右侍郎。顺治五年（1648），改吏部左侍郎。顺治八年（1651），升任工部尚书，同年加太子太保。顺治十年（1653）正月乞休。顺治十四年（1657），卒。

11. 李若琳（？—1651），山东新城人，明天启二年（1622）进士，官翰林院检讨。① 清顺治元年（1644）五月，投诚，授原官。七月擢左春坊左庶子，"启荐故明词臣陈其庆、韩四维、林增志、高尔俨、张悬锡、成克鞏等"。② 十月"改授翰林院侍读学士，管国子监祭酒事"③。顺治二年（1645）正月，奏请更孔子神牌。四月，升"内翰林弘文院学士翰林院侍读学士，掌院事"④。五月充修《明史》副总裁官。七月授礼部左侍郎。顺治五年（1648），"李若琳为礼部尚书"⑤。顺治六年（1649），加太子太保。顺治八年（1651），顺治帝亲政，以交结冯铨，朋比为

---

① 赵尔巽等撰：《清史稿》卷二百四十五，中华书局，1977年，第9633页。

② 《清实录》第三册《世祖章皇帝实录》卷六，中华书局影印，1985年，第69页。

③ 《清实录》第三册《世祖章皇帝实录》卷一一，中华书局影印，1985年，第106页。

④ 《清实录》第三册《世祖章皇帝实录》卷一五，中华书局影印，1985年，第139页。

⑤ 《清实录》第三册《世祖章皇帝实录》卷三九，中华书局影印，1985年，第314页。

奸，被革职为民，永不叙用。罢归，不久死去。①

12. 谢启光（1577—1658），山东章丘人。万历三十五年（1607）进士，授吏部验封司郎中。天启二年（1622），升任南京大理寺右寺丞、南京大理寺寺正。天启五年（1625），升任左寺丞、南京兵部侍郎。崇祯元年（1628），升任刑部左侍郎、大理寺右寺丞，官至南京兵部左侍郎。明亡后降清。顺治元年（1644），授总督仓场户部左侍郎。顺治五年（1648），"谢启光为户部尚书"②。顺治六年（1649），加太子太保。顺治八年（1651）闰二月，改工部尚书。后因故革职为民，永不叙用。顺治十年（1653）十二月，诏来京起用。不久以原官太子太保、工部尚书致仕。顺治十五年（1658），死。③

13. 孙之獬（？—1647），山东淄川人。明万历四十三年（1615）中举，天启二年（1622）进士，改庶吉士，授翰林院检讨。父丧守制，期满擢翰林院侍讲。天启七年（1627），受命典试顺天乡试。曾依附阉党魏忠贤，谗事崔呈秀。《明史》载："子铎不能文，属考官孙之獬，获乡荐。"④ 其行事为明末士林所不齿。崇祯初，阉党事败，魏忠贤、崔呈秀先后畏罪自缢而亡。魏党既败，廷臣请毁《三朝要典》，之獬独诣阁痛哭力争，遂入逆

---

①　王钟翰点校：《清史列传》卷七十九,中华书局,1987 年,第 6560 页。
②　《清实录》第三册《世祖章皇帝实录》卷三九,中华书局影印,1985 年,第 314 页。
③　王钟翰点校：《清史列传》卷七十九,中华书局,1987 年,第 6561—6562 页。
④　［清］张廷玉等撰：《明史》卷三百六,中华书局,1974 年,第 7849 页。

案，削籍归。《明实录》记载："（崇祯元年）五月辛酉朔，孙之
獬言《要典》必不可毁，泣诉于朝。御史吴焕对君无礼，遂引疾
去。"① 《明史·倪元璐传》记载："侍讲孙之獬，忠贤党也。闻
之，诣阁大哭，天下笑之。"② 《清史稿·孙之獬传》也称其"以
争毁《三朝要典》入逆案，削籍"。③ 清顺治元年（1644）五月，
王鳌永招抚山东时，"之獬率土归顺"。十一月，任礼部右侍郎。
顺治二年（1645），清政府任命孙之獬为兵部尚书兼都察院右副都
御史、翰林院侍读学，前往江西招抚。数月内，招抚十一府。后因
受冯铨贿，擅加副将高进库、刘一鹏总兵衔等事被参奏，"部议之
獬久任无功，市恩沽誉，应革职为民，诏如议"④。孙之獬被革职
为民。顺治四年（1647）六月，居家淄川，为山东抗清武装杀死。
山东巡抚张儒秀为请恤，下吏部核议，不予抚恤。

14. 李鲁生，山东沾化人。明万历四十一年（1613）进士，
历任鱼台、邯郸、祥符、仪封知县，擢兵科右给事中。天启初，
投靠魏忠贤，列"十孩儿"之一，曲言奉承，陷害忠良。后转左
给事中。天启七年（1627），晋太仆寺少卿衔。阉党事败，李鲁
生又欲攀附清流，因给事中顾继祖、御史张三谟等人交章参奏，
揭发其罪行，入逆案第三等。谪山西平定州。遇李自成之乱，遁

① 台湾"中央研究院"历史语言研究所：《明实录·崇祯实录》卷一，1962 年，
据嘉业堂旧藏钞本影印，第 14—15 页。
② ［清］张廷玉等撰：《明史》卷二百六十五，中华书局，1974 年，第 6839 页。
③ 赵尔巽等撰：《清史稿》卷二百四十五，中华书局，1977 年，第 9633 页。
④ 王钟翰点校：《清史列传》卷七十九，中华书局，1987 年，第 6563—6564 页。

归故里。顺治元年（1644）六月，率众斩杀大顺沾化知县李调鼎，受王鳌永招抚，十月授顺天府丞。顺治二年（1645）七月，迁府尹。顺治三年（1646）五月，以年老乞休。后因受到曹溶贪腐案牵连，贬为庶民，不久死去。①

15. 刘正宗（1594—1661），山东安丘人。明崇祯元年（1628）进士，授翰林院编修。顺治二年（1645），因山东巡抚李之奇举荐，授国史院编修。顺治六年（1649），迁侍讲。顺治九年（1652），由弘文院侍读学士，迁秘书院学士。顺治十年（1653）五月，擢吏部右侍郎兼秘书院学士。继而为弘文院大学士。十一月加太子太保，管吏部尚书事。顺治十四年（1657）晋少傅兼太子太傅。顺治十五年（1658），改文华殿大学士。顺治十六年（1659），顺治帝以正宗"器量狭隘，终日诗文自务"，降旨严饬。顺治十七年（1660）六月，左都御史魏裔介等先后奏劾刘正宗阴险欺罔诸罪。遂以性情暴戾、持论偏私、刚愎乖张等罪，被处革职，籍其家产一半归入旗下，不许回籍。次年，顺治帝死后念其年老，特予宽免。不久，病死。②

16. 魏琯（？—1654），山东寿光人。明崇祯十年（1637）进士，官御史。顺治二年（1645）二月，因御史傅景星的举荐，授以湖广道御史。同年五月，巡按甘肃，上疏建议恢复明朝马市，以柔远人，资蓄息。顺治四年（1647），任江宁学政。顺治

---

① 王钟翰点校：《清史列传》卷七十九，中华书局，1987 年，第 6564—6565 页。
② 王钟翰点校：《清史列传》卷七十九，中华书局，1987 年，第 6572—6574 页。

七年（1650），掌河南道事。顺治九年（1652），升顺天府府丞。顺治十年（1653）五月，迁大理寺卿。因屡次请求从宽惩处逃人及窝主，触怒顺治帝，后被革职流徙盛京。不久，死于辽阳。顺治十七年（1660），顺治帝以瑄情罪尚轻，宽免其家人，使回归故里。①

17. 潘士良（？—1646）山东济宁人。明万历四十一年（1613）进士，历任江西道御史、苏松巡按御史、太仆寺少卿、南京光禄寺卿、大理寺卿、南京刑部右侍郎、刑部右侍郎等职。顺治二年（1645），因王鳌永举荐，授兵部右侍郎，抚治郧阳。顺治三年（1646）三月，流贼余党李锦进犯荆州，刘体纯围邓州，潘士良分兵击之，降贼三千余人。八月，剿土贼陈蛟，散其众。十二月，因湖广总督罗绣锦弹劾被革职遣返。不久死于家。②

18. 张若麒，字天石，张若獬之弟，山东胶州人，漕汶张氏之十四世孙。崇祯四年（1631）进士，初任清苑县知县。崇祯七年（1634）迁任永平府卢龙县知县。十一年（1638），考选授给事中，改刑部主事。后卷入南北两地的官员派系斗争，弹劾黄道周。于是由刑部主事调任兵部职方司主事。继而，升兵部职方司郎中。崇祯十四年（1641），张若麒为锦州前线监军，督促洪承畴进兵，结果松山一战，明军大败，损失惨重。崇祯十五年（1642）四月壬戌，

---

① 王钟翰点校：《清史列传》卷七十九，中华书局，1987 年，第 6578—6580 页。
② 王钟翰点校：《清史列传》卷七十九，中华书局，1987 年，第 6580—6581 页。

"南京御史米寿图请诛张若麒以谢天下""是秋张若麒下狱论死"。①

　　由于陈新甲的庇护，若麒免于罪责。崇祯十五年（1642）二月，松山城被清军攻破，洪承畴被俘降清，张若麒逃回京师，被弹劾下狱。崇祯十七年（1644）三月二十九日，大顺军占领北京，张若麒请降，为大顺尚书并劝降驻守山海关的吴三桂。顺治元年（1644），多尔衮定京师，张若麒迎降，任顺天府丞，暂管府尹事。七月，请兵剿其乡之贼寇，分任登、莱、青三府。九月，若麒上疏请为父丁忧，皇上降旨解任，在京守制。顺治二年（1645）四月，请假葬父，准。顺治五年（1648）九月，起补顺天府丞。顺治七年（1650）升迁大理寺少卿。不久又升太常寺卿，管理太仆寺卿事。顺治九年（1652）四月提拔为通政使（三品），八月因母病乞假归省。顺治十年（1653）三月，以母病未愈，加之自身患病，乞在籍调理。顺治十三年（1656）以久病休致，死于家。

　　19. 张忻，字静之，号北海，山东掖县人。明天启五年（1625）进士，初任河南夏邑知县，期满考核，授吏部主事，累迁太常寺卿。崇祯时，官刑部尚书。李自成陷京师，张忻归降。顺治二年（1645），因天津总督骆养性举荐，授兵部左侍郎，兼右副都御史，巡抚天津。顺治四年（1647），静海土寇作乱，张忻坐饬防不密，丧师掩饰，降二级调用。不久以病致仕。顺治十五年

---

　　① 台湾"中央研究院"历史语言研究所：《明实录·崇祯实录》卷十五，1962年，据嘉业堂旧藏钞本影印，第 430 页。

(1658)，死。①

20. 张端（1617—1654），张忻之子，山东掖县人。明崇祯十六年（1643）进士，改庶吉士。李自成入京师，端与父忻皆降。顺治初，忻以养性荐，授天津巡抚。端亦以荐授弘文院检讨。三迁为礼部侍郎。顺治十年（1653），授国史院大学士。顺治十一年（1654），死，赠太子太保，谥文安。②

因为《清史列传·贰臣传》收录的贰臣多为职务较高、影响较大的降清官员，数量有限。实际上，明清之际降清的明朝官员远不止这些。山东籍贰臣也不止上文中提到的二十位。另如山东曹州人刘泽清③、山东益都人孙廷铨、山东沾化人李呈祥等，虽未被列入《贰臣传》，亦当在贰臣之列。

孙廷铨（1613—1674），山东益都人，明崇祯进士。清顺治元年（1644）降清，任天津推官。顺治二年（1645），升任吏部主事。顺治三年（1646），担任陕西乡试正考官。顺治十年（1653），授户部侍郎。顺治十二年（1655），任兵部尚书。转年，调户部尚书。顺治十四年（1657），疏言招民开垦山东、河南荒地。顺治十五年（1658）六月，调任吏部尚书。次年，吏胥因缘为奸，孙廷铨被言官疏劾其为官吏蒙蔽，遭降级处分。康熙二年（1663），拜秘书院大学士。康熙三年（1664）十一月，以病解

---

① 王钟翰点校：《清史列传》卷七十九，中华书局，1987 年，第 6617—6618 页。
② 王钟翰点校：《清史列传》卷七十九，中华书局，1987 年，第 6618 页。事迹亦载于《清史稿》卷 238 列传二十五。
③ 刘泽清被列入《清史列传·逆臣传》。

任，回籍休养。康熙十三年（1674），病逝于家，终年六十二岁。

李呈祥（？—1688），字吉津，山东沾化人。明崇祯进士，选庶吉士。降清后，授编修，后官至少詹事。清顺治十年（1653）二月，条陈部院衙门应裁去满官，专用汉人。受到上谕大学士洪承畴等的驳斥。副都御史宜巴汉等因劾呈祥，夺官，下刑部，坐呈祥巧言乱政，论斩，上命免死，流徙盛京。居八年，至是命释还，诣京师疏谢，遂还里。康熙二十七年（1688），病死。

表 4.1　　　　　　　　　**清初山东籍贰臣名录①**

序号	地区	姓名	在明经历	归降时间、方式	入清主要事迹	结局
1	山东临淄	王鳌永	明天启五年进士，累官郧阳巡抚，后授户部右侍郎，复出任通州巡抚。李自成陷京师，鳌永被拷索，输银乃释	顺治元年五月投诚	顺治元年六月，令以户部侍郎兼工部侍郎衔，招抚山东、河南。绥缉山东郡县，剿余贼。八月疏报济南、东昌、泰安、兖州、青州诸属邑，俱归顺。又遣官招降彰德、卫辉、怀庆、开封、归德五府，赍明德王朱由栎、衡王朱由椒降表以闻	顺治元年十月，为李自成裨将李应元所杀。清廷以王鳌永"招抚著劳，尽节死难"，赠户部尚书，赐祭葬如例。授其子樛骑都尉世职。后停袭。乾隆十五年，特予恩骑尉，世袭罔替，以鳌永四世孙作亮袭

①　史料来源于《清史列传》卷七十八《贰臣传甲》、卷七十九《贰臣传乙》。

（续表）

序号	地区	姓名	在明经历	归降时间、方式	入清主要事迹	结局
2	山东长山	李化熙	明崇祯七年进士，选湖州府推官，丁忧服阙，补河间府推官。累迁天津兵备道，擢四川巡抚，改调陕西总督。继而擢兵部右侍郎，总督三边。不久李自成攻陷京师	顺治元年八月遣游击吴伸上疏归诚。同时天津总督骆养性亦荐其才，乞赐征用	顺治元年九月授工部右侍郎；二年，转左侍郎；四年四月，兼兵部侍郎；六年十月，加右都御史衔。八年八月，晋太子太保；九年十月，擢刑部尚书	后以母老乞终养，允之。康熙八年，卒，赐祭葬如例
3	山东益都	任濬	明崇祯四年进士，累官兵部右侍郎，兼右金都御史。李自成攻陷京师，任濬被俘，不屈，被释放	顺治元年经兵部左侍郎刘余佑举荐入清	授户部右侍郎，督理钱法。二年，乞假省亲。八年，丁忧服阙，补原官。寻授仓场侍郎，加右都御史，迁刑部尚书	顺治十一年二月以年老致仕。十三年，卒。赐祭葬如例
4	山东德州	谢升	明万历三十五年进士，历知三河、遵化、雄、滑四县，除礼部主事。天启时，迁吏部文选司郎中。崇祯初，选太常寺少卿。累迁至南京吏部尚书。崇祯十三年晋太子（转下页）	顺治元年六月，上表归降	命以建极殿大学士原衔管吏部尚书事。二年正月，升以疾剧乞假	顺治二年二月，卒。赠太傅，荫一子，赐祭葬如例，谥清义

（续表）

序号	地区	姓名	在明经历	归降时间、方式	入清主要事迹	结局
			（接上页）少保，改礼部尚书，兼东阁大学士，又加少保，加太子太保，改吏部尚书，兼建极殿大学士。后获罪罢免			
5	山东益都	房可壮	明万历三十五年进士，授御史。屡遭贬斥，崇祯十五年削籍归	顺治元年六月，率乡人杀起义军所置益都令，奉表投诚。另有多名官员推荐	顺治三年二月，授大理寺卿；十一月，擢刑部右侍郎。五年转刑部左侍郎。六年，加右都御史衔。八年八月，加太子太保；十月，以右都御史管左副都御史事。九年三月，迁左都御史；是年致仕	顺治十年十月，卒于家，赠少保，荫一子入监
6	山东堂邑	黄图安	明崇祯十年进士，由推官内升吏部主事，迁员外郎。寻授易州道	顺治元年五月，率所属投诚	命仍原官。顺治二年四月，擢甘肃巡抚，图安以母老疏辞。顺治三年六月调宁夏巡抚。八月复疏请终养，谕部察议以西陲多事，借端规避，革职。顺治四年三月，追议认为黄图安服式违制，已革职，永不叙用。十一年二月，复授宁夏巡抚；十四年，加副都御史衔，荫一子入监	后因给事中姚延启弹劾，降五级调用。寻卒

（续表）

序号	地区	姓名	在明经历	归降时间、方式	入清主要事迹	结局
7	山东嘉祥	高斗光	明万历四十七年进士。天启间，任直隶南和县知县，迁保定府知府。崇祯末擢凤阳总督，后因抵抗张献忠不力被罢遣	顺治二年锦衣卫百户危列宿奏荐归顺	授偏沅巡抚。顺治四年因生员蓄发事被降两级调用	顺治五年，遭疏劾，革职督抚。是年致仕，寻卒
8	山东临清	左梦庚	其父为平贼将军左良玉。崇祯十七年，左良玉被封为宁南伯，以平贼将军印授梦庚。福王立于南京，左良玉晋为侯爵	顺治二年闰六月，在九江率众投降	隶正黄旗汉军。五年，授一等子爵。六年，擢本旗汉军都统	顺治十一年，卒。赐祭葬。谥庄敏
9	山东沂水	刘应宾	明进士，官吏部郎中。李自成攻破京城，刘应宾南逃，福王授以通政使	顺治二年五月，清兵下江南，刘应宾投诚	顺治二年七月，擢安庐池太巡抚	顺治十三年，因洪承畴弹劾，革职。寻卒

（续表）

序号	地区	姓名	在明经历	归降时间、方式	入清主要事迹	结局
10	山东堂邑	张凤翔	明万历二十九年，除广平府推官，寻擢给事中。天启中，累迁兵部侍郎，巡抚保定。因东林党事罢免。崇祯初复故官。崇祯二年，迁工部尚书，十一月以军械不备下狱。四年，免死，戍边卫。寻召回，授兵部侍郎。十七年，李自成入京。凤翔受拷掠，后逃脱。后至福建，唐王朱聿键授浙直总督	顺治三年在福建投诚	授户部右侍郎。顺治五年七月调吏部左侍郎。八年闰二月，擢工部尚书，是年遇恩诏，加太子太保	顺治十年正月，乞休，诏乘驿回籍。十四年，卒。祭葬如例
11	山东新城	李若琳	明天启二年进士，官翰林院检讨	顺治元年五月投诚	顺治元年五月授原官；七月擢左春坊左庶子；十月实授少詹事，监管国子监祭酒。二年四月，迁弘文院学士；七月授礼部左侍郎。五年，迁礼部尚书。六年，恩诏加太子太保。八年，罢归	顺治八年，卒

（续表）

序号	地区	姓名	在明经历	归降时间、方式	入清主要事迹	结局
12	山东章丘	谢启光	明万历三十五年进士，累官南京兵部左侍郎。崇祯十七年，募壮丁抵抗农民起义军	顺治元年十月投诚	授总督仓场户部侍郎。五年七月，擢户部尚书。六年，遇恩诏，加太子太保。七年四月，降二级，罚俸一年。八年闰二月，调工部尚书。寻革职为民，永不叙用。十年十二月，诏来京起用	顺治十一年三月，准以太子太保、工部尚书致仕。十五年，死。祭葬如例。谢琮：顺治拔贡，谢启光之孙，谢世箕之子
13	山东淄川	孙之獬	明天启二年进士，改庶吉士，授翰林院检讨。七年，充顺天乡试正考官，舞弊录取崔呈秀之子。后因谄事魏忠贤，削籍归	顺治元年五月，侍郎王鳌永招抚山东，孙之獬归顺	顺治元年十一月擢礼部右侍郎。二年六月，以兵部尚书衔招抚江西。三年，因久任无功，市恩沽誉，革职为民	顺治四年六月，为谢迁起义军所杀。与其孙兰滋、兰蒻等男女七人并遇害
14	山东沾化	李鲁生	明万历四十一年进士，历知鱼台、邯郸、祥符、仪封四县，擢兵科右给事中。后谄事魏忠贤，为"十孩儿"之一。魏党事败，入逆案第三等，谪山西平定州。遇李自成起义军，遁回乡里	顺治元年六月，偕同乡人斩李自成所置沾化知县李调鼎，受王鳌永招抚，被推荐入清	顺治元年十月，授顺天府丞。二年七月，迁府尹。三年五月，以年老乞休，允之	因贡生王镇远事被贬为民，寻死

（续表）

序号	地区	姓名	在明经历	归降时间、方式	入清主要事迹	结局
15	山东安丘	刘正宗	明崇祯元年进士，授翰林院编修	顺治二年以山东巡抚李之奇奏荐	顺治二年，起授国史院编修。六年，迁侍讲。九年，由弘文院侍读学士迁秘书院学士。十年五月，擢吏部右侍郎兼秘书院学士；闰六月，命为弘文院大学士；十一月加太子太保，管吏部尚书事。十四年，晋少傅兼太子太傅。十五年，改授文华殿大学士。十七年，应诏自陈乞罢，不允。后因魏裔介等参劾，革职追夺诰命，籍家产一半归入旗下，不许回籍	顺治十八年，病死
16	山东寿光	魏琯	明崇祯十年进士，官御史	顺治二年二月，以御史傅景星荐，授湖广道御史	顺治元年五月，巡按甘肃。四年，任江宁学政。七年，还京，掌河南道事。九年，擢顺天府府丞。十年五月，迁大理寺卿。后因"逃人"之事降三级调用	死于辽阳

（续表）

序号	地区	姓名	在明经历	归降时间、方式	入清主要事迹	结局
17	山东济宁	潘士良	明万历四十一年进士，累官刑部右侍郎	顺治二年因王鳌永荐，起补兵部右侍郎，奉命抚治郧阳	顺治三年十二月，敕士良解任回籍	后因王光泰叛乱事件，被革职。寻死于家
18	山东胶州	张若麒	明崇祯四年进士，任清苑县知县。十一年，考选，得用给事中。后调为兵部职方司主事，寻迁郎中。十五年，因罪论死系狱。李自成陷京师，纵出之，受伪职为山海关防御使	顺治元年睿亲王多尔衮定京师，张若麒迎降	顺治元年授顺天府丞。二年九月，丁父忧。五年九月，起补顺天府丞。七年，迁大理寺少卿，旋迁太常寺卿。九年四月，擢通政使	十年三月，以母病未愈，己亦患病，乞在籍调理。十三年，遇京察，以久病休致，死于家
19	山东掖县	张忻	明天启五年进士，初任河南夏邑知县，行取，授吏部主事。累迁太常寺卿。崇祯时，官刑部尚书。李自成陷京师，张忻从贼	顺治二年四月，因天津总督骆养性举荐入朝	顺治二年，授兵部左侍郎，兼右副都御史，巡抚天津。四年，因土寇作乱，坐饬防不密，丧师掩饰，降二级调用	因病致仕。顺治十五年，死

序号	地区	姓名	在明经历	归降时间、方式	入清主要事迹	结局
20	山东掖县	张　端	崇祯十六年进士，改庶吉士，亦从贼	顺治二年因方大猷举荐召至京	授弘文院检讨，充明史纂修官。三年，充江南乡试正考官。五年，迁秘书院侍讲学士。六年正月，转国史院侍读学士；九月，迁学士。九年五月，迁礼部左侍郎。十年，擢国史院大学士	顺治十一年，死。赠太子太保，赐祭葬，谥文安，荫一子中书舍人

（二）清初山东籍贰臣的主要特征

以上是《清史列传·贰臣传》所载山东籍二十位贰臣，其中文臣十九人，武将一人。与其他地区的"贰臣"相比，清初山东籍贰臣呈现出以下几点主要特征。

1. 文官居多。《贰臣传》收录贰臣一百二十五人，但这远不是全部降清明臣的数量，仅仅是这些人中职位较高、功勋较为卓著、影响较大的代表人物。这一百二十五人中，山东籍"贰臣"占二十人，其中甲编三人，乙编十七人。在人数上仅次于辽宁省（二十六人），列于全国第二位，约占全国贰臣总量的六分之一。而这二十人中，文官占十九人，武将仅左梦庚一人而已。所以，福格尔在《顺治年间的山东》中说："如果说东北地区为满族征服中国提供了大部分军事将领的话，那么，正是山东一地在为北京清政权提供文官上遥遥领先。"① 而二十人中，只有武将左梦庚一人没有科举功名，十九位文官全部为进士。其中，万历年间八人，分别是谢升、房可壮、刘应宾、张凤翔、谢启光、李鲁生、潘士良、高斗光；天启年间四人，分别是王鳌永、李若琳、孙之獬、张忻；崇祯年间七人，分别为李化熙、任濬、黄图安、刘正宗、魏琯、张若麒、张端。因此，与全国其他地区相比，山东籍贰臣呈现出整体数量多、文官多和进士多的特点。

2. 出身世家。山东籍二十位贰臣，多为高官显要，其中十九人为进士。人才培养，需要数代人的努力和积淀，这些贰臣，他们的科举与仕宦的成功，与其家族的殷实经济基础和深厚文化积淀密切相关。考察方志和家族文献我们可以看到，山东籍贰臣全部来自科宦世家。王鳌永、李化熙、孙之獬出自淄川望族，任濬出自益都任氏家族，谢升出自德州谢氏家族，房可壮出自益都房氏家族，黄图安出自东昌府黄氏家族，高斗光出自嘉祥高氏家族，左梦庚出自临清左氏家族，刘应宾出自沂水刘氏家族，张凤翔出自东昌府张氏家族，李若琳出自新城李氏家族，谢启光出自章丘谢氏家族，李鲁生出自沾化李氏家族，刘正宗出自安丘刘氏家族，魏琯出自寿光魏氏家族，潘士良出自济宁潘氏家族，张若麒出自胶州张氏家族，张忻、张端父子出自莱州张氏家族。这些家族作为地方望族，在当地具有广泛的影响力。

---

① ［美］魏斐德：《洪业：清朝开国史》，陈苏镇、薄小莹等译，新星出版社，2017年，第269页。

3. 归降较早。山东籍二十位贰臣,其中顺治元年归顺的十三人:先投靠大顺政府,李自成兵败退守陕西,转投清廷者三人,明刑部尚书张忻、其子翰林学士张端,兵部职方司郎中张若麒;清军进入北京后,直接在北京向清廷归降者二人,明户部侍郎王鳌永、翰林学士李若琳;在地方投诚或者被举荐者八人,明吏部尚书谢升,兵部侍郎李化熙、任濬、谢启光,副都御史房可壮,分守道丞黄图安,翰林院侍讲孙之獬,太仆寺少卿李鲁生。故而,魏斐德称:"1644 年投降的'贰臣'中有 1/4 来自山东。"① 顺治二年(1645)归顺的六人:被举荐者三人,明刑部侍郎潘士良、翰林学士刘正宗、御史魏琯;在地方投诚者三人,南明平贼将军左梦庚、明凤阳总督高斗光,吏部郎中刘应宾。顺治三年降者一人,南明浙直总督张凤翔。因此可见,清初山东籍贰臣归顺时间较早。

4. 影响深远。从《贰臣传》分类来看,二十位山东籍贰臣中仅有王鳌永、李化熙、任濬三人列入甲编,其他十七人列入乙编。从功勋来看,与征战沙场的武将相比,似乎这些文人贰臣功勋并不卓著,甚至有些贰臣可以说是尸位素餐、无所作为。但是山东籍贰臣的归顺,影响却是深远的,作用不可轻视。第一,归顺较早,带动山东文化世家与文人士子放弃抵抗,归顺清廷,并积极参加科举仕宦,减少了清廷巩固统治的阻力;第二,"为北京清政权提供文官上遥遥领先",对稳固清廷在山东的统治、为清政府政权的巩固

---

① [美]魏斐德:《洪业:清朝开国史》,陈苏镇、薄小莹等译,新星出版社,2017年,第 269 页。

和发兵南进作出贡献；第三，作为儒家思想的发源地，山东籍明朝旧臣的归顺为全国文人士子归顺清廷提供了"示范"和"阶梯"；第四，武将左梦庚手握数十万兵将，是南明政府的重要支柱，其归降壮大了清朝的武力，加速了南明政权的覆亡。所以，山东籍贰臣的归顺影响深远，具有多方面重要作用。

5. 善终者少。贰臣虽然对清廷有诸多贡献，但是基于他们对明朝的背叛，清朝政府对他们始终怀有芥蒂之心。尤其是随着清朝政权的持续巩固和政治新秀的不断涌现，降清明臣的价值和作用逐步被弱化，这就注定他们命运多舛。山东籍贰臣中，官运亨通、得善终者仅任濬、李化熙、房可壮数人而已。以任濬为例，清顺治元年（1644），因兵部左侍郎刘余佑推荐而归降。初为户部右侍郎，督理钱法。此后，任濬仕途畅达。顺治十二年（1655），顺治皇帝谕吏部："朕观刑部尚书任濬，年力衰迈，部务不能料理，每以因循，耽延岁月，念其服官日久，著以原官致仕回籍。"① 顺治十三年（1656），任濬去世，天子悼之，特遣行人临祭营葬事焉。相较任濬，山东籍其他贰臣则仕途多不顺，有些甚至遭遇悲惨。张若麒、张忻等告病还乡；刘应宾、李若琳、孙之獬、李鲁生、魏琯、潘士良等被革职降职。而最为悲惨的当属王鳌永、刘正宗与孙之獬。王鳌永在"青州事变"中被李自成裨将赵应元杀害。刘正宗，早年深受顺治帝眷顾，后因触怒顺治帝，被置于法司，虽从宽免死，但家产之半入旗，不许回籍，其

---

① 《清实录》第三册《世祖章皇帝实录》卷八九,中华书局,1985 年,第700 页。

亲朋故旧皆受株连。顺治十八年（1661）十二月刘正宗病死，因不得回籍，暂寄于北京西直门外。直至康熙四十五年（1706）康熙帝准其归葬，在去世后的四十多年以后刘正宗才得以入土。孙之獬，被以谢迁为首的抗清农民武装抓捕，饱受酷刑与羞辱，祸及满门，孙之獬及其孙孙兰滋、孙兰蔼等七人被杀。孙之獬死后，时任山东巡抚张儒秀上奏申请抚恤，结果顺治帝采纳了侍郎马光辉及启心郎宁古哩的建议，没有给予孙之獬任何旌表和抚恤。

| 第二节 | 清初山东籍贰臣群体出现的原因探析

我们国家历史悠久，朝代更迭频繁。王国维在谈到朝代史迭问题时说过这样一段话："自其表言之，不过一姓一家之兴亡与都邑之移转。自其实言之，则旧制度废而新制度兴，旧文化废而新文化兴。"① 但是，明清易代却有所不同。它不仅是一姓一家的兴亡，而且涉及少数民族入主中原，取代汉族统一全国的问题。在这种情况下，山东籍贰臣突破传统的忠节观念，克服民族之别、剃发易服的思想门槛毅然归顺清廷，这其中必然有着深刻的

---

① 韩喜凯:《名家评说孔子辨析》,齐鲁书社,2008 年,第 178 页引王国维《殷周制度论》。

历史背景和深层的社会原因。

一、 从时局态势来看

1. 三方角逐，大势初定。明清易代之际，山东地区战乱频仍，兵火不息。先是兵变、民变四起，继而清兵屡次侵扰，《莱阳县志》卷末"附记·兵革"称明末二十余年间莱阳"已受兵四次，自扰者弗与焉"，沉痛感叹"当是时生民涂炭极矣。岂不痛哉!"[①] 明亡后，各地基层政权崩溃，土寇横行，社会动荡，不仅严重威胁着百姓的生命财产安全，也触动了地方大族的核心利益，"虽累叶簪缨之家，鲜不震悼窜易，以丧其所守"。[②]《益都县图志·孝义传》也称"崇祯末，连岁饥馑，土寇蜂起，四乡大姓素封者，鲜克自全"。[③] 士绅与百姓人心思定，厌战情绪高涨。在这种情况下，清初的三股政治势力不管哪个政权能够结束战乱、稳定局势，都将受到欢迎。在三股势力中，大顺政权策略严重失当、南明政权影响微乎其微，清政府越来越体现出优势，逐步受到山东大族的青睐。何成在《明清新城王氏家族文化研究》

---

① 王丕煦等修，梁秉锟等纂：《莱阳县志》，台湾成文出版社有限公司，据民国二十四年铅印本影印，1968 年，第 1618 页。

② ［清］安致远：《玉碪集》卷三《节妇传》，收入《四库全书存目丛书》集部第211 册，第 497 页。

③ ［清］张承燮修，法伟堂等纂：光绪《益都县图志》卷四十一《孝义传》，收入《中国地方志集成·山东府县志辑》，凤凰出版社、上海书店、巴蜀书社，据光绪三十三年(1907)刻本影印，2004 年，第 559 页。

中分析王氏家族清初归附清廷的原因时指出："生存环境的恶化，迫使新城王氏软化他们的仇清立场，要求通过科举来改善家族的生存处境，以求发展。"① 这不仅是新城王氏家族的选择，也是山东各地文化世家的普遍共识。

2. 世风日下，降者云集。明末清初，无休止的灾害、战乱和杀戮不断冲刷、消磨着我们伟大民族引以为豪的传统忠孝观念和民族气节，不少人在生存和忠节问题之间做着艰难的选择。故而，史景迁在《讲述中国历史》"引言"中指出："在微观上讲，此阶段充满了栩栩如生的令人心痛的人生戏剧，其中既有发生在宫廷和战场上，也有发生在家族、农村、市井中的。在那乱世之中，人们追求着生存之道。"② 令人遗憾的是，在忠节与生存之间，不少人选择了后者。相当一部分明朝官员和各地士绅，为维护家族和个人既得利益，争相归降。李自成起义军入京时，"衣冠介胄，降叛如云"。③ 李自成兵败走陕西后，一些明朝旧臣又转向投靠清廷。即便是曲阜孔氏家族，也没能脱俗。顺治元年（1644）九月初一日，孔氏家族第六十五世孙、明衍圣公孔胤植上《初进表文》，盛赞清朝"山河与日月交辉，国祚同乾坤并永"，并称"臣等无任瞻仰忻舞屏营之至。谨奉表上进以闻"（《孔府档案》六三〇八卷之一）。次年六月，孔氏家族"恭设香案，宣读圣谕"，令族人剃发，并上《上剃头奏稿》向大清表忠心。

---

① 何成：《明清新城王氏家族文化研究》，中华书局，2013年，第46页。
② ［美］魏斐德著，梁禾主编：《讲述中国历史》，东方出版社，2008年，第97页。
③ ［明］谈迁：《国榷》卷一〇一，张宗祥点校，中华书局，1958年，第6098页。

整个社会投降风气弥漫，尤其是孔氏家族的归顺，给原本就难以取舍的山东籍明朝官员的变节归顺提供了更为充分的"借口"和"台阶"。

二、 从贰臣处境来看

1. 家族兴衰，运系一念。清代初年，摆在山东籍明臣，尤其是高官大员面前的迫切问题是家族安危问题，而这个问题取决于这些家族的代表人物——官员们的政治选择。与南方家族相比，明清山东文化家族有个显著的特点，那就是大多都是外地迁入的家族。关于这一点，已经在第三章中做了专门论述，于兹不再赘述。以莱阳为例，在莱阳张、赵、左、宋、姜、王诸大族中，仅有赵氏家族是唐宋故家，其他家族均为迁入家族。这些外来家族，通常要经过数代的艰苦努力，长期的默默奋斗，甚至是忍辱负重，才能在新居地站稳脚跟。其家族发展模式体现出一些共同特点：首先，通过读书参加科举，培养出本家族的进士、举人和各级官员，奠定科宦世家的基础。然后，引导家族后人以先辈为榜样，或者以振兴家族为目标，强化其家族荣誉感，激励他们刻苦读书，振兴家族。在这种家族发展模式下崛起的山东的文化世家，非常珍惜来之不易的家族发展，重视家族命运与家族荣誉。明末，山东各大家族已经领教了清兵对付反对者的残酷手段，特别是济南戊寅保卫战和莱阳癸未邑难的惨烈局面，让他们为之胆战。

　　此外，在科举制度鼎盛的明清时代，一个家族的发展与繁荣离不开科举与仕宦。而科举与仕宦，又必须依靠政府的支持。对于大多数山东文化家族来说，"他们没受多少明朝的深恩，反而亲历了明末的政治腐败"。① 尤其是明朝灭亡后，无论是大顺政权还是南明朝廷都无法给予他们需要的保障和机遇，无法保护他们已经拥有的田产和财富，而清政府恰恰能够做到这一点。如山东潍坊丁氏家族，因明末战乱，故产久为人居。顺治二年（1645），丁氏家族丁耀亢归来，"奔走于青、莱二府之间者将二年，而产业始明"。② 所以，清初山东科宦大族和广大士绅对待明清的态度并非我们想象的那样爱憎分明、大义凛然，而是相当淡然。王宪明在谈到清初诸城王氏家族对待明清两朝的态度时指出："清初，诸城王姓成员无论在野在朝，都没有表现出对明朝的留恋和对清朝的敌视（当然也没有表现出对异族新主的奴颜婢膝）。"③ 甚至，某些家族和士绅还将清廷视为维护自身利益的新靠山。顾诚在《南明史》中也认为："随着以崇祯帝自尽为标志的明王朝覆亡，黄河流域的汉族官绅一度受到大顺政权的沉重打击，不少人把满洲贵族建立的清廷看成维护自身利益的新靠山。"④ 不仅诸城王氏家族，山东其他家族也表现出同样的

————————

　　① 王宪明：《明清诸城王氏家族文化研究》，中华书局，2013年，第59页。
　　② ［清］丁耀亢：《保全残业示后人记》，收入丁耀亢撰，李增坡主编，张清吉校点：《丁耀亢全集》（下），中州古籍出版社，1999年，第287页。
　　③ 王宪明：《明清诸城王氏家族文化研究》，中华书局，2013年，第59页。
　　④ 顾诚：《南明史》（下），光明日报出版社，2011年，第371页。

态度。随着吴三桂引清军"为君父报仇"的传檄，乡绅武装转向联合清军消灭农民军。谢升在降表中甚至称颂清政府"浩荡仁恩，有逾再造"，表示"谨扫境土，以待天麻"。①

2. 清廷招抚，恩威并用。关于鼎革之际的顺逆取舍问题，魏禧有一段颇为精辟的言论："变革之际，舍生取义者，布衣难于缙绅；隐居不出者，缙绅难于布衣。盖人止一死，无分贵贱，贪生则同。布衣无恩荣，无官守，此舍生所以难也；布衣毁节趋时，未必富贵，闭户自守，亦无祸患。缙绅则出处一殊，贵贱贫富立判，安危顿易，事在反掌，此隐居所以难也。"（清魏禧《日录》卷二）其论布衣和缙绅在易代之际的处境甚为精到。地方缙绅，尤其是明代旧臣因其在前朝的显赫地位和在地方上的广泛影响，无可逃避地成为清廷征召和劝降的对象。所以，清兵占领北京后就广泛征召前明旧臣。钱仪吉在《资政大夫刑部尚书任公浚墓志铭》中称："大清入关，奸贼定鼎，使者四出，访求耆旧。"② 顺治元年（1644）六月，清廷令户部右侍郎王鳌永招抚山东、河南。身为山东人，王鳌永极力鼓动本地官绅归顺清朝。他曾上疏推荐人才，其中山东籍人士三十九人。而吏部左侍郎沈惟炳拟定的推荐人员所列山东官绅达十六人之多。在这种状况下，山东籍明臣被推上政治斗争的风口浪尖。接受征召，投靠清廷，就是变节。但是，拒绝接受清廷征召就是变相抗清，必然受

---

① 王钟翰点校：《清史列传》卷七十九，中华书局，1987年，第6527—6528页。
② ［清］钱仪吉：《碑传集》卷十，中华书局，1993年，第220—223页。

到清廷的残酷打击和报复。不仅个人会惨遭迫害，就是整个家族也可能面临着灭顶之灾。权衡得失，最终这些明朝旧臣不得不选择了归顺清廷。

3. 地域亲缘，思想认同。山东地区与东北三省毗邻而处，而山东半岛与辽东半岛呈环抱渤海之势，两地有着天然的地域亲缘。明朝在辽东的一些军事基地的粮草主要是从山东的登、莱港口转运，而"许多东北边民，通过海上贸易与水军服役，与山东家族保持了密切的联系"①。频繁的联系与商贸往来，使两个地区的关系更加紧密，也使山东地区更早也更深入地受到辽东地区的影响。在一定程度上，形成思想认同。因此，清初山东地区的官绅对清廷统治的抗拒程度不像其它地区那样强烈。

此外，明朝末年，由于官场腐败、派系斗争激烈等原因，山东籍的官员仕途并不顺达，他们遭贬斥、削职的记载屡见于史册。如崇祯初年，孙之獬被列入阉党逆案，"削籍归"②；崇祯十五年（1642）秋七月乙亥，房可壮、宋玫等削籍③；同年，谢升因泄露议和之事罢官归乡。仕途不顺，遭受贬斥，使得这些明朝旧臣对明朝恩情淡薄，归顺清廷反倒成为他们重返政坛的理想途径。

---

① ［美］魏德斐：《洪业：清朝开国史》，陈苏镇、薄小莹等译，新星出版社，2017年，第272页。

② 王钟翰点校：《清史列传》卷七十九，中华书局，2017年，第6562页。

③ 台湾"中央研究院"历史语言研究所：《明实录·崇祯实录》卷十五，1962年，据嘉业堂旧藏钞本影印，第437页。

综上所述，清代初年无论是从时局动态来看，还是贰臣所在家族实际情况而言，山东籍贰臣似乎都没有太多的选择余地。他们为新朝征召或者胁迫，归顺清廷成为他们无奈却又不得不作出的艰难选择。

第三节　清初山东籍贰臣的历史评价与功过是非

对清初山东籍贰臣的评判是一个复杂的问题。不同的人，从不同的立场和角度出发会得出迥然不同的结论。为客观、公正、全面评价清初山东贰臣问题，现从历史评价和功过是非两个角度作出评定。

一、历史评价

历史上对于清初山东籍贰臣问题的评价，从不同的立场略可分为三大类：明人态度、清廷褒贬以及方志取舍。

（一）明人态度

对于明朝而言，变节事敌的臣子都是明朝的罪人，必然会受到南明政府和明朝遗民的惩处和鞭挞。作为明朝的延续政权，南明政府成立后，便着手对明末逆贰之臣进行惩戒。崇祯十七年（1644）五月壬申，南明礼部尚书高弘图陈新政八要，首列"正义问，欲下明纶，正逆臣之罪，以鼓忠义"。[①] 继而南明政府掀起追究、惩处投降大顺政权的故明官绅的热潮，史称"顺案"。山东籍官员明刑部尚书张忻、其子翰林学士张端，兵部职方司郎中张若麒均曾投靠过大顺政权。李自成败走陕西后，又转投清廷。但是，当时南明政权并没有实现对山东的管辖，所委派的地方官吏难以到任，无法对山东籍降臣进行惩处，故而李清《南渡录》称"然于青、兖、开、汝，似置之不讲矣"。[②] 随着局势的发展，清顺治元年、二年间，山东籍明朝重臣相继归顺清廷，而南明政府日趋败落，自顾不暇，更是无力开展对贰臣的惩处。

　　清初贰臣的变节行为，不仅关乎传统的忠孝节义，而且涉及少数民族入主中原，尽管南明政府无力惩戒，但是他与具有遗民情结的士绅，甚至是清初的汉族知识分子都有一个共同的态度，那就是鄙夷和贬斥这些贰臣。故而，清代撰修《明史》时，贰臣被拒绝收录，乾隆皇帝曾有"此辈在《明史》既不容阑入"之语。再如清初贰臣孙之獬被杀后，著名学者顾炎武听到这个消息，撰写了著名的《淄川行》：

　　　　张伯松，巧为奏，大纛高牙拥前后。罢将印，归里中，东国有兵鼓逢逢。鼓逢逢，旗猎猎，淄川城下围三匝。围三匝，开城门，取汝一头谢元元。

诗歌对孙之獬深刻痛恨以及孙被处死的喜悦之情，形成鲜明对

---

①　[清]李清：《南渡录》卷一，浙江古籍出版社，1985 年，第 5 页。
②　[清]李清：《南渡录》卷一，浙江古籍出版社，1985 年，第 14 页。

比，表达了诗人鲜明的爱憎情感。

（二）清廷褒贬

清朝自积蓄力量、崛起壮大乃至巩固统治，都离不开明朝降臣的积极参与。尤其是辽东地区的武将和山东籍的文官，为清朝的立国开宗和政权巩固作出不可磨灭的重要贡献。但是，清廷对待贰臣的态度却形成一个发人深省的历史奇观。

一方面，贰臣为新朝的建立与稳固作出突出贡献，清政府也给予贰臣及其后人优厚的待遇。以洪承畴为例，崇祯十五年（1642）壬午洪承畴降清，清廷给予了他极高的待遇，《明季南略·洪承畴传》记载："太宗文皇帝①不令服官，凡大祭祀、宴会，必令亲随，赐房屋、庄田、男女有差，赐上御服膳无虚日。甲申春，从军入北京，入内院办事，赐第、庄田、人口。十月，以登极荫一子入监。顺治二年，世祖章皇帝命往江宁绥辑，赐朝帽、玉带、貂蟒、披领、大蟒、貂裘、外褂、鞓带、靴袜、天驷、骆驼及蒙古人口、帐房、凉棚、银盘、银碗等物，随行员役令部各给缎袍、靴帽并马六十余匹。"②并分别于顺治元年（1644）、顺治五年（1648）、顺治九年（1652）荫其三子入监；又于顺治五年（1648），"遇加上四祖尊号覃恩，封赠三代，皆太子太师，三代配皆夫人"。③从中可见，洪承畴作为明朝重要将

---

① 即清太宗爱新觉罗·皇太极(1592—1643)，清太祖努尔哈赤第八子，后金第二位大汗，清朝第一位称帝的君主。
② ［清］计六奇：《明季南略》，中华书局，2011年，第520—521页。
③ ［清］计六奇：《明季南略》，中华书局，2011年，第521页。

领，他的归降让皇太极大喜过望，不仅不让他服官事，还集名利恩荣于其身，恩泽延及先人与妻子，可谓至矣。

就清初山东籍贰臣而言，同样受到清廷诸多的眷顾与恩荣，如山东安丘刘正宗。刘正宗（1594—1661），字可宗，号宪石，赐号中轩，天启七年（1627）乡试中举，崇祯元年（1628）举进士。累官至东宫讲读官、侍讲、礼部会试副主考。明亡后，携家眷南下金陵避难。顺治二年（1645），因人推荐降清。顺治三年（1646）正月应诏到北京上任。刘正宗博览群书，工诗善书，尤为顺治所赏识，既是顺治帝宠臣，又是文墨挚友。深受顺治帝重用，官运亨通。短短十年间，他相继担任内翰林国史院编修、礼部会试副主考官、侍讲学士、翰林国史院侍讲学士、秘书院掌院学士、吏部右侍郎、翰林弘文院大学士、吏部尚书等职。顺治十二年（1655）五月，刘正宗被免去吏部尚书之职，回弘文院加少保兼太子太保，不久调任秘书院大学士。顺治十四年（1657）一品考绩期满，他又被升为少傅兼太子太傅，诰授光禄大夫。顺治十五年（1658），清廷改院为阁，刘正宗以少傅、文华殿大学士兼管吏部尚书之职，参谋朝廷机要事宜，权倾朝野。故而张贞在《耳梦录》中记载称，本朝相国，得皇帝宠信的，没有能像少傅刘正宗的了。顺治皇帝在晚年，对刘少傅更加眷顾。① 后因顺治帝沉迷于佛学，他上疏劝谏，遂而失去顺治帝的信任，反对派乘机打击。顺治十七年（1660）三月，顺治将其治罪，从宽免死，半数家产入旗，不许回籍，累及亲

---

① ［清］张贞著：《白话耳梦录》，周庆武编，齐鲁书社，2004年甲集第3页。

朋故旧。忧愤之下刘正宗一病不起，于次年（1661）十二月去世。因顺治帝不准其回籍，只能寄厝于北京西直门外。直到康熙四十五年（1706），才得到康熙帝的准许，归里安葬。乾隆帝登基后，不仅为他平反昭雪，还给予他高度评价，称其清正耿介、政绩卓著，下诏恢复原职，诰授光禄大夫、少傅、大学士，其长辈俱受赠，晚辈皆得荫。又因刘正宗为顺治帝宠臣和诗友，故而于乾隆二年（1737）正月降旨定他为顺治帝祀庙的配享。从中可见，刘正宗虽然在晚年曾受到不公正待遇，但综其入清仕宦经历，他受到了清廷的厚爱与重视。此外，王鳌永、李化熙等也都受到清廷的眷顾和恩泽。

另一方面，贰臣虽然对清廷有贡献，但他们背叛前朝故主，是政治上有"污点"、有前科的人。所以清廷既要给予"贰臣"高官厚禄，以褒奖他们为新朝做的贡献，又要让他们为自己的变节行为付出代价。顺治、康熙时期，清廷对待贰臣还算优厚。随着时间的推移，清政府统治日益稳固，贰臣也逐步亡故。至乾隆时期，清政府着手撰写《贰臣传》。于是，乾隆四十一年（1776）底，在诏令国史馆修编《明季贰臣传》时，乾隆帝已经明白无误地把对"我大清"有赫赫功勋的洪承畴、祖大寿、冯铨等一批人打入另册，其意在于"崇奖忠贞""风励臣节"，诏曰：

> 因思我朝开创之初，明末诸臣望风归附。如洪承畴以经略丧师，俘擒投顺；祖大寿以镇将惧祸，带城来投。及定鼎时，若冯铨、王铎、宋权、谢升、金之俊、党崇雅等，在明俱曾跻显秩，入本朝仍忝为阁臣。至若天戈所指，解甲乞

降，如左梦庚、田雄等，不可胜数。盖开创大一统之规模，自不得不加之录用，以靖人心而明顺逆。

今事后平情而论，若而人者皆以胜国臣僚，乃遭际时艰，不能为其主临危授命，辄复畏死幸生，觍颜降附，岂得复谓之完人？即或稍有片长足录，其瑕疵自不能掩。若既降复叛之李建泰、金声桓，及降附后潜肆诋毁之钱谦益辈，尤反侧金邪，更不足比于人类矣。

……

朕思此等大节有亏之人，不能念其建有勋绩，谅于生前；亦不能因其尚有后人，原于既死。今为准情酌理，自应于国史内另立《贰臣传》一门，将诸臣仕明及仕本朝各事迹，据实直书，使不能纤微隐饰，即所谓虽孝子慈孙百世不能改者……此实乃朕大中至正之心，为万世臣子植纲常！①

从中可以看到，清廷在肯定明朝降臣历史功绩的同时，对其变节行为予以强烈批判，称其"觍颜降附""岂得复谓之完人"，并根据其品行、功绩作区别对待。值得注意的是，清廷修撰《贰臣传》的同时，大肆表彰曾经因抗清而慷慨赴死的明代文武官员和义士。其实早在顺治元年（1644）八月，顺天督学御史曹溶就启请旌表故明殉节大学士范景文，户部尚书倪元璐，左都御史李邦华，兵部侍郎王家彦，刑部侍郎孟兆祥及子进士章明，左副都

---

① 《清实录》第二十一册《高宗纯皇帝实录》"乾隆四十一年十二月庚子"，中华书局，1986年，第694页。

御史施邦耀，大理寺卿凌义渠，左春坊周凤翔，左中允刘理顺，左谕德马世奇，太常寺少卿吴麟征，检讨汪伟，太仆寺寺丞申佳允，给事中吴甘来，御史王章、陈良谟、陈纯德，吏部主事许直，兵部主事金铉，成德新乐侯刘文炳，宣城伯卫时春，新城伯王国兴，惠安伯张庆臻，驸马都尉鞏永固，锦衣卫指挥同知李若琏，千户高文採等二十八人。①舒赫德、于敏中在《钦定胜朝殉节诸臣录》中也称："前以明季殉节诸臣各为其主，义烈可嘉，自宜查明锡谥；因命学士、九卿、京堂、翰詹、科道等集议奏闻，冀以褒阐忠良、风示来世……夫以胜国革命之时，其抗我颜行者，尚念其忠于所事，特予表章（彰）……称朕崇奖忠贞、有加无己之至意。"顺治九年（1652），清政府对崇祯帝死难后，以死殉国的文臣义士自东阁大学士范景文而下二十人②进行了表彰。《明史》列传第一百五十三记载："皇清顺治九年，世祖章皇帝表章前代忠臣，所司以范景文、倪元璐、李邦华、王家彦、孟兆祥、子章明、施邦曜、凌义渠、吴麟征、周凤翔、马世奇、刘理顺、汪伟、吴甘来、王章、陈良谟、申佳胤、许直、成德、金铉二十人名上。命所在有司各给地七十亩，建祠致祭，且予美谥焉。"③而淄川孙之獬被谢迁农民起义军杀死后，时任山东巡抚张儒秀上奏朝廷请

---

① 《清实录》第三册《世祖章皇帝实录》卷八，中华书局影印，1985年，第82页。

② 《明史》记载崇祯帝死难后，文臣以身殉难者二十有一人，但清廷最终表彰了二十人。

③ ［清］张廷玉等撰：《明史》卷二百六十五，中华书局，1974年，第6833页。

求抚恤。顺治帝给吏部下旨讨论抚恤之事，最终未予抚恤。从中可以看到清政府对待贰臣的真实态度。这正如张玉兴在《明清史探索》中所讲："满洲统治者竭力策反、招降和使用贰臣，却又从骨子里蔑视贰臣，这是一贯的传统，不变的原则。他们令贰臣为己所用，但对其叛卖思想、投降行径却从未首肯，而是鄙薄。相反地对那些临难不苟宁死不屈的忠臣义士却怀着由衷的敬意，予以更多的关注。"①

当清朝政权巩固、国力强盛之时，为巩固统治、标榜忠孝节义来约束和教导臣子忠君守节，贰臣无疑是最好的反面教材。正是在这种思想的主导下，乾隆帝才着手编纂《贰臣传》。从中我们可以看到清廷对贰臣的态度：第一，《明史》拒绝收录贰臣事迹，《清史》也绝不能将其与"纯一无暇"者置于同列，应有所区别，以示褒贬。第二，对贰臣身事两朝的变节行为，不会因为其生前功勋或者子孙声誉而加以掩盖。第二，丁《清史》中单独立传，如实记载贰臣的功过与事迹。为达到教育效果，清政府甚至不惜修纂《钦定胜朝殉节诸臣录》，为鼎革之际坚决抗清而死的前明忠臣良将立传表彰。《钦定胜朝殉节诸臣录》与《贰臣传》，"一褒一贬，衮钺昭然"，以达到为天下万世"植纲常""示彰瘅"的警示和教育效果。

（三）方志取舍

与南明政府、清政府以及《明史》《清史列传·贰臣传》相

---

① 张玉兴:《明清史探索》,辽海出版社,2004 年,第 194—195 页。

比，山东各地方县志对待贰臣的态度褒贬不一。从他们对贰臣事迹的记载中，我们可以看到修史者的鲜明态度和褒贬意味。总结起来，主要有以下几种情况：第一种，正面褒扬。这类方志通常淡化贰臣的变节行为，重点突出其历史功绩，如《淄川县志》中对王鳌永事迹的记载。该志将王鳌永列入"忠节"篇，称："甲申李自成陷京师，囚禁不屈。会世祖定鼎，公慨然以复仇，辑民自任，乃令公以原任招抚山东、河南。行次德州，先以书谕贤豪大姓，为陈顺逆成败之势，无不输诚布款，二东遂平。树功于朝廷，贻恩于桑梓。洵开国弘勋也。"① 第二种，扬长避短。如乾隆《淄川县志》将孙之獬列入"人物志·文学传"。孙之獬因从逆案以及剃发案等臭名昭著，被死死钉在耻辱柱上，地方县志无法掩遮其恶名，只能扬长避短，将其归入"文学传"，实属无奈之举。第三种，弱化处理。如《德县志》没有谢升的专传，而是将其事迹附在其父谢廷策传记之后，记载其生平大概与为官履历，内容极为简略。第四种，客观叙述。如清嘉庆版《长山县志》为李化熙作传，客观叙述其生平事迹，赞扬其为官清正，泽被乡邻，但也不避讳其降清事实。

由上可见，山东各地方志在对清初贰臣事迹的记载和功过是非的评价方面下了一定功夫。一方面，清初山东籍贰臣因归顺清廷较早，受到清廷的重视，多位高权重。对于地方来说，

---

① ［清］王康修，臧岳纂：乾隆《淄川县志》，收入《中国地方志集成补编·山东府县志辑》，上海书店出版社，据清乾隆八年（一七四三）刻本影印，2020年，第391页。

涌现出大批的高级官员，是一件值得骄傲的事情。而且这些贰臣中，不少人泽被桑梓，为家乡作出过积极贡献，应该受到家乡人们的尊重和爱戴。另一方面，山东籍贰臣作为明朝旧臣，身受明朝恩泽而变节事清，这种变节污行是不容抹杀的历史事实。对明朝来讲山东籍贰臣为变节叛臣；对清廷而言，他们却又是功臣，这让山东各地方志编修人员处于十分为难而尴尬的境地。为权衡各种关系，他们采用了不同的方式处理了这一历史难题，才形成了我们今天看到的山东方志对清初贰臣事迹的记载。

二、　是非功过

（一）朝代更迭，历史产物

我们国家历史悠久，朝代更迭频繁。鼎革之际，新朝鼓动策反前朝旧臣是新朝建国立业的通行做法。面对朝代的更迭，阻挡者死，顺从者生，这就是摆在前朝官员面前不可扭转的历史趋势。所以，经过激烈斗争或者冷静观望后，前朝旧臣或者投靠新朝重新踏上仕途，或者保持忠节而布衣终老。但是，不管哪种情况，他们都会放弃抵抗，这实质上都是归附的一种表现。所以，清史专家萧一山指出："中国是家族宗族的社会，对于民族意识、国家观念向来很薄的，所以在异代兴替的时候，朝统变更，无论姓赵姓李，胡人汉人，都无所谓，忠君爱国，

也有相当限度的。"① 因此，从历史的发展和朝代的延续来看，
贰臣的产生是历史的产物。贰臣问题不仅是历史的悲剧，也是
世家文人的灾难。

面对历史性的灾难，不同的人做出了不同的选择。与江南士
人殊死抗争相比，清朝初年山东文化世家和家族文人却相对平静
地接受了"甲申之变"，一改明末坚决抗清的态度，并涌现出一
批投身事清的贰臣。这也是山东文化世家和家族文人饱受后人诟
病的一点。对于这种群体性变节事件的原因，桂涛在分析清初河
南、河北两省士人变节行为时，做过客观公正的分析，他认为：
"造成这一差异的原因在于河南、河北士人与江南士人在甲申前
后有着不同的经历。前者遭遇了明末农民战争及清军的数次入
关，在战乱中所经历的生死离别、流离他乡、斯文扫地，让他们
产生一种明朝气数已尽的认识；相较于此，在甲申前，江南士人
尚沉浸在逸乐氛围之中，根本无法体会到北方士人的感受，直到
甲申神京陷落的消息传来，江南士人才开始体验王朝灭亡的历史
进程。"② 文中他分析的是河南、河北的情况，但也同样适用于山
东地区。山东因与后金地缘近，最先受到清军的攻击，"随后清
兵南下，奴变、奏销等等事件的发生，江南士人才有了与河南、

---

① 萧一山：《清史大纲》，上海古籍出版社，2005 年，第 12 页。
② 桂涛：《以"甲申"为原点的明清之际——清初河南、河北士人与江南士人
对清朝的认识差异》，《史林》2013 年第 2 期。

河北士人相同的感受"①，逐步放弃抵抗，服从了清政府的统治。

（二）取舍抉择，荣辱已分

当然，抛开时局、历史原因，贰臣的选择与自己的荣辱观、价值观有着重要的关系。在谈到明清鼎革之际士绅顺逆选择时，孙竞昊曾指出："明清王朝更迭之际急剧变幻、动荡的环境为士绅提供了把他们的多重角色发挥到极致的舞台；士绅大起大落的境遇和困惑显露了其处在帝国政治体系和社会结构之中的历史性格。"② 也就是说，明清鼎革不仅是检验文人士子忠诚度的试纸，也是展现其追求、取向的舞台。"忠臣不事二主，烈女不事二夫"，不管出于何种原因，变节投降都是对前朝的背叛，都是失节行径，他们的名字必将被钉在历史的耻辱柱上。乾隆皇帝曾明确指出"朕思此等大节有亏之人，不能念其建有勋绩，谅于生前；亦不能因其尚有后人，原于既死"。对于这一点，贰臣本人、贰臣家族及社会的认识是一致的。刘萱在谈到贰臣问题时就曾指出："可以说贰臣（ 政治身份层面的）之所以成为贰臣（ 心理层面的），不仅因行为上的未死、改仕，更因社会力量的塑造与个体情感体验的交互作用。"③

当然，与贰臣变节降清的行径相比，面对朝代更迭、国家

① 桂涛：《以"甲申"为原点的明清之际——清初河南、河北士人与江南士人对清朝的认识差异》，《史林》2013 年第 2 期。

② 孙竞昊：《经营地方：明清之际的济宁士绅社会》，《历史研究》2011 年第 3 期。

③ 刘萱：《复社贰臣的身份认同——以咏史怀古作品为中心》，《清华大学学报（ 哲学社会科学版）》2014 年第 4 期。

危亡，山东的不少文化世家和士绅表现出截然不同的态度。如莱阳左氏家族一门忠烈，在明末抗清运动中三十七位族人英勇殉难。清翰林院庶吉士、文渊阁校理莱阳邑人王垿在《莱阳左氏殉难录》中对此有着详细的记载，盛赞道："左氏一门忠节，洵矫矫哉。"① 而清代初年左懋第更是临危受命，清兵入关，他入仕南明，以兵部右侍郎兼右佥都御史，前往北京，通好议和。在谈判桌上，他与清摄政王多尔衮唇枪舌剑，坚决维护大明尊严。在明清大局已定的情况下，他誓不降清，英勇赴难。可谓名留千古，义薄云天。守节忠臣与降清贰臣，其取舍之间，高下已现，荣辱已分。

（三）良莠不齐，区别对待

贰臣群体结构复杂、类型多样，刘萱在《复社贰臣的身份认同——以咏史怀古作品为中心》一文中就曾指出："贰臣有文、武之分，有高官和中低级官员之分，还有复社、东林、阉党之分。"② 乾隆皇帝在诏谕中也明确提出，对载入贰臣传诸人"详加考核，分为甲乙二编。俾优者瑕瑜不掩，劣者斧钺凛然。于以传信简编而待天下后世之公论，庶有合于春秋之义焉"（《清高宗实录》卷一千五十一）。

就清初山东籍贰臣也应具体分析，区别对待。一方面，贰臣

---

① 王垿：《莱阳左氏殉难录》，收入《左忠贞公建祠录·莱阳左氏殉难录》，中国社会科学研究出版社，2012 年，第 157 页。

② 刘萱：《复社贰臣的身份认同——以咏史怀古作品为中心》，《清华大学学报(哲学社会科学版)》2014 年第 4 期。

良莠不齐，根据功绩品行主要可分为以下几类：

第一类，功勋卓著者。如王鳌永、李化熙等，他们被列入《贰臣传》甲编。他们在明朝无恶名、恶行，入清以来恪尽职守，为巩固清朝统治、维护地方稳定做出积极贡献，甚至献出生命。以王鳌永为例。甲申李自成陷北京时，他"囚禁不屈"；清廷初定，"公慨然以复仇、辑民自任，乃令公以原任招抚山东、河南。行次德州，先以书谕贤豪大姓，为陈顺逆成败之势，无不输诚布款，二东遂平"。① 降清之后，他屡次举荐山东文人士子、要求宽免山东各地赋税，为地方稳定与经济文化发展做出贡献。后来，在"青州之变"中被李自成裨将赵应元杀害，去世后赠户部尚书。总的来看，他的一生官声颇佳，功绩卓著，虽有变节污点，然瑕不掩瑜，值得肯定。

第二类，声名狼藉者。如孙之獬、李鲁生、张若麒等。他们或者在明朝已多有污行，或者是投机趋利、不顾廉耻。孙之獬，于明逢事阉党、痛哭力保三朝要典，为士林不齿。于清上书奏请"剃发"，重新引发汉民抗清活动，致使数十百万汉民伤亡，造成难以估量的损失。王家桢在《研堂见闻杂记》中评价道："原其心，止起于贪慕富贵，一念无耻，遂酿荼毒无穷之祸"，可谓臭名昭彰。李鲁生，贪慕荣华，先投靠魏忠贤，被列于"十孩儿"之一，后入冯铨之门，清初又归顺清廷。② 张若麒，冒功罔上、

---

① 　[清]张鸣铎修，张廷寀等纂：乾隆《淄川县志》卷六，艺林石印局，据乾隆四十一年(1776)刻本重刊，1920年，第227页。

② 　王钟翰点校：《清史列传》卷七十九，中华书局，1987年，第6564—6565页。

虚报大捷、视封疆如儿戏。① 他们不但缺少文人应有的气节和风骨，而且在个人品质方面也存在着严重的缺陷。

第三类，功勋平平者。如魏琯、潘士良等。他们在明清两朝均无恶行，也无突出贡献。入清以来，仕途不顺，功绩平平，或屡遭弹劾，或被革职。

另一方面，对待贰臣也应客观公正，不讳其恶，不掩其美。并不是所有的贰臣都是贪生怕死、鲜廉寡耻之人。相反，不少贰臣不仅在明朝，甚至入清以来，都有可圈可点的事迹。如益都任濬，于明为官不畏权贵，为民请命，身先士卒，抗击流寇，官声颇佳。康熙《益都县志》载：任濬"天启乙丑入试，已拟魁矣，以策中有讥刺魏珰语，遂下第。士林震惊，咸鸣不平"。他"天性孝友"，"亲有疾，药先尝。昼夜侍，不离床。丧三年，常悲咽。居处变，酒肉绝。丧尽礼，祭尽诚。事死者，如事生"，"俸入所得，辄以献父，毫无私蓄"，"笃爱两弟，推产与子均焉，即恩荫亦必先两弟，而后及其子"。② 《榆次县志》也记载："崇祯九年，山陕流贼至榆次沟口诸村，知县任濬亲率乡勇逆击之，斩获颇多，贼乃退。"即便是声名不佳的张若麒，在官以及致仕乡居期间也多有善行惠政。道光《重修胶州志》卷二十九列传九记载："若麒尝

---

① 王钟翰点校：《清史列传》卷七十九，中华书局，1987年，第6604页。
② ［清］陈食花修，钟锷等纂：康熙版《益都县志》，台湾成文出版社有限公司，据清康熙十一年刊本影印，1976年。

出田千余亩，一供祭，一赡族，一养士，名张氏三田。"[①] 顺治年间，张若麒担任太仆寺卿时，曾与国史院大学士张端一起联合在京的其他官员在悯忠寺为百姓施粥，日食千人，时人丁耀亢在《陆舫诗草》中有诗记之。[②] 而据《永平府志》记载，张若麒在担任卢龙县知县时，"果达明爽，案无积牍。革除金派民役收纳之累，立柜书收受，至今便之"。[③] 又如安丘刘正宗，他性格耿介，降清后深得顺治帝青睐，官运亨通。后因事得罪顺治帝，据理力争，毫不屈服。结果不仅被免职，死后四十余年才得以回原籍归葬。再如长山李化熙，颇有惠政。《长山县志》"李化熙传"中记载了李化熙的德政和宦迹，称："署德清，厘租弊，惠流于民。……擢天津道。饥岁煮粥，活直隶、山东、河南流民，不下数十万。"[④]

（四）惠及桑梓，不乏善行

清初山东籍贰臣，对清初山东地方稳定、经济文化和教育发展有着不可低估的贡献。一方面，贰臣的归顺，在一定程度上削弱了清初山东的抗清斗争，使得清初山东地区免受清廷的再次屠

---

① 　[清]张同声修，李图等纂：《道光重修胶州志》卷二十九，收入《中国地方志集成·山东府县志辑》，凤凰出版社、上海书店、巴蜀社社，据清道光二十五年（一八四五）刻本影印，2004年，第287页。

② 　[清]丁耀亢：《陆舫诗草》，收入《清代诗文集汇编》，上海古籍出版社，2010年，第117页。

③ 　康熙《永平府志》卷十五，收入《四库全书存目丛书》史部第213册，齐鲁书社，1997年，第419页。

④ 　[清]倪企望总修，钟廷瑛纂辑：嘉庆《长山县志》，台湾成文出版社有限公司，据嘉庆六年刊本影印，1976年，第498页。

戮。由于归顺较早，"在多尔衮进入北京的三个月内，吏部的汉人尚书、侍郎都由山东人担任了。山东人递相引荐"①，进而占据了清初政坛的重要位置。同时，山东籍贰臣也引导并促进了山东文化世家和文人士子与清廷的合作，使文人士子们积极参加清廷的科举考试。尤其是顺治丙戌科共录取进士 373 名，其中山东籍 93 人，约占全国的四分之一。这一系列的举措，为清初山东地区恢复经济、发展教育争取了时间和机会。

另一方面，不少贰臣也为家乡作了不少具体贡献。王鳌永请求清廷宽免山东各地赋税，多尔衮以此作为对整个山东地主集团的奖励而采纳他的建议。李化熙"岁备周村市税，远近待举火、婚葬者甚众"。② 孙之獬虽臭名昭彰，但是也不乏善举。顺治二年（1645），孙之獬提出在较长时间内减轻山东地区赋税负担的请求，获得清廷批准。乾隆版《淄川县志·人物志·文学传》也记载称他："遇乡里有义举利民之事，必捐资首倡。如建修石城，独当一面。议复条鞭，为文刊石。明末，寇氛四起，城守之役，首任其劳，以故淄城危而获安。"③

综上所述，清初山东籍明臣的群体性变节有着深刻的历史背景和复杂的社会原因，从社会发展和朝代更迭的趋势来看，

---

① ［美］魏斐德:《洪业:清朝开国史》,陈苏镇、薄小莹等译,新星出版社,2017年,第279页。

② ［清］倪企望总修,钟廷瑛纂辑:嘉庆《长山县志》,台湾成文出版社有限公司,据嘉庆六年刊本影印,1976年,第499页。

③ ［清］张鸣铎修,张廷寀等纂:乾隆《淄川县志》卷六,艺林石印局,据乾隆四十一年(1776)刻本重刊,1920年,第270页。

具有一定的必然性。并且清初山东籍贰臣的归顺，在一定程度上提前结束了山东地区动荡混乱的时局，为清初山东经济的恢复、社会的发展争取了时间和机遇。但是，清初山东籍贰臣的变节行为成为不可磨灭的政治污点，不仅他们自己难逃历史的审判，其家族和子孙也因此而蒙羞受辱，进而影响家族的长远发展。

| 第四节 |　　清初山东贰臣家族的命运

清朝初年，山东籍贰臣以降清为代价获得短暂的荣耀后，随着利用价值的弱化而逐步失去了清政府的庇护。至乾隆年间还被清政府载入《清史列传·贰臣传》。贰臣家族不仅没有享受到贰臣降清带来的实惠，还因此而蒙羞。家族士气受到沉重打击，家族发展愈发艰难。通过考察，我们发现整个清代，山东地区的贰臣家族除去清初的短暂辉煌，其他时间多湮没无闻。当然，这些家族中也有个别族人取得一定成就。现以淄川王鳌永、孙之獬及长山李化熙家族为例，作简要分析。

一、　王鳌永家族

淄川鸾桥王氏家族，是明清时期山东地方望族。据王氏族谱记载，从明嘉靖至天启年间近一百年的时间里，王氏家族六、

七、八三代人共考取了六位进士①。其中第六世王崇义，明嘉靖十七年（1538）进士，官至宁波太守；第七世王君赏，嘉靖三十八年（1559）进士，历任中书舍人、朝鲜副使、浙江道监察御史；七世王晓，隆庆五年（1591）进士，曾任浙江巡按，因与其父王崇义同为进士，淄川立有"父子进士"牌坊；七世王载扬，万历十九年（1591）进士，曾任淮安府海州知州。第八世即王泽永、王鳌永兄弟，二人均为王崇义之孙，王昵之子。王鳌永事迹于兹不再赘述。王泽永，万历三十九年（1611）进士，任清丰县知县。可见，明朝末年王氏家族在科举仕宦方面取得显著成就。

但是，明清鼎革之际王鳌永归顺清廷，给鸾桥王氏家族带来重要影响。王鳌永顺治元年（1644）五月降清，是山东地区降清最早官员之一，受到清廷的重视，被委以重任。初升为户部侍郎兼工部侍郎，被派至青州（今益都）。后任山东总督，招抚山东、河南，降明德王朱由枟、衡王朱由楩，为清廷镇抚山东作出重要贡献。后于"青州之变"中被李自成裨将赵应元杀害。王鳌永被杀后，清政府给予了他诸多恩赐与褒奖。《清史列传·贰臣传》记载称："事闻，得旨王鳌永招抚著劳，尽节死难，宜予旌恤。于是赠户部尚书，赐祭葬如例。"② 王鳌永死后，王氏家族走向衰落，但仍不失为一方大族。就仕宦成就而言，王鳌永育有二子：长子王攘早逝，次子王樛为邑庠生，因父荫而被授骑都尉世职。

① 史料来源:山东淄川鸾桥王氏文化整理小组:《卷首语——辉煌鸾桥、灿烂文化》,《王氏文化》(内部刊物)2008 年第 5 期。
② 王钟翰点校:《清史列传》卷七十八,中华书局,2017 年,第 6420 页。

王樛受到顺治帝的重视，累迁太常寺少卿兼中书舍人、内秘书院侍读。后因裁缺，复候补少卿。娶明户部尚书毕自严女，有女六人，各适书香门第。后王氏家族骑都尉世职以袭次满，停袭。乾隆十五年（1750），特予恩骑尉，世袭不替，以鳌永四世孙作亮袭。① 就科举成就而言，自天启五年（1625）王鳌永中进士以来，直至一百二十年以后的乾隆十年（1745），王氏家族才出了另一位进士，且为武进士，他就是第十四世王宁远。也就是说，王氏家族在清代仅出过一位进士，这与明末的盛况形成鲜明对比。

由上可知，王鳌永降清后被委以重任，在招抚山东、河南方面作出贡献。死后，清廷不仅对他本人赠赐有加，其子王樛、四世孙王作亮也因受父祖余荫而为官。但是，整个家族科举仕宦成就已无法与明末同日而语。

二、 孙之獬家族

淄川孙之獬，是清初山东籍贰臣中命运最为悲惨的一个。他顺治元年（1644）应召入京，初授官礼部右侍郎，继而以兵部尚书衔招抚江西。但因"久任无功，市恩沽誉"，旋被革职为民，返回故里。顺治四年（1647），谢迁领导的抗清农民起义攻破淄川，孙之獬及其孙孙兰滋、孙兰蔼等七人被杀。《清史列传》记载："四年六月，迁合五百余贼犯城，之獬率家人登城御守，可

---

① 王钟翰点校：《清史列传》卷七十八,中华书局,2017 年,第 6420 页。

泽启门迎贼，之獬知贼已入城，急驰归，自缢。贼解其缢，复
甦，骂贼不屈，遂与孙兰滋、兰蔼等男女七人，并遇害。"① 《淄
川县志》对这件事也作了详尽的记载：

> 顺治丁亥，巨贼谢迁哨聚，东山邑令延公入城守，复值
> 禁弓矢器械之议起，虽未奉旨，而地方已先行追夺，乃率众
> 以白挺御侮焉。至六月十三日，贼已伏，有内应夜半垂绳而
> 上城，遂溃。公闻变，率家人为战计，力不敌，乃退入私
> 第，衣冠拜阙，束帛悬梁，未尽间，贼众蜂涌入宅，解系拥
> 至县衙，甘言相诱。公以大义责其受抚，贼不听，遂请死，
> 骂不绝口。贼怒，不即杀，使其腹党绊羁一室中，不食者五
> 日，气益壮，贼愈怒，乃加以非刑拷，苦死而复甦，气益
> 壮，贼愈怒，乃缚其四孙男兰滋、兰蕖、兰薇、兰蔼于面
> 前，加刃于颈以迫胁，公不为动，骂益厉。贼愈怒甚，至以
> 针线穿缝两唇，祖孙五人同时饮刃死。惨哉！②

淄川之难后，孙之獬的四个儿子仅有长子孙珀龄、次子孙琰龄因
不在淄川而幸免于难。

孙珀龄，原名孙秴，字五粒，明崇祯六年（1633）中举，清
顺治三年（1646）举进士，授工科给事中。淄川城难时，他因在
外为官，故而躲过这场杀戮。但是他的三个儿子均在淄川之难中
被杀。入清后，孙珀龄仕途坎坷。顺治十年（1657）丁酉顺天科

---

① 王钟翰点校：《清史列传》卷七十九，中华书局，1987 年，第 6564 页。
② ［清］张鸣铎修，张廷寀等纂：乾隆《淄川县志》卷六，艺林石印局，据乾隆四
十一年(1776)刻本重刊，1920 年，第 87—88 页 。

考案发，孙珀龄受到牵连，次年被流放到尚阳堡。直至康熙二年（1663），才被弟弟孙琰龄重金赎回。孙珀龄一生成就不大，但是他对家族的一大贡献是淄川邑难后，他又生出了九个儿子。这对于劫后余生的孙氏家族来说，具有重大意义。

孙琰龄，字禹年，孙之獬次子。虽终身未仕，但忠义可嘉。乾隆版《淄川县志·卷六·人物志》中对其言行事迹作了详细记载：

国朝开科选拔贡元，截取州同知，养亲不仕。顺治丁亥，有巨寇薄城。公父司马公奋义倡守，屡挫贼锋。后贼伏内应，城溃。率家众力战，不克，命公请兵讨贼。公乘夜缒出，只身赴京，匍匐千里。及大兵麇至，克城贼歼，而司马公已节烈殒身矣。公之三侄一子同时饮刃，一妻二女相携入井，各有传载通志。公抱恨刻骨，欲从父死者，再戚。族咸以无后为解，乃止。后与兄通政析箸而居。兄宦游京师，以官事系狱，势将叵测，公冒霜雪，间关奔赴，竭力周旋，无不备至。己亥春，通政公减罪东遣，公送出关，恸哭投河，赖救得免。至癸卯，有修工赎罪之令。公欣然变产认工，迎兄归复，室家完聚焉。盖自通政公被累以及回籍，公出囊赀二万余金，变己产七十余顷，省邑巨宅荡然一空，真所谓能笃同气者哉！所著有《石来轩似懒园柿岩小律》、《前后燕游草》藏于家。①

① ［清]张鸣铎修，张廷寀等纂:乾隆《淄川县志》卷六，艺林石印局，据乾隆四十一年(1776)刻本重刊，1920年，第19—20页。

由上可知，清初孙琰龄考取科举功名获得做官的资格，但是为了侍养双亲而不仕。在顺治四年淄川之难中，他奉父命出城赴京求救，幸免于难。但是，其妻子、一子、二女同时罹难。为了家族的存续，他忍辱负重，与兄长孙珀龄一道担起家族发展的重任。其兄遭牢狱之灾，他奔走营救；兄免罪归里，他不惜变卖家产进行接济。在他的努力和周旋之下，大难之后的孙氏家族得以延续和发展。

三、 李化熙家族

李化熙（1594—1669），长山县周村店（现山东省淄博市周村区前进村）人。他是清初山东贰臣中较为幸运的一个，其家族也是清初山东籍贰臣家族中成就最大的家族之一。据嘉庆《长山县志》记载，李氏家族自大明嘉靖至大清嘉庆200多年间，科甲相继，文人辈出，先后有文武进士17名，举人20余名。就李化熙本人来看：入清后，李化熙初任工部右侍郎，继而转为工部左侍郎，升至刑部尚书，晋光禄大夫、太子太保，不久以母老为由辞官归养。清康熙八年（1669），李化熙去世，享年七十六岁。纵观李化熙入清后为官经历，我们发现他在清为官的特点：第一，时间并不长，但是仕途却非常通达，在短短的时间内，官至刑部尚书，加封太子太保。第二，与王鳌永、孙之獬相比，李化熙的经历较为平淡，他既没有王鳌永招抚之功、殉难之举，也没有孙之獬建言献策、效忠清廷的积极行动，入清数年后便借故辞官归里。但是，清政府在编修《贰臣传》时，却将他列入甲编，与王鳌永、任濬并举，死后赐祭葬，足见清廷对其褒奖之意。究其原因主要有两点：一是李化熙在明官声颇佳。《长山县志·仕绩》记载了李化熙在明朝的仕宦履历："前甲戌科进士，筮仕湖州司理，雪徐谳奇冤。署德清，蠲租弊，惠流于民。以外艰归。补河间，解新妇冤絷。擢天津道。饥岁煮粥，活直隶、山东、河南流民，不下数十万。以荐擢都御史，巡抚四川道，改巡抚陕西。未至，复诏总督三边，统理西征军务。"①从中可见，李化熙为官清正廉明、勤政爱民，尤其是在饥荒之年赈济灾民，活人无数，不仅得到明廷的奖掖，而且深得百姓的敬仰。二是，入清后，李化熙继续保持着谦逊谨慎、勤政爱民的一贯作风。清廷任命其为工部右侍郎，他上疏辞让。后又"特疏请复朝审遣恤刑""请免荒地粮"，皆是为民请命。像李化熙这样一位在明末颇有政声，深得民心，入清后为官清正，为民请命的官员，正是清廷巩固统治，安抚民心所需要的。故而，李化熙受到清廷的重用和眷顾。

同时，李化熙惠泽桑梓，为家乡发展作出多方面的贡献。《长山县志·仕绩》记载：

> 邑旧有荒地粮一千六百余顷，编户岁苦赔纳，而长吏亦往往以此注下考。化熙毅然公陈督抚，特疏得免。岁备周村市税，远近待举火、婚葬者甚众。生平为人慷慨，不修方幅，性好客，虽布衣韦带之士造门者，未尝不倒屣前席，握手欢燕，

---

① ［清］倪企望修，钟廷瑛、徐果行纂：嘉庆《长山县志》，收入《中国地方志集成·山东府县志辑》，凤凰出版社、上海书店、巴蜀书社，据嘉庆六年刊本影印，2004年，第389页。

　　杂以诙笑，尽无所隐，人人皆得其欢心，至今称善。[①]

　　一方面，当时周村有荒粮地一千六百余顷，每年田赋由当地百姓分摊，乡民负担很重。李化熙为民请命，得以免除荒地的税负。另一方面，为振兴周村集市，李化熙为周村集市备下赋税，替民交纳，并对庄邻灾民及贫困者进行周济帮助。李化熙去世后，他的儿子李溉之、孙子李斯佺、曾孙李可淳继续"代完市税"，李氏家族其他支系子孙也全力维护周村市场，代完赋税，泽被后世，终使偏居乡下、没有任何优势的长山县周村货畅其流，誉满天下，成为著名的"旱码头"。康熙四十九年（1710），李斯佺殁于两淮盐运使任上，灵柩运回周村时，"阖镇遮道哀迎，不杵不舂"，可见民望之高。是年十二月，长山知县金鈱饱蘸浓墨，写下了《周村义集记》，对周村市场的兴起以及李氏家族的贡献作了系统记述："长邑南十八里为周村大镇，地不通夫水陆，而天下之货聚焉。熙熙然贸易有经，如游化日。余心窃异之，不知其何能尔？乃适镇西隅，见司寇公祠，不胜低徊流连，因询祠所由来建，乃知皆镇商等感德慕义之所为也。在昔市税银两，豪滑多就中取利，商困难甦，五弦大司寇予告侍养时，于周村市力捐课税，暨刺史岱源公，每岁代为完纳，俾豪棍敛迹，不得横行肆廛。历年久，市侩之攫金者复出，故智松客公爰以立市始末，请方伯勒石永禁，为镇备税，世以为常，则斯镇地僻而业盛，不

　　① ［清］倪企望修，钟廷瑛、徐果行纂：嘉庆《长山县志》，收入《中国地方志集成·山东府县志辑》，凤凰出版社、上海书店、巴蜀书社，据嘉庆六年刊本影印，2004年，第389页。

亦宜乎?"① 李化熙的善行义举受到家乡政府与百姓爱戴,得以入祀长山乡贤。《长山县志》高度评价了李化熙的仕宦成就及其对家乡的贡献,"居乡者,必曰太保李公云",他死后,"周村商民请立专祠"。②

入清以来,长山李氏家族人才济济,嘉庆《长山县志》收录李氏族人三十余人,可考者有:李梦龙、李梦凤、李化熙、李文熙、李重熙、李振熙、李雍熙、李世熙、李溉之、李佑之、李予之、李坦之、李因之、李植之、李生之、李毓之、李笃之、李斯恒、李斯义、李斯佺、李斯观、李斯珣、李斯援、李斯仁、李斯孚、李斯建、李斯勇、李沔、李其昌、李可济、李可托、李可汾、李可道、李可模。他们在科举仕宦及文学方面成就斐然,在地方上具有重要影响,成为清代长山李氏家族的重要代表人物,推动了家族的持续发展。

清朝初年,长山李氏家族在科举方面取得重要成就,共考取进士九人,其中武进士四人。他们分别是:李之茂、李文熙、李载熙、李生之、李佩之、李予之、李斯义、李其昌、李斯援。李之茂,顺治己丑科(1649)武进士,陕西庄凉都司。李文熙,顺治壬辰科(1652)进士,任监察御史19年。李载熙,顺治乙未科

---

① [清]倪企望修,钟廷瑛、徐果行纂:嘉庆《长山县志》,收入《中国地方志集成·山东府县志辑》,凤凰出版社、上海书店、巴蜀书社,据嘉庆六年刊本影印,2004年,第535—536页。

② [清]倪企望修,钟廷瑛、徐果行纂:嘉庆《长山县志》,收入《中国地方志集成·山东府县志辑》,凤凰出版社、上海书店、巴蜀书社,据嘉庆六年刊本影印,2004年,第389页。

（1655）武进士，惠州守备。李生之，顺治戊戌科（1658）进士，未仕。李佩之，顺治辛丑科（1661）武进士，江南邳州守备。李予之，康熙庚戌科（1679）进士，曾任户部主事、郎中，贵州镇远知府。李斯义，康熙戊辰（1688）进士，官至福建巡抚，嘉庆《长山县志》有传。李其昌，康熙辛未科（1691）进士，曾任礼部主事、员外郎，户部郎中，官至云南学政，按察使司佥事。李斯援，康熙癸未科（1703）武进士，晋阶骁骑将军，嘉庆《长山县志》有传。

李氏家族的文人积极参加科考入仕，在仕宦方面取得丰硕成果。李溉之，李化熙的儿子，官至滦州知州，嘉庆《长山县志》有传。李斯佺，李化熙的孙子，官至两淮盐运使，嘉庆《长山县志》有传。李斯恒，以贡监身份出任山西孟县知县，康熙二十七年（1688）补授湖广石首县知县。李斯义，官至福建巡抚；李文熙，曾任监察御史；李予之，曾任户部主事、郎中，贵州镇远知府；李其昌，曾任礼部主事、员外郎，户部郎中，官至云南学政，按察使司佥事。李斯援任骁骑将军，李载熙任惠州守备，李之茂任陕西庄凉都司，李佩之任江南邳州守备。

此外，清初李氏家族李雍熙、李斯恒在文学方面也取得一定成就。李雍熙，李化熙的叔伯兄弟，以文学见长，著有《翠岩偶集》，他的诗歌广受清朝初年文坛领袖王渔洋等诗歌大家的好评，数首长诗被收录在嘉庆《长山县志》，是李氏家族文学代表人物，嘉庆《长山县志》有传，《长山县志·艺文志》中收录了王渔洋为其撰写的《大理寺卿李公家传》。李斯恒，嘉庆《长山县志》有传，《长山县志·艺文志》收录了李斯恒的《桃源逸客自传》。

第五章 明清鼎革对山东文化 世家的深远影响

| 第一节 | 明清鼎革造成的历史创伤

有明一代，山东地区因优越的地理位置和便利的水陆交通，经济发展迅速，济宁、淄川、临清等地都是非常富足的地区。至晚明时期，山东已是一个社会与经济非常繁荣的省份。但是，自明末至清初数十年间，正值明清鼎革斗争时期。明清鼎革斗争，持续时间长，涉及范围广，斗争形势复杂多变，是明清史中的一次重要政治事件。山东地区在这次政治变革中，充当了重要角色，也遭受了重创。据《清实录》记载，顺治二年（1645）正月初五日总督河道杨方兴上疏时描述了清初山东的社会概况，称："山东地土荒芜，有一户之中止存一二人，十亩之田止种一二亩者。"[1] 从中可以窥见，清初饱经战乱摧残的山东地区呈现出一派

---

[1] 《清实录》第三册《世祖章皇帝实录》卷十三，中华书局，1985年，第119页。

人烟稀少、土地荒芜的破败景象。

　　而生活在明清之际的一百余家山东文化世家，早在明末便被卷入这场持续复杂的政治斗争中，受到不同程度的创伤。随着斗争形势的发展，尤其是清朝初年，政局发展态势逐步明朗，清廷入主成为不可逆转的历史潮流。在这种情况下，不同的文化世家作出不同的政治选择，从而得到清廷不同的对待，这就不可避免地造成了家族发展的分化，给山东文化世家发展造成了重要影响。在明清之际山东各地文化世家中，莱阳宋氏家族所受到的创伤和影响最具有代表性。下面以莱阳宋氏家族为例，从五个方面探析明清鼎革斗争对山东文化世家发展及其命运的重要影响。明清鼎革斗争，不仅重创宋氏家族经济、引发清廷对其的猜忌，还给宋氏族人埋下牢狱祸患，导致宋氏家族人丁不兴、教育缺失，逐步由鼎盛走向衰落。

一、　重创家族经济

　　莱阳宋氏家族主要分为两支，即宋琬支系和宋继澄支系。两支皆由外地迁入莱阳。宋琬支系于元代落户文登，后因兵荒，迁至莱阳。宋继澄一支"原籍长清，明永乐间始徙莱阳"。[①] 宋氏家族经过百余年的发展，至明中后期，已经成为莱阳地区的一方大族。就家族经济来看，宋琬一支实力比较雄厚。这一点在相关史

---

　　① 　梁秉锟等修，王丕煦等纂：《莱阳县志》，台湾成文出版社有限公司，据民国二十四年铅印本影印，1968 年，第 1348 页。

料中有所反映。上文提及，在崇祯十五年莱阳保卫战中，宋应亨
捐资修缮城墙、"悬赏购死士，杀一奴，予五十金"①；在癸未邑
难中，宋应亨"家僮死者三十余人"②。而康熙版《莱阳县志》
也记载："（宋）应亨……家居数载，乡里赖以举火者甚众。好贤
喜士，食客满座，酒樽不空，真有孔北海遗风。庚辰辛巳大饥，
人相食，公出粟赈之，活数千人。圣庙颓，捐金数千，改作殿
庑，戟门高广倍前，轮奂一新。"③ 宋应亨能够出资修缮城墙，以
五十金悬赏杀一奴，而又拥有数十名僮仆；同时又能周济乡邻，
广招宾客，赈济灾民，出资修缮圣庙，足见其家资雄厚。

　　宋应亨为保卫莱阳城捐家资，购死士，以身殉难，宋氏家族
经济因此受到重创。癸未邑难中，宋应亨被俘。清兵逼迫他投
降，命他以金钱赎死，宋应亨大声斥骂："吾资产尽与城守，家
无一钱。"④ 此虽非全是实言，但宋应亨确实捐助了大量家财。明
朝灭亡后，宋应亨之子宋琬等人为躲避清廷的迫害，举家逃亡江
南避难，此后辗转奔走于南京、镇江、苏州、无锡、杭州、湖
州、汾湖、淮安、龙潭（今江苏省南京市北）之间，于顺治二年
十月返回莱阳，进一步耗费家资。

---

　　① ［清］钱谦益：《宋稽勋哀辞（并序）》，收入《牧斋初学集》，上海古籍出版
社，1985 年，第 1693 页。

　　② ［清］钱谦益：《宋稽勋哀辞（并序）》，收入《牧斋初学集》，上海古籍出版
社，1985 年，第 1693 页。

　　③ 李江峰、韩品玉：《明清莱阳宋氏家族文化研究》，中华书局，2013 年，第
173 页。

　　④ ［清］钱谦益：《宋稽勋哀辞（并序）》，收入《牧斋初学集》，上海古籍出版
社，1985 年，第 1693 页。

　　而宋继澄支系自宋兆祥始，以设帐授徒为业。族人考取功名从政后，往往又为官清廉，收入微薄，经济基础相对薄弱。莱阳癸未邑难后及入清以来，宋继澄一支经济状况更为艰难。宋继澄父子设帐授徒，颠沛流离，生活窘迫。宋玫殉难后，其子宋撼由宋琮之子宋俶抚养成长，生活也相当清贫，以至于无力葬父。康熙七年（1668），宋撼曾求助宋琬帮忙筹资葬父。而此时宋琬自己也拿不出银两，宋琬为此还致书好友卢綋、吴伟业，请求资助。《上卢澹岩大参书》和《寄吴梅村先生书》（《安雅堂未刻稿》卷七），便是当时宋琬写给二人的书信。宋琬在《寄吴梅村先生书》中称："兹有先兄九青之子撼，以其父在浅土，匍匐二千余里，欲以麦舟之谊，邀惠于卢澹岩公祖。虽澹老古道照人，谅必慨然，而撼伶仃孤踽，羞涩难前，闻先生驾在咫尺，大喜过望。伏乞惠赐手书，剀切致之，俾司空夫妇遗骸得就一抔之封，则云天之谊，与澹老均载其半矣。"[1] 最后，卢綋、吴伟业赠以千金，宋玫才得以安葬。

　　由此可见，经历了明清易代的破坏，清初宋氏家族经济已经严重衰退。家族经济是家族发展的基础条件，宋氏家族的经济的衰退，最终导致了整个家族的没落。

二、 引发清廷猜忌

　　清朝定鼎后，推行镇压和抚慰并重的策略。一方面，残酷镇

---

① ［清］宋琬：《宋琬全集》，辛鸿义、赵家斌点校，齐鲁书社，2003 年，第641 页。

压各地反抗势力；另一方面，以各种方式抚慰百姓，拉拢汉族地主，鼓励相互揭发检举。在这种背景下，对于宋氏家族的抗清活动，清朝政府表面上予以宽宥，但骨子里的仇恨从未消除，他们始终对宋氏家族子弟保持着高度戒备，致使宋氏家族后人在仕途上屡遭磨难，这也是宋氏家族在清代走向没落的重要原因。就宋应亨而言，他共有四子，《莱阳县志》仅记载三人①，曰："公三子：璠、璜、琬。"② 三子均有贤名，以宋琬最为著名。由于父亲宋应亨的抗清行为，入清以来，宋琬兄弟受到清廷的猜忌与打击最为严重，命运悲惨。宋琬的仲兄宋璜，"为同邑人所陷"，死于顺治十四年（1657）。宋琬的长兄宋璠，顺治十八年（1661）受"于七谋反案"牵连，还未入狱就已"瘐死"。而宋琬的命运更为坎坷。清顺治三年（1646），宋琬参加科举考试，中乡试亚魁，翌年中进士。历任户部河南司主事、吏部稽勋司主事、陇西右道金事、左参政，康熙十一年（1672）授通议大夫四川按察使司按察使。宋琬一生三次入狱，长时间流寓于江南。尤其是受"于七谋反案"牵连，宋琬全家大小一百多口人被牵连入狱，饱受磨难达三年之久。于七叛乱原本已被清廷安抚，于七再次叛变，很大一部分原因在于宋氏家族的宋一炳。宋一炳是宋琬的侄子，其与宋氏家族宋琬一支的恩怨前文（第二章第二节）已有交代。于七

---

① 宋应亨有四子：宋璠、宋璜、宋琬、宋珣。宋珣早亡，故而《莱阳县志》仅记载三人。

② 梁秉锟等修，王丕煦等纂：《莱阳县志》，台湾成文出版社有限公司，据民国二十四年铅印本影印，1968年，第1328页。

叛乱原本与莱阳宋氏家族并无关联，将宋氏家族扯进这场纷争的是宋一炳。于七叛乱一案，使宋氏家族遭受了致命的打击。《清史稿》"宋琬传"载："十八年，擢按察使。时登州于七为乱。琬同族子怀宿憾，因告变，诬琬与于七通，立逮下狱，并系妻子。逾三载，下督抚外讯。巡抚蒋国柱白其诬，康熙三年放归。"[1] 不仅族人受牵连，饱受磨难，宋璠也因这场狱案而死，原本就备受猜忌的宋氏家族也因此彻底失去了清廷的信任。宋磊等人在《宋琬墓志考》中称："于七案事发后，宋琬虽无罪释放，然已失去清廷信任。"[2] 此后，宋氏家族进一步衰落。康熙十二年（1673），宋琬进京述职，适逢吴三桂兵变，家属被困，遂忧愤成疾，病死京都馆舍。而其妻儿直到五年后才辗转流离，重返莱阳故里。由于饱受颠沛流离之苦，而又未能受到父亲的系统教导，宋琬之子在科举和仕宦等方面均无建树。

三、 造成人丁不兴

明清鼎革之际，宋氏家族的抗清活动使家族遭受重创。仅在莱阳癸未邑难中，宋氏家族就有宋应亨、三十余童仆、宋玫夫妇及宗人同时遇难。入清后，宋氏后人又多次遭受牢狱之灾，长时间颠沛流离，造成家族人丁不兴。

---

① ［清］赵尔巽：《清史稿》卷四百八十四，中华书局，1977 年，第 13327 页。
② 宋磊、范韶华、孙钰玮：《宋琬墓志考》，《莱阳农学院学报（社会科学版）》2004 年第 3 期。

1. 就宋琬支系来看，其父宋应亨有四子：宋璠、宋璜、宋琬、宋珣。长子宋璠无子，过继宋琬次子宋思勃为子。次子宋璜有一子一女，子名恩陟。三子宋琬妻刘氏、王氏，庶袁氏、沈氏。顺治十年（1653），宋琬得一子，后此子夭折。直至康熙五年（1666）宋琬五十三岁时，始得长子思劢（字阿鸿），其后，次子思勃（字阿环）、季子思勰（字阿端）相继出生。这对饱受磨难的宋琬来说，是件少有的喜事。他在《贺慕鹤鸣新任方伯书》中写道："惟丙午以后，连举三豚于吴门，乃平生一大快事。"① 四子宋珣，早亡，有子，名不详。

2. 就宋继澄支系来看，崇祯四年（1631），宋继澄的父亲宋兆祥去世；崇祯七年（1634），其母去世；崇祯十年（1637），其兄宋继登的长子宋琮去世。宋琮"子三：俶、仲、佼，俱有文名。仲早卒，俶、佼俱明经，未仕"。② 崇祯十五年（1642），宋继登病逝；宋继登次子宋玫的两个儿子也先后夭折。而癸未邑难中宋玫夫妇及宗人死于邑难。在短短的十余年间，宋继澄支系失去了近十位亲人。至清初，宋继澄支系仅剩下宋继澄、宋琏父子，宋琮长子宋俶、三子宋佼，宋理之子宋衡，宋玫遗骨宋摅等数人而已。

3. 宋一炳一支：据《宋氏宗谱》"大猷公派"记载，清廷剿灭于七叛乱后，拜宋一炳为喇布哈勒番，将于七等财产赐给他，

---

① ［清］宋琬：《宋琬全集》，辛鸿义、赵家斌点校，齐鲁书社，2003年，第647页。

② 汪超宏：《宋琬年谱》，人民文学出版社，2010年，第126页。

宋一炳兄弟悉数入旗，举家迁往北京居住。① 其后该支系发展去向难以考察。

由此可见，明清鼎革给宋氏家族带来巨大灾难，致使宋氏家族呈现出一派人丁零落的状况。人丁不兴也是制约清初莱阳宋氏家族恢复和发展的重要原因。

四、 导致教育缺失

明清鼎革不仅造成宋氏族人大量死亡，而且致使族人流离失所。在这种情况下，对子弟的教育自然会出现严重缺失。以宋琬而言，他的三个孩子，都是其在晚年所得，生于流寓江南期间。康熙五年（1666），宋琬长子出生，宋琬在《王酉山寿序》中称："今年夏，余始举一丈夫子。"② 次子、三子生于康熙七年（1668），宋琬在《清丰祭先太仆文》中称："戊申之夏，踰月双雏。"③ 康熙十二年（1673），重病在身的宋琬奉命赴京城朝觐康熙皇帝，时逢吴三桂起兵叛乱，攻陷成都，他留在蜀中的妻子儿女陷入叛军之手。宋琬闻讯后，惊恐忧郁，以致气塞胸臆，病逝于京都馆舍，时年 59 岁。他死时长子七岁，次子、三子年仅四

---

① 宋磊、范韶华、孙钰玮：《宋琬墓志考》，《莱阳农学院学报（社会科学版）》2004 年第 3 期。

② ［清］宋琬：《宋琬全集》，辛鸿义、赵家斌点校，齐鲁书社，2003 年，第133 页。

③ ［清］宋琬：《宋琬全集》，辛鸿义、赵家斌点校，齐鲁书社，2003 年，第722 页。

五岁。由于孩子年纪尚幼，与其相处的时间过少，宋琬根本没有机会对孩子开展教育，甚至其子对他的印象都比较模糊。其子宋思勔曾言称："昔先大夫旅寓江南，生不孝等于客舍，甫七岁携而之蜀，曾不知家乡所在。今者生还，始望见里门，而遭背弃者八年矣，其嘉言懿行，童稚既无所识知，追询之宗族乡党，虽略闻而又不能尽也。"① 由于父亲早亡，加之在外漂泊不定，宋琬的三个儿子缺乏严格系统的家族教育，因而都成就平平。康熙三十八年（1699），宋琬仲子宋思勃补辑订正《安雅堂文集》，王熙为之作序。《重刻安雅堂文集序》中仅称："先生之子盛年工为文，能守先生之学。"② 以宋玫而言，宋玫原有二子，均夭亡。癸未邑难时，遗有一子名宋摅，当时尚在襁褓，由宋琮之子宋俶抚养成人。由此可见，宋氏家族的抗清活动，使其族人饱经磨难，几度流离颠沛，也使得家族教育严重缺失，极大地影响了家族的发展。

　　虽然宋氏家族的武力抗清历史及其由此带来的一系列坎坷遭遇，是导致清代宋氏家族没落的重要原因。但是，宋氏家族的柔性抗争——拒绝合作，对宋氏家族的影响是不容忽视的。甚至，在相当大的程度上讲，宋氏家族的柔性抗争才是导致清代宋氏家族没落的根本原因。

---

① ［清］王熙：《重刻安雅堂文集序》，收入《王文靖公集》，直隶总督采进本，卷十九，第17页。
② ［清］王熙：《重刻安雅堂文集序》，收入《王文靖公集》，直隶总督采进本，卷十一，第17页。

纵观莱阳宋氏家族明末所取得的重要成就，我们可以清晰地看到，无论是科举、仕宦，还是文学、结社，宋继澄支系均占主导地位：就科举成就来看，宋琬、宋继澄两支共考取六名进士，四名举人。其中宋继澄一支占四名进士、四名举人。宋琬支系仅有宋应亨、宋璜父子二人考中进士。从仕宦成就来看，两支共九人为官，其中六人为宋继澄支系，三人为宋琬支系。而且，宋琬支系宋应亨、宋璜官职较低。而宋继澄支系的宋玫做到工部右侍郎，为正三品。从文学方面来看，明末莱阳宋氏家族饮誉海内的名家宋继澄、宋玫、宋琮、宋瑚、宋琏等皆为宋继澄一支。而宋应亨、宋璜文名并不显著。因此可见，明末莱阳宋氏家族之所以誉满海内，在很大程度上是宋继澄一支的功劳。

宋继澄一支之所以能够取得这么大的成就，这与该支系长期注重开展家族教育密切相关。明朝末年，科举大兴，莱阳地区的各世家大族积极兴办私学，一方面教育本族子弟，另一方面兼收同邑他族子弟。其中宋氏家族的宋兆祥便是较早开办私学的先行者。《莱阳县志》称："（宋兆祥）为人伦师表，从学者半邑中，金称其善诲焉。"① 其子宋继登、宋继澄皆能世其业。宋氏家族的宋瑚、宋琏、宋琮、宋玫、宋琬、宋俶，姜氏家族的姜圻、姜坡、姜埰、姜垓四兄弟，赵氏家族的赵崶、赵岧、赵崡，以及崔子忠、张允抡、董樵皆出自宋继登门下。宋继登死后，宋继澄执

---

① 梁秉锟等修，王丕煦等纂：《莱阳县志》，台湾成文出版社有限公司，据民国二十四年铅印本影印，1968 年，第896 页。

掌宋氏家族柏园，后设教于万柳。鼎革后，又于海阳、即墨等地授徒，弟子遍布山左，除崔子忠、董樵外，于起泗、赵维旗、张瑞征、张德宿、刘子延、韩应恒、顾调、高伦、刘学正等亦出自宋继澄门下。姜泻里、赵士骥也是莱阳著名的私塾教育者。在教育风行之下，明朝中后期，莱阳宋、左、赵、张四大家族人才辈出，宋氏家族考取宋黻（明天顺四年进士）、宋继登、宋继发、宋玫、宋琮、宋应亨、宋璜七位进士，左氏家族考取左之宜、左懋第、左懋泰、左其人四位进士。赵氏家族赵文耀、赵鹏程、赵士骥、赵钥、赵峑，张氏家族张梦鲤、张嗣诚、张宏德、张允抡、张允捷皆中进士。由此可见，宋继澄支系开设私塾，普及教育，不仅造就了宋氏家族的兴旺，也为莱阳地区科举发展作出贡献。

清代初年，宋琬支系背弃了宋应亨坚决抗清的做法，及时改变策略，归附清廷，积极参加清朝科举，并走上仕途。但是，由于家族抗清的历史，清廷对宋琬兄弟始终存有戒备，再加上祸起萧墙，宋琬家族被族子宋一炳告发而被牵入"于七叛逆案"，宋琬支系族人生活坎坷，科举仕宦之途艰难。与宋琬支系不同的是，宋继澄父子选择了柔性抗争，一直拒绝与清政府合作。这种不合作的态度，给宋继澄支系带来了深远的影响。首先，宋继澄受到了清廷的猜忌和打击。宋继澄作为复社的北方分社——山左大社的领导人，其子宋琏也是山左大社的主要成员，原本就是清政府统治者眼中的"不可信赖之人"。面对清廷的屡次征召，宋继澄皆避而不就。清顺治九年（1652），"宋继澄来到即墨，与

黄、蓝诸族结为诗社"。① 康熙五年（1666），黄培诗案告发。宋
继澄受到牵连入狱②，直到康熙八年（1669）才出狱，此时他已
是七十六岁高龄。民国《莱阳县志》卷末附记之《宋继澄文字
狱》称："继澄为黄氏婿，与培善，往来唱和。昆山顾炎武为作
诗序，遂同系狱。适东抚性宽厚，不欲兴大狱，含糊奏结，炎
武、继澄得释。"③ 康熙十五年（1676），宋继澄病逝，终年八十
三岁。其次，宋继澄的子孙放弃科举仕途。在宋继澄的教育和引
导下，宋琏、宋瑚以及宋琮之子宋俶、宋仲、宋侅皆秉持拒绝与
清廷合作的态度，不参加清廷科举，他们虽有文名，却均未入
仕。《康熙莱阳县志》卷八《人物·世贤》记载："琮，……子
三：俶、仲、侅，俱有文名。仲早卒，俶、侅俱明经，未仕。"④
再次，宋氏族人拒绝与清廷合作。宋氏家族在明末之所以能够享
誉海内，关键在于宋继澄支系注重家族教育，并依靠科举仕宦成
就了宋氏家族的美名。崇祯十五年（1642）宋继登病逝，宋琮、
宋玫兄弟在外为官，因此宋氏家族教育的重担落在了宋继澄身
上。宋琬在《孝廉宋夏玉墓志铭》中称："后宗玉、文玉皆早达，

---

① 李江峰、韩品玉：《明清莱阳宋氏家族文化研究》，中华书局，2013 年，第
244 页引。

② 宋继澄是即墨黄嘉善的孙婿，黄培的三姐夫，故而顺治九年后长期寓居在
即墨。

③ 梁秉锟等修，王丕煦等纂：《莱阳县志》，台湾成文出版社有限公司，据民国
二十四年铅印本影印，1968 年，第 1644 页。

④ 汪超宏：《宋琬年谱》，人民文学出版社，2010 年，第 126 页。

主柏园者独澄岚先生。"① 入清后，宋继澄还在万柳设教，宋氏子弟多受教于其门下，受其影响深重。宋继澄一支原本是宋氏家族科举仕宦的主力军，而宋继澄将他这种不合作的态度渗透到教育之中，致使宋氏家族子弟在较长一段时间内拒绝参加清廷组织的科举考试，拒绝接受清廷的官职，这极大地影响了整个宋氏家族的科举成就，使宋氏家族被边缘化，进而淡出政坛、文坛而走向没落。

五、　破坏文化环境

明朝科举大兴，莱阳地区兴办私学之风盛行，宋氏家族宋兆祥便是较早开启私塾教育的先行者。他一方面教育本族子弟，另一方面兼收同邑他族子弟。其子宋继登、宋继澄皆能世其业。姜泻里、赵士骥也是莱阳著名的私塾教育者。在教育风行之下，明朝中后期，莱阳张、赵、宋、左四大家族人才辈出，接连考中进士。莱阳邑难中，士绅死于邑难三十余人，《莱阳县志》对此做过统计，称："据稽考所知，东城宋玫、姜坡，东南城张宏德、姜泻里，南城左懋芬、左懋章。未几，城北门陷。致仕山西盐运司运副黄阁犹跨马巷战，贡监赵士骅冲杀于东马路，力竭皆死。于是知县陈显际、教谕孙尔振、典史冯昕、邑绅工部侍郎宋玫、吏部郎中宋应亨、中书

---

① ［清］宋琬：《宋琬全集》，辛鸿义、赵家斌点校，齐鲁书社，2003年，第685页。

舍人赵士骥、赠光禄寺卿姜泻里、肃宁知县张宏德、广西参将李承胤等亦皆不屈死之，事详忠节传中。"① 遇难人员中，除陈显际、孙尔振、冯昕等外调官员外，宋玫、宋应亨、赵士骥、张宏德等皆为莱阳当地的士绅名流。士绅名流既是地方文化世家的中流砥柱，又是地方精英人士，他们的大量殉难，严重破坏了乡邑文化氛围，破坏了地方文化世家成长的土壤和环境。

综上所述，明清鼎革之际，面对清军的武力入侵和初主中原的不同形势，莱阳宋氏家族以武力抗争和柔性抗争两种截然不同的方式开展了英勇斗争，体现出无畏的精神和可贵的气节，但也为此付出惨重的代价。武力抗争引发了清廷的忌恨和猜疑，引发了家族经济受创、族人颠沛流离、家族教育缺失等一系列的问题，使宋氏家族逐步失去清廷的信任。而拒绝合作，则从根本上断绝了文化世家由科举踏入仕途、实现家族繁荣的道路，从而使家族走向没落。可以说，莱阳宋氏家族是明清鼎革的牺牲品，它的没落是时代背景与家族选择共同作用的结果。而宋氏家族的命运和遭遇又是明清鼎革之际大部分山东文化世家命运的一个缩影，易代斗争给山东文化世家带来难以估量的重大创伤。

---

① 梁秉锟等修，王丕煦等纂:《莱阳县志》，台湾成文出版社有限公司，据民国二十四年铅印本影印，1968 年，第 1616 页。

|第二节|　明清鼎革带来的发展机遇

明清鼎革，一方面给山东文化世家带来深重的灾难，重创文化家族经济，造成人员大量死亡，导致家族教育缺失，破坏乡邑文化环境；另一方面在一定程度上又为山东文化世家发展提供了发展的机遇和平台。首先，清初山东地区因较早地归顺清廷，在一定程度上减少了鼎革带来的创伤，为文化世家争取了和平发展的环境；其次，山东地区较早归顺清廷，各地文化世家与广大士子积极参加清廷举办的科举考试，并由此踏入仕途，创造了清初山东文化世家科举、仕宦方面的辉煌，为地方家族的恢复和发展赢得了时间和机遇；再次，由于山东地区较早归顺，再加上降清的山东籍明朝旧臣的奏请，清政府多次减免山东地区的赋税，减轻了山东各地文化世家和百姓的经济负担。这一系列的政策和机遇不仅了催生了一批新的文化世家，而且推动了原有文化家族不同程度的恢复与发展，造就了清初山东文化世家发展的又一个高峰。

一　减少易代创伤

明清鼎革斗争自明末延续至清康熙初年，历时近半个世纪，造成经济严重倒退、人口大量死亡、矛盾极其尖锐、时局高度动荡。这场鼎革斗争，略可分为明末和清初两个时期。这两个时期，以山东为代表的北方地区与南方各省有着截然不同的命运。明朝末年，山东地区及地方文化世家较早地被卷入斗争，遭受了清兵的两次侵袭，山东地区数十座城池先后被侵袭、攻克，数十万军民殉难，数十万人口及数不尽的牛羊、财物被劫掠。而此时，由于清兵的势力难以企及，我国南方及北方某些省份未遭清兵的劫掠。而清朝初年，清政府在数月之间便基本完成了招抚，掌握了山东地区的地方政权，并通过一系列的政策巩固了对山东地区的统治，进而对南方及北方某些省份开展了残酷的镇压。尤其是顺治年间，南方的浙江、江苏、四川、福建及北方的陕西、山西等地区遭受重创。宫宝利在《顺治事典》中高度概括了清初顺治年间的时局状况，称："顺治朝的十七年间，恰恰是在这片广袤的大地上，充满血雨腥风，伴随着野蛮杀戮和疯狂掠夺的一段时期。"[①] 这一时期，清兵在各地制造了大屠杀，其中影响较大的有扬州十日、嘉定三屠、苏州之屠、南昌之屠、赣州之屠、江阴八十一日、常熟之屠、沙镇之屠、南京之屠、盩厔之屠、无锡之屠、昆山之屠、嘉兴之屠、海宁之屠、济南之屠、金华之屠、厦门之屠、潮州之屠、同安之屠、沅江之屠、舟山之屠、湘潭之屠、南雄之屠、泾县之屠、大同之屠、浑源之屠、汾州之屠、太谷之屠、沁州之屠、泽州之屠、朔州之屠、广州之屠、四川大屠杀等。除此之外，清兵还在其他地区进行了屠杀，多尔衮曾发布

---

① 宫宝利:《顺治事典》,紫禁城出版社,2010 年,第 9 页。

"屠城令"，并带领大军参与血洗江南、岭南等地区，甚至勾结荷
兰殖民者，攻屠厦门。详情见表5.1清初清廷镇压各地抗清运动
情况统计表。

表5.1　　　　　清初清廷镇压各地抗清运动情况统计表①

序号	名称	时间	地点	万人（约）
1	畿南之屠	顺治元年（1644）	北直隶三河、昌平、良乡等地	0.5
2	潼关之屠	顺治元年（1644）	陕西潼关	0.7
3	扬州十日	顺治二年（1645）	江苏扬州	80
4	嘉定三屠	顺治二年（1645）	江南嘉定	20 余
5	昆山之屠	顺治二年（1645）	江苏昆山	4
6	嘉兴之屠	顺治二年（1645）	浙江嘉兴	50
7	江阴八十一日	顺治二年（1645）	江苏江阴	屠城，人数不详
8	常熟之屠	顺治二年（1645）	江苏常熟	0.5
9	金华之屠	顺治三年（1646）	浙江金华	5
10	泾县之屠	顺治三年（1646）	南直隶泾县	5
11	赣州之屠	顺治三年（1646）	江西赣州	20
12	平海之屠	顺治四年（1647）七月	福建平海卫	人数不详
13	四川大屠杀	顺治四年至顺治十六年（1647—1659）	四川	数百万

① 相关数据来自《清实录》与各地方志。

（续表）

序号	名称	时间	地点	万人（约）
14	邵武之屠	顺治五年（1648）五月	福建邵武	人数不详
15	同安之屠	顺治五年	福建同安	5
16	南昌之屠	顺治六年（1649）三月	江西南昌	屠城，人数不详
17	湘潭之屠	顺治六年（1649）	湖南湘潭	屠城，人数不详
18	南雄之屠	顺治六年（1649）	广东南雄	2
19	信丰之屠	顺治六年（1649）	广东信丰	人数不详
20	蒲城之屠	顺治六年（1649）	陕西蒲城	1
21	汾州之屠	顺治六年（1649）	山西汾州、太谷县、泌州、泽州等地	40
22	大同之屠	顺治六年（1649）	山西大同	屠城，人数不详
23	广州大屠杀	顺治七年（1650）	广东广州	10
24	潮州之屠	顺治十年（1653）	广东潮州	10
25	永昌之屠	顺治十六年（1659）	云南永昌	屠城，人数不详

　　由此可见，清朝初年南方及北方部分省份像明末的山东一样遭受了清兵的残酷杀戮和劫掠。而此时的山东因接受了清廷的招抚而免于再次遭受荼毒，减少了易代创伤，经济、科举、文化各项事业得以恢复和发展，地方文化世家迎来了新的发展时期。

二、　赢得发展机遇

在明清鼎革斗争中，山东文化世家虽然在明末有过较为激烈的抗争，如莱阳宋氏家族、左氏家族都曾经开展过激烈的抗清运动。但是，甲申之变后，山东地区基本上实现了较为和平的过渡，山东多数文化世家也较快地归顺清廷。赵红卫在《明清安丘曹氏家族文化研究》中谈到安丘曹氏家族时指出："安丘曹氏家族与明清易代之际的许多家族一样，在朝代更替之际，并非愚忠于前朝，而是与时俱进，较快地适应了时代的变迁。"[①]

清廷入主中原后，为争取汉族知识分子支持、巩固统治，及时恢复了科举考试制度。其实早在后金时期，在范文程的建议下，科举取士的序幕便已拉开，后金于天聪三年（1629）、天聪八年（1634）、崇德六年（1641）三次举办了考试。顺治元年（1644）清政府恢复科举，顺治二年（1645）秋举行乡试，顺治三年（1646）春在北京举行会试、殿试，顺治四年（1647）再次举办会试、殿试。这为山东地区文化世家和家族文人提供了难得机遇。绝大多数山东文化家族选择了与清政府合作，并积极投身科举。不仅如此，清初主考官基本都是北方人，这对山东、直隶和顺天府的考生而言是非常有利的。魏斐德在《洪业：清朝开国史》中称："1646 年，18 名考官中除 1 人外都是北方人；1648

---

① 赵红卫:《明清安丘曹氏家族文化研究》,中华书局,2013 年,第 43 页。

年，20 名考官中已有六人来自南方。几年后这一变化更为显著。
1651 年，考官中有近一半是南方人，1654 年，2/3 的乡试考官出
身南方。"① 从中可见，山东等北方省份在考官方面的这种地区优
势持续了近十年，为山东更多学子中式提供了难得机遇。如顺治
三年（1646）丙戌科共录取三百七十三名进士，其中山东籍占 99
人，约占全国进士总数的四分之一。范秀君在《论清初南北贰臣
文人愧疚自赎心态的差异及成因》中分析称："1646 年冯铨主持
科举考试，录取的 373 名进士中，北人进士有 365 名，占 98%，
且状元为山东籍的傅以渐（是年南方未定，战争和匪盗等因素，
许多南方士子无法参加科考也是当时南北录取失衡的原因之
一）。"② 科举成功，就意味着有更多的机会踏入仕途。清初山东
籍士子在科举方面取得的优异成绩，为他们踏入仕途做了充分的
准备，这对促进家族发展起到了积极的推动作用。范秀君进一步
指出："清初北方地区率先投顺平定，政府中高级官员南北方的比
重发生了巨大变化。明崇祯朝时政府中有 1/3 以上的官吏来自南
直隶和浙江，其中尚书一职南人占 76%，北人占 24%。清政府在
北京建立之初，朝廷中北方文官的比重决定性压倒南方。"

　　由此可见，清初南方广大地区拒绝与清政府合作，惨遭清政
府杀戮。南方各省的士子丧失了在官场与科场参与和竞争的机

---

① ［美］魏斐德：《洪业：清朝开国史》，陈苏镇、薄小莹等译，新星出版社，2017
年，第 584 页。
② 范秀君：《论清初南北贰臣文人愧疚自赎心态的差异及成因》，《扬州大学
学报（人文社会科学版）》2011 年第 15 卷第 3 期。

会，为北方士子充分展示才能提供了难得的平台。这种状况持续
了数十年，直至康熙己未科（1679）博学鸿儒考试以后，南方才
逐步扭转这种局面。在这一科中，考中者江浙籍士子已占80%以
上，山东只有诸城李澄中一人而已。

三、 清政府的政策关照

清兵入关后，天津总督骆养性于顺治元年七月就上书请求豁
免明末政府加派的钱粮，只征正额及火耗。摄政王多尔衮予以批
复，明确钱粮征收标准，对明末征收繁重赋税原因进行分析，
称："正是贪婪积弊，何云旧例。况正赋尚宜酌蠲，额外岂容多
取，著严行禁革。如违禁加耗，即以犯赃论。"[①] 于是废除明末三
饷，其后更屡次下令减免各地赋税。李向军《在中国救灾史》中
作了详细的统计："顺治二年（1645 年），免直隶霸州等八县水
灾额赋；三年，因江西频年旱涝，将该年未兑运的漕米罢免。蠲
免的数量最初无定制，至顺治十年，才将全部额赋分为十分，按
田亩受灾分数酌免。受灾八、九、十分免3/10，受灾五、六、七
分免2/10，受灾四分免1/10。康熙十七年（1678 年）又定：灾
地除受灾四分以下不成灾外，受灾四分免1/10，受灾七分、八分
免2/10，受灾九分、十分免3/10。将原定四、五分灾所免之数

---

① 《清实录》第三册《世祖章皇帝实录》卷六，中华书局影印，1985 年，第
67 页。

取消。"①

　　作为清廷最早招抚的地区之一，山东受到清廷较多的关照。清初，山东地方长官及降清士绅纷纷向清廷提出宽免赋税的请求，清政府多次予以宽免。《世祖实录》及各地方志中对山东各地赋税减免情况做了详细记载：

　　　　顺治元年（1644）八月二十日户部议覆："山东巡抚方大猷，条陈'州、县、卫、所荒地无主者，分给流民及官兵屯种，有主无力者，官给牛种，三年起科'。应如所请。仍敕抚按率属实力奉行。"报可。②

　　　　顺治二年（1645）三月八日免山东当年分荒地额赋。③三月二十日允工部议：山东省额解甲、胄、弓、矢、弓弦、刀、天鹅、鹿皮、狐皮俱征折色。④五月初六日免山东高密县元年分荒残额赋。⑤五月十二日，免山东济阳县故明征过元年分额赋。改折泰安州额解绵布一年，以木棉价涌累民故也。⑥五月十六日，免山东平度州、莒州、寿光、蒲台、昌

　　①　李向军：《中国救灾史》，广东人民出版社、华夏出版社，1996年，第64页。
　　②　《清实录》第三册《世祖章皇帝实录》卷七，中华书局影印，1985年，第81页。
　　③　《清实录》第三册《世祖章皇帝实录》卷十五，中华书局影印，1985年，第131页。
　　④　《清实录》第三册《世祖章皇帝实录》卷十五，中华书局影印，1985年，第132页。
　　⑤　《清实录》第三册《世祖章皇帝实录》卷十六，中华书局影印，1985年，第143页。
　　⑥　《清实录》第三册《世祖章皇帝实录》卷十六，中华书局影印，1985年，第144页。

邑、范县元年分荒残赋。五月十九日，免山东章丘、济阳二县京班匠价，并令各省俱除匠籍为民。① 顺治二年（1645），"除明季加派三饷及召买津粮。……四年除逃亡三千八百九十九丁，豁荒田"。②

顺治四年（1647）十一月，免山东德州、邹平、新城、青城、齐东、长山、济阳、齐河、长清、肥城、历城、新泰、商河、德平、陵等县本年分水灾额赋；裁山东明季添设牙杂二税。③

顺治五年（1648）二月癸未，"免山东济南、兖州、青州、莱州四府属州县顺治四年水灾钱粮一年"。④ 同年，蠲山东荒田租赋。⑤

从中可见，在山东地方官吏与降清士绅的积极争取和清廷的政策倾斜之下，清初山东地区享受了诸多清廷的优待政策。这对山东地区快速抚平战乱创伤，恢复经济发展起到积极作用。

---

① 《清实录》第三册《世祖章皇帝实录》卷十六，中华书局影印，1985年，第145—146页。

② 余友林等修、王照青纂：《高密县志》，台湾成文出版社有限公司，据民国二十四年铅印本影印，1968年，第82页。

③ 《清实录》第三册《世祖章皇帝实录》卷三五，中华书局影印，1985年，第284页。

④ 《清实录》第三册《世祖章皇帝实录》卷三六，中华书局影印，1985年，第294页。

⑤ 梁秉锟等修，王丕煦等纂：《莱阳县志》，台湾成文出版社有限公司，据民国二十四年铅印本影印，1968年，第106页。

第六章　清初山东文化世家的命运分化与家族文人生活

｜第一节｜　清初山东文化世家的命运分化

　　由于在明末抗清运动中的表现和清初对清政府的顺逆取舍态度不同，清初山东文化世家发展命运出现明显分化。有些家族依靠祖荫，依然享受着特殊的优渥待遇，如曲阜孔氏家族等；有些家族实现平稳过渡，家族创伤轻微，清初继续发展，如即墨蓝氏家族等；有些家族，由于明末参与抗清活动，受到清廷的猜疑，家族发展艰难，日趋衰落，如莱阳宋氏家族等；有些家族，经过长期的积蓄和发展，至明末初露头角或者尚未崭露头角，入清后迅速发展，在科举仕宦等方面取得骄人成绩，成为山东文化世家中的新秀，如诸城刘氏家族等。

一、享受特权家族

　　这类家族以曲阜孔氏家族为代表。孔氏家族作为特殊家族，受到历代政府的优待和眷顾。清朝建立初期，以孔胤植为代表的曲阜孔氏家族上表归附，深受清廷赏识。顺治和康熙两位皇帝尊孔敬儒，给予孔氏家族很高的礼遇。顺治二年（1645），清廷追封孔子为"大成至圣文宣先师"；顺治八年（1651），顺治帝在亲政的次月即遣官赴曲阜祭孔；顺治九年（1652）九月，顺治帝又亲自率王公大臣到太学隆重释奠孔子，行两跪六叩礼；顺治十四年（1657）复称孔子为"至圣先师"。康熙帝时期，继续执行顺治帝时期的尊孔重儒政策，康熙二十三年（1684）十一月康熙帝亲临曲阜，于孔庙行三跪九叩大礼，到孔子墓前行一跪三叩之礼。

　　清廷在尊崇孔子的同时，给予孔氏家族诸多的眷顾。顺治元年（1644）十月二日，吏部议履山东巡抚方大猷奏疏。其奏疏称："请以孔子六十五代孙孔允植[1]，仍袭封衍圣公，照原阶兼太子太傅。其子兴燮，照加二品冠服。孔允钰、颜绍绪、曾闻达、孟闻玺仍袭五经博士。衍圣公保举曲阜知县孔贞堪仍为原官。其在汶上县管圣泽书院事世袭太常寺博士，应以衍圣公第三子承袭。至尼山书院、洙泗书院乃四氏学录等官，俱照旧留用。管勾、司乐、掌书等缺，听衍圣公咨部补授。"[2] 清廷听取了他优待四氏家族的建议。有清一代，清廷共袭封十二位衍圣公。同时还赏赐给以孔氏家族为首的四氏家族大量土地、钱物，赋予他们优免特权，确保四氏家族的特殊地位和待遇。

---

　　[1]　即孔胤植,孔子六十五代孙,后因避清世宗胤禛讳改名孔允植。

　　[2]　《清实录》第三册《世祖章皇帝实录》卷九,中华书局影印,1985 年,第92—93 页。

表 6.1　　　　　　　　　清廷对曲阜孔氏家族封赐①

序号	世系	受封人	施封人及时间封赐情况封号
1	第六十五	孔胤植	顺治元年（1644），袭封衍圣公。依明朝例兼太子太傅
2	第六十六	孔兴燮	顺治五年（1648）袭封衍圣公。七年晋太子太保
3	第六十七	孔毓圻	康熙六年（1667）袭封衍圣公。九年授光禄大夫，十五年晋太子少师
4	第六十八	孔传铎	雍正元年（1723）袭封衍圣公。康熙年间，赐二品冠服
5	第六十九	孔继濩	未袭爵而逝，追封衍圣公
6	第七十	孔广棨	雍正九年（1731）袭封衍圣公。授二品冠服
7	第七十一	孔昭焕	乾隆九年（1744）袭封衍圣公
8	第七十二	孔宪培	乾隆四十八年（1783）袭封衍圣公
9	第七十三	孔庆镕	乾隆五十九年（1794）袭封衍圣公。一生受到皇帝多次接见和大量赏赐
10	第七十四	孔繁灏	道光二十一年（1841）袭封衍圣公，晋太子太保
11	第七十五	孔祥珂	同治二年（1863）袭封衍圣公
12	第七十六	孔令贻	光绪三年（1877）袭封衍圣公

① 史料来源于《孔府档案》《阙里志》《曲阜县志》等。

二、　持续发展家族

这类家族通常在明朝中后期已成为当地科举仕宦大族；明清鼎革之际实现和平过渡，受到创伤较小；清初家族继续重视子弟培养，鼓励族人积极参加新朝科举，家族得以持续发展。其中以即墨蓝氏家族、高密单氏家族为代表。

1. 即墨蓝氏家族。明清鼎革之际，即墨蓝氏家族正经历着七世、八世两代的中衰转向九世复苏时期。此时的蓝氏家族经济衰退，科举仕宦不兴，家族自顾不暇，基本上没有参与抗清运动，家族所受的创伤较少，实现了平稳过渡。至清代初年，在九世祖蓝再茂的带领下，蓝氏家族重新振作精神，外抵侵侮，内振家声，整饬家族，培养子弟，扭转了中衰的低迷局势，实现了家族的复兴，并创造了蓝氏家族发展史上的第二次发展高峰。清代初年，蓝氏家族在科举、仕宦以及文学创作方面都取得了较好的成绩：

从科举方面来看，这一时期共考取进士3人，举人4人，贡生、庠生、监生等数十人。其中尤以蓝润、蓝启延父子进士蝉联最为著名。

从仕宦方面来看，共培养大小官吏23人，其中以蓝润职务最高，曾任山西右布政使、湖广左布政使，位居从二品。蓝再茂、蓝深、蓝启延、蓝重祜为地方县令，其余多为州县学正、教谕和训导等教育方面的官员。

从文学方面来看，涌现出一批优秀的家族文人，在即墨乃至明清文坛上崭露头角，显示出卓越的才华，如蓝再茂、蓝润、蓝湄、蓝启肃、蓝启华、蓝启蕊、蓝中珪、蓝中高、蓝中玮等。这些家族文人创作了一批优秀的文学作品并结集成册，如蓝润的《聿修堂集》、蓝湄的《素轩诗集》、蓝启肃的《清贻居集》、蓝启华的《学步吟》、蓝启蕊的《逸筠轩诗集》、蓝中珪的《紫云阁诗》、蓝中高的《海庄诗集》等。其中蓝润的《聿修堂集》载入清《四库全书存目丛书》，蓝启肃的《清贻居集》为《续修四库全书》收录。

可见，这一时期，即墨蓝氏家族在科举、仕宦、文学等方面都取得丰硕成果，实现了家族的全面、持续的发展与繁荣。

表6.2　　　清代即墨蓝氏家族著述作品及存佚情况统计表

序号	世次	姓名	著作/卷数	收录情况	现存情况
1	十世	蓝深	《家训》1卷		已佚
			《即墨蓝氏族谱》		
2	十世	蓝润	《奏疏》1卷		已佚
			《督学实录》1卷		已佚
			《视闽纪略》1卷		已佚
			《入粤条议》1卷		已佚
			《臬政纪略》1卷		已佚
			《聿修堂集》4卷	载入清《四库全书存目丛书》集部存目中	北京图书馆藏清钞本。齐鲁书社将其收录到《四库全书存目丛书》集部第213册。诗歌99首，制草39篇，疏3篇，序17篇，引4篇，记10篇，檄文1篇，约1篇，墓志3篇，传1篇，铭10篇，祭文2篇，书启27篇，家言22篇

（续表）

序号	世次	姓名	著作\卷数	收录情况	现存情况
2	十世	蓝润	《余泽录》四卷（附录1卷）		清顺治十六年（1659）刻本，现藏山东博物馆
			《东郊吟》1卷		《东庄遗迹诗》一卷，山东博物馆藏清乾隆三十三年蓝中璨钞本
			《玉署吟》1卷		
3	十世	蓝沐	《诗稿》1卷		现仅存诗歌《君马黄》1首
4	十世	蓝湄	《素轩诗集》1卷	《即墨县志》收录《山行》1首，《即墨诗乘》选录4首，《国朝山左诗钞》选录《闻雁》等2首	现有2013年蓝氏家印本，收录诗歌共131首
5	十世	蓝溥	康熙二十一年参与撰修家谱并撰写《即墨蓝氏族谱序》《重建家庙记事》		现有蓝氏家藏钞本
6	十一世	蓝启蕊	《逸筠轩诗集》1卷	《即墨县志》选录《天井山》1首；《即墨诗乘》选录22首；《国朝山左诗钞》选录4首	有蓝氏家藏钞本及2013年蓝氏家印本现存诗歌110首
7	十一世	蓝启晃	《文印堂语录》1卷		现存诗歌3首、文1篇
8	十一世	蓝启亮	《省可轩遗诗》1卷		现有蓝氏家藏钞本，存诗歌6首

（续表）

序号	世次	姓名	著作＼卷数	收录情况	现存情况
9	十一世	蓝启华	《学步吟》1卷	《即墨诗乘》收录8首，《国朝山左诗钞》收录2首	现有蓝氏家藏钞本及2013年蓝氏家印本，存诗歌109首
			《余堂集》4卷		现有蓝氏家藏手钞本，存文章14篇
10	十一世	蓝启肃	《清贻居集》4卷	《续修四库全书》收录该书。《即墨县志》收录诗作《鳌山晚发》《观海》2首，《即墨诗乘》收录7首，《国朝山左诗钞》收录2首，《国朝诗别裁集》收录《送郭华野总制湖广》1首	2012年，即墨蓝氏第二十世蓝信宁整理出版了蓝启肃《清贻居集》。现存诗歌仅98首，文章6篇
11	十一世	蓝启延	《延陵文集》1卷		现有蓝氏家藏钞本，存诗歌4首
12	十二世	蓝重祜	《蓬莱遗诗》1卷		现有蓝氏家藏钞本，存七言律诗2首
13	十二世	蓝重穀	《即墨志稿》6卷		已佚
			《濠上杂著》1卷		现有蓝氏家藏钞本，仅存诗歌3首
			《余泽续录》2卷		现存山东博物馆
14	十二世	蓝昌后	《西岩遗集》1卷	《即墨诗乘》和《国朝山左诗钞》均收录《春初山游》	现有蓝氏家藏钞本，仅存《春初山游》1首

（续表）

序号	世次	姓名	著作 \ 卷数	收录情况	现存情况
15	十二世	蓝昌伦	《静愉斋诗》1卷		现有蓝氏家藏钞本，存诗歌14首
16	十二世	蓝昌煜	《上录诗草》1卷		现有蓝氏家藏钞本，存诗歌6首
17	十二世	蓝重蕃	《东崖杂著》2卷		已佚（现存诗歌1首）
			《蓝氏家乘》2卷		已佚
18	十三世	蓝中璥	《带经堂诗》1卷		已佚
19	十三世	蓝中璨	《依云居诗草》1卷		现有蓝氏家藏钞本，存诗4首
20	十三世	蓝中玮	《匣外集》1卷		现有蓝氏家印本，存诗歌372首
21	十三世	蓝中琮	《竹窗录》1卷		已佚
22	十三世	蓝中珪	《紫云阁诗》1卷	《即墨诗乘》收录4首	乾隆五十七年高苑县学署刻本，今山东博物馆收藏。另有2012年蓝氏家印本。现存诗歌168首，杂文4篇
23	十三世	蓝中高	《海庄诗集》1卷	《即墨诗乘》收录6首，《国朝山左诗续钞》收录《晚过无锡》1首	清乾隆乙未年钞本《海庄诗集》及其五世孙蓝水钞本《海庄诗集》。2013年，蓝中高七世孙蓝信宁重印《海庄诗集》。现存诗歌184首
			《南游草》1卷		已佚
24	十三世	蓝中昱	《文集》1卷		已佚
25	十五世	蓝荣炜	《芸窗闲吟》1卷		现存诗歌20首，词2首
26	十五世	蓝用和	《柳下文集》1卷	《即墨诗乘》收录3首	现有蓝氏家藏钞本，存诗歌53首
			《梅园遗诗》1卷		

（续表）

序号	世次	姓名	著作＼卷数	收录情况	现存情况
27	十六世	蓝 均	《南溪诗草》1卷		现有蓝氏家藏钞本，存诗歌6首
28	十六世	蓝 曦	《文集》1卷		已佚
29	十六世	蓝 橙	《醉梦吟小草诗集》1卷		现有蓝氏家藏钞本，存诗歌51首
30	十六世	蓝 玺	《文集》1卷		已佚
31	十七世	蓝恒纛	《隶猗亭诗草》1卷		现有蓝氏家藏钞本，存诗歌19首
32	十七世	蓝恒矩	《下车录诗集》1卷		现有蓝氏家藏钞本，存诗歌126首
33	十七世	蓝恒估	《蓝氏先迹述略》1册		记述蓝氏家族先贤事迹
34	十八世	蓝志苠	《论语讲义》1卷		已佚
			《文稿》1卷		已佚
			《诗草》1卷		现有蓝氏家藏钞本，存诗歌2首
35	十八世	蓝志弗	《带经堂诗草》1卷		现有蓝氏家藏钞本，存诗歌74首
36	十八世	蓝志贲	《医学八法知新集》1卷		已佚
			《四诊新知合编》2卷		已佚
			《四诊温故合编》4卷		已佚
			《医案》1卷		已佚
37	十八世	蓝志蕴	《诗集》1卷		现有蓝氏家藏钞本，存诗歌2首

（续表）

序号	世次	姓名	著作\卷数	收录情况	现存情况
38	十九世	蓝人铎	《诗集》1卷		现有蓝氏家藏钞本，存首歌1首
39	十三世	周氏（女）	《诗稿》1卷		现有蓝氏家藏钞本存诗歌1首
40	十三世	宋氏（女）	《诗稿》1卷		现有蓝氏家藏钞本存诗歌1首

2. 高密单氏家族。高密单氏家族也是明清时期山东著名的文化世家。单氏家族原籍江南凤阳府，明初迁至高密。明万历年间，单氏家族已经成为当地颇具影响的大族，在科举仕宦方面都取得了重要成就。单崇、单明诩二人考取进士，并踏入仕途。单崇累官至户部郎中，在"甲申之变"中以身殉国，慷慨赴死。单明诩累官至顺天巡抚、都察院右都御史。入清以来，单氏家族更是科甲联翩、连续不绝，先后有20余人中进士，40余人中举人，贡生、诸生难以确数。有清一代，单氏家族的发展呈现出自己独特的风格，那就是在仕途上鲜有高官厚爵者，从政者多为道府以下中下级官吏。但是，单氏家族数百年间积淀了丰富的家族文化，涌现出一大批优秀的诗人、书法家、文学家、理学家，形成一个庞大的家族文人集团，共有50余人撰有诗集文集著作，留下了丰富的家族文化成果。详情参见表6.3高密单氏家族文人作品著述一览表。

表 6.3　　　　　　　高密单氏家族文人作品著述一览表①

序号	朝代	作者	名称	卷数
1	明	单崇	《饷政考》	2 卷
			《涓滴录》	1 卷
2	清	单若鲁	《语石斋诗》	2 卷
3	清	单父麟	《八觉录》	1 卷
4	清	单父牧	《诗集》	1 卷
5	清	单公禀	《就业园诗》	1 卷
6	清	单务爽	《浣俗斋诗》	1 卷
7	清	单畴书	《诗集》	1 卷
8	清	单居安	《粤游草》	1 卷
9	清	单模	《君子堂诗》	2 卷
10	清	单仰	《墨谱》	1 卷
11	清	单份	《古照堂诗》	1 卷
12	清	单承谟	《书宗约言》	4 卷
13	清	单履豫	《遗诗》	1 卷
14	清	单铎	《周易显指》	2 卷
15	清	单德谟	《浙闽吟草》	1 卷
16	清	单宗元	《愚溪诗》	1 卷
17	清	单楷	《太平堂诗》	1 卷
18	清	单烺大	《昆仑山人诗》	2 卷
19	清	单云荃	《石田诗》	2 卷

---

① 余友林等修、王照青纂:《高密县志》,台湾成文出版社有限公司,据民国二十四年铅印本影印,1968 年,第 1552—1569 页。

（续表）

序号	朝代	作者	名称	卷数
20	清	单维	《周易介》《潍川诗草》《留声集》《宫去矜守坡居士诗集》	12卷（注：《宫去矜守坡居士诗集》十二卷，其他未标卷数）
21	清	单襄荣	《南州诗稿》	1卷
22	清	单铭	《蔼庐古文集》	1卷
23	清	单襄棨	《梦筑堂诗稿》	1卷
24	清	单稽	《秋燕集诗》《雪溪诗社偶存》	1卷（注：《秋燕集诗》1卷，《雪溪诗社偶存》未标卷数）
25	清	单华炬	《清厚堂诗稿》	1卷
26	清	单作哲	《五经补注》《敦学程式》《读史琐录》《有恒堂书抄》《古文法式》	
			《高密诗存》	2卷
27	清	单可玉	《来鸥诗钞》	1卷
28	清	单可基	《竹石居诗》	2卷
29 30	清	单可垂	《止止轩古文》	2卷
			《课心斋诗》	2卷
31	清	单憧	《介石轩诗》	4卷
32	清	单可慈	《竹君吟草》	1卷
			《湖湘集》	1卷
33	清	单可惠	《白羊山房诗》	1卷
			《古乐府》	1卷
34	清	单为拯	《四书启蒙》	6卷

（续表）

序号	朝代	作者	名称	卷数
35	清	单为濂	《怀香词》	1 卷
			《四不出斋诗》	1 卷
36	清	单为鏓	《四书述义》	
			《四书续闻》	1 卷
			《春秋述义》	1 卷
			《读经札记》	6 卷
			《奉萱草堂古文诗稿》	1 卷
37	清	单紫诰	《薇轩吟草》	1 卷
38	清	单锡绂	《尚书传说》	4 卷
			《尚书便蒙》	4 卷
39	清	单廷苞	《绿石山房诗钞》	1 卷
40	清	单映墀	《芳坪诗草》	1 卷
41	清	单映奎	《忍庐吟草》	1 卷
42	清	单同裕	《心湖随意草》	1 卷
43	清	单永安	《春桥遗诗》	1 卷
44	清	单枚传	《河干吟》	1 卷
45	清	单莒楼	《女史碧香阁遗稿》	1 卷
46	清	单蔚然	《蔚村吟草》	1 卷
47	清	单荫葛	《香谷诗草》	1 卷
48	清	单颐寿	《友人诗钞》	1 卷
49	清	单鸿业	《春燕巢诗草》	1 卷
50	清	单荫堂	《新甫吟草》	1 卷

三、　趋于没落家族

这类家族在明代中后期已进入鼎盛时期，鼎革之际积极参与抗清运动，遭到重创。入清以来，部分族人归顺清廷，但是终因家族抗清历史而屡遭猜忌和迫害；另一部分族人拒绝参加清廷的科举考试，不接受清廷的任命的官职，整个家族日趋败落。这一类家族以莱阳宋氏家族为代表。

明朝中后期，尤其是明万历、天启、崇祯年间，莱阳宋氏家族进入了发展的全面辉煌时期。宋氏家族在科举、仕宦、文学与结社等方面都取得了重要成就，不仅确立了在"莱阳文化圈"中的位置，还赢得了在全国文化领域的地位，成为名闻海内，众所瞩目的文化世家。但是，在明末的壬午、癸未莱阳保卫战中，宋氏家族倾其所有、不遗余力地抵抗清军，这一方面使得家族遭受重创，鼎盛的局面被彻底打破；另一方面，易代之后，尽管宋氏家族在清初进行了多方面的努力，但是仍受到清政府的猜疑，族人遭受诸多不公平的待遇，宋氏家族逐步走向了没落。从明末和清代宋氏家族成就的对比中，我们可以看到，莱阳宋氏家族在清代仍然取得一定的成就，但与明末鼎盛时期相比已不可同日而语：这在家族科举成就、仕宦成就、文学成就与社会影响等方面均有所体现。

1. 从科举方面来看。莱阳宋氏家族在明朝中期便已在地方上崭露头角。尤其是自万历十三年（1585）至崇祯十二年（1639）的五十余年间，宋继澄、宋琬两支三代就考取 6 位进士、4 位举人，宋氏家族成为饮誉海内的著名的科举家族。而清代二百余年间，莱阳宋氏家族举业不兴，仅考取两位进士、七位举人、十七位贡生、例贡①。在两个进士中，宋琬是由明入清，于顺治四年（1647）考中进士。而第二位进士宋可大则于嘉庆十四年（1809）己巳恩科考取进士，距宋琬举进士已过去162年。七位举人中，首位举人宋摅为康熙戊午科（1678）中式，最后两位同科举人宋若麒、宋可举为嘉庆戊午科（1798）中式，时间跨度达120年。十七位贡生、例贡中顺治朝三人，康熙朝十人，乾隆朝三人，光绪朝一人。

从中可见，在清代两百余年间，莱阳宋氏家族科举中式的族人不仅数量少，而且层次不高。家族科举成就，与明末科甲蝉联、父子兄弟同科的盛况不能同日而语。

2. 从仕宦方面来看。明万历至崇祯数十年间，莱阳宋氏家族两支共有九人入仕。其中宋继登，官至浙江布政司参政、南京鸿胪寺卿，入祀嘉兴府名宦祠，例赠资政大夫，为正二品。宋玫，官至太仆寺卿、工部右侍郎，为正三品。此外宋兆祥、宋继发、宋琮、宋应亨、宋璠、宋璜，皆有政声。而至清代，据宋氏族谱记载，宋琬支系从政者六人：宋恬，乐安县教谕，例赠文林郎，赐赠修职郎；宋缙，蒙阴县训导，金乡县教谕；宋思骘，平阴县教谕，山西高平县知县；宋思勰，候选训导，敕封儒林郎；宋思

---

① 关于清代宋氏家族科举、仕宦方面的人员数量参照李江峰、韩品玉的《明清莱阳宋氏家族文化研究》中的统计结果。

劢，州同知；宋岜，候选训导。宋继澄支系从政者六人：宋可大，福建宁洋、四川垫江县知县；宋宏常，曹县教谕；宋淮，苏州府海防同知，常州松江镇江通判，溧阳阳湖吴江知县等；宋若麒，长山县训导，乐陵县教谕，候选知县；宋可举，曹县教谕；宋瑀，堂邑县训导，陕西肤施县知县，山西泽州知州。从中可见，清代宋氏家族入仕的族人虽然数量不少，但是级别较低，仕宦成就不高。

3. 从文学方面来看。明朝中后期，莱阳宋氏家族文人辈出，涌现出宋继澄、宋琮、宋玫、宋瑚、宋琏等享誉海内的著名家族文人，宋氏家族成为驰名山左、饮誉海内的文学家族，王熙盛赞称："莱阳文字，遂为山东之冠。"① 尤其是宋继澄，"文名震大江南北，学宗程朱，时称理学儒宗"。② 而宋琮与宋玫兄弟，时人将他们与浙人翁鸿业并称，盛赞为"南翁北宋"。与明末群星荟萃的局面相比，清代宋氏家族文人群体零落，最高成就的代表为宋琬。宋琬创造了明清莱阳宋氏家族文学的巅峰，也宣告了宋氏家族文学的衰落。他自幼聪慧，才华横溢。早年在京时，与给事中严沆、部郎施闰章、丁澎等人经常唱和，名满京师，又与施闰章并称"南施北宋"。《清史稿》记载："始琬官京师，与严沆、施闰章、丁澎辈酬倡，有'燕台七子'之目。……王士祯点定其

---

① ［清］王熙：《王文靖公集》，直隶总督采进本，卷十九，第18页。
② 梁秉锟等修，王丕煦等纂：《莱阳县志》，台湾成文出版社有限公司，据民国二十四年铅印本影印，1968年，第1531页。

集为三十卷。尝举闻章相况，目为'南施北宋'。"① 但是，由于家族的抗清历史，宋琬一生命运多舛，屡遭磨难。多难的生活与坎坷的经历反而提升了其文学创作的深度和厚度，成就了一代文学大家。宋琬一生著述丰富，成就斐然。2003 年齐鲁书社出版的辛鸿义、赵家斌点校整理本《宋琬全集》收录其诗 1333 首，词 165 首，文 223 篇，赋 2 篇，剧本 1 个。对于宋琬的文学成就，《登州志》更是给予极高的评价，称："登州为诗古文者，自琬始有先民矩矱。"② 此外，宋继澄、宋琏父子也是清代宋氏家族文学的代表人物。但是，宋琬、宋继澄、宋琏，均是由明入清，不能完全算作是清代人。他们之后，宋氏家族文学创作盛况戛然而止，清代宋氏家族后人如宋俶、宋侅、宋衡、宋摅等勉强能够继承父祖之业，但其文学声名已泯然无闻。

4. 从结社方面来看。明朝末年，宋氏族人不仅积极参加复社与山左大社的文学活动，而且自家父子兄弟缔结文社，相互唱和，吟咏不辍。文学结社活动培养和历练了宋氏家族文人，使得宋继澄、宋琮、宋玫等一批宋氏文人在全国文坛上脱颖而出，为宋氏家族赢得了全国性的文学声誉。但是，明清易代之后，宋氏族人死的死，逃的逃，家族结社瓦解。南明灭亡后，复社部分成员坚持抗清，遂成为抗清组织，于顺治九年（1652）被迫解散，也就是在这一年，宋继澄来到即墨，此时山左大社形同虚设。至

---

① 赵尔巽等撰：《清史稿》卷四百八十四，中华书局，1977 年，第 13327 页。
② 梁秉锟等修，王丕煦等纂：《莱阳县志》，台湾成文出版社有限公司，据民国二十四年铅印本影印，1968 年，第 1538 页。

此，宋氏家族赖以扬名的文学结社活动走向低谷，这必然会带来宋氏家族声誉的衰落。

四、 迅速崛起家族

这一类家族在明末初露头角，或者还在积蓄阶段，明清鼎革后迅速崛起，并持续发展。其中以诸城刘氏家族为代表。

明弘治年间，刘氏家族先祖刘福自安徽砀山迁来，居诸城北乡逄戈庄一带，以农耕持家，自一世至五世，声名不显。明代末年，刘氏家族发展至第六世刘必显时期。刘必显（1600—1692），字微之，号西水。他十九岁补庠生，岁试第一。天启四年（1624）刘必显乡试中举，这意味着刘氏家族终于实现了科举方面的突破，但此时刘氏家族尚未能跻身仕宦家族行列。入清后，诸城刘氏家族获得了重大发展，尤其是在科举和仕宦方面成就突出，成为清代山东文化世家中的新秀。

1. 科举成就：衡量一个家族科举成就的大小，主要看这个家族获取功名的读书人的数量，尤其是取得进士、举人类高层次功名的族人数量。刘氏家族的科考虽在明末拉开序幕，但是主要成就均形成于清代。据刘氏族谱记载，清代刘氏家族共考取进士 11 人，举人 42 人（含 11 位进士），监生 149 人，庠生 59 人。而清代初年，仅顺治、康熙年间，刘氏家族第六世、第七世两代就考取 3 个进士、4 个举人（含 3 个进士）、2 个监生、2 个庠生。尤其是刘必显父子、兄弟，互勉共进，相继中式，谱写了家族发展的光辉篇章。清顺治九年（1652），刘必显举进士；顺治十七年（1660），刘必显幼弟刘必大（字则之）中举。刘必显的四个儿子继其父踵武，进一步夯实了诸城刘氏家族的发展根基。刘必显长子刘桢，字世卿，号石斋，贡生，考授从六品。次子刘果，顺治十一年（1654）举人，顺治十五年（1658）进士。三子刘棨，康熙十四年（1675）举人，康熙二十四年（1685）进士。四子刘棐，字兆木，号念西，附监生。由上可见，诸城刘氏家族经过明朝末年的积蓄与沉淀，入清后依靠科举迅速崛起，成为清代颇具影响的地方望族。

2. 仕宦成就：刘氏家族在仕宦方面成就斐然，从第六世刘必显起便英才辈出，尤其是第八、九、十这三代更是高官显爵者连代不绝，详情见表6.4诸城刘氏家族第八、九、十（三代）仕宦情况一览表。其中位高权重者以刘统勋、刘墉父子为代表。刘统勋（1700—1773），字延清，号尔钝。雍正二年（1724）进士，选为庶吉士、翰林院编修。从政四十余年，跨雍正、乾隆两朝。于雍正朝历任南书房行走、上书房行走和东宫詹事；乾隆年间，历任刑部侍郎、左都御史、漕运总督、太子太傅兼陕甘总督、工部尚书、吏部尚书、翰林院掌院学士、军机大臣、东阁大学士、国史馆总裁等职务。他为官清廉正直，勤政爱民，敢于直谏，在吏治、军事、治河、修史等方面均有显著政绩，深受雍正、乾隆皇帝眷顾。乾隆三十八年（1773），刘统勋去世，乾隆帝得知后，赠太傅，祀贤良祠，谥文正。《清史稿·刘统勋传》记载称："上临其丧，见其俭素，为之恸。回跸至乾清门，流涕谓诸臣曰：

'朕失一股肱!'既而曰：'如统勋乃不愧真宰相。'"① 刘墉
（1720—1804），刘统勋长子，字崇如，号石庵。乾隆十六年
（1751）进士，选编修，再迁侍讲。历任山西太原知府、江苏江
宁知府、陕西按察使、户部侍郎、吏部侍郎、湖南巡抚、左都御
史、工部尚书、吏部尚书。嘉庆年间，授体仁阁大学士，加太子
少保。以奉公守法、清正廉洁闻名于世。② 此外，刘棨、刘果、刘
纯炜、刘墫等也多官声显赫、功业卓著。由于他们的突出贡献，清
朝政府及地方给予他们诸多荣誉，比如众多刘氏族人被载入正史。
张其凤在《清代诸城刘氏家族文化研究》中做过统计，称："而其
骄人者，还有《清史稿》收其家族六人入传（刘果、刘棨、刘统
勋、刘墉、刘奎、刘镮之）。《清史列传》收其四人入传（刘棨、
刘统勋、刘墉、刘镮之）。在《清实录》中，刘棨出现过3次，刘
果出现过1次，刘统勋出现过827次，刘纯炜出现过16次，刘墉
出现过247次，刘墫出现过27次，刘镮之出现过14次，刘喜海出
现过9次。累计出现过1144人次。另有2人入祠国家最高的崇祠
机构贤良祠，3人次入选名宦祠，5人次入选乡贤祠。"③ 这些史料
和数字，无不彰显了刘氏家族在仕宦方面的巨大成就，记载着刘
氏家族曾经的辉煌和荣耀。

---

①　赵尔巽等撰：《清史稿》卷三百二，中华书局，1977 年，第10466 页。
②　赵尔巽等撰：《清史稿》卷三百二，中华书局，1977 年，第 10467—10468 页。
③　张其凤：《清代诸城刘氏家族文化研究》，中华书局，2013 年，第3—4 页。

表 6.4　　诸城刘氏家族第八、九、十（三代）仕宦情况一览表①

序号	世系	品级	人次
1	八世	正一品	4
2	八世	从一品	12
3	八世	正二品	2
4	八世	从二品	9
5	八世	正三品	3
6	八世	从三品	2
7	八世	正四品	5
8	八世	从四品	3
9	八世	正五品	8
10	八世	从五品	6
11	八世	正六品	5
12	八世	正七品	25
13	八世	从七品	3
14	八世	正八品	3
15	九世	正一品	3
16	九世	从一品	15
17	九世	正二品	4
18	九世	从二品	12
19	九世	正三品	2

---

　　① 以下数据来源于张其凤《清代诸城刘氏家族文化研究》。该书据《清史稿·职官志》,对诸城刘氏家族鼎盛时期第八、九、十（三代）的仕宦情况作了详细统计。

（续表）

序号	世系	品级	人次
20	九世	正四品	8
21	九世	从四品	6
22	九世	正五品	5
23	九世	从五品	9
24	九世	正六品	11
25	九世	从六品	2
26	九世	正七品	40
27	九世	从七品	3
28	九世	正八品	12
29	九世	正九品	2
30	九世	从九品	8
31	十世	正一品	1
32	十世	从一品	7
33	十世	正二品	2
34	十世	从二品	8
35	十世	正三品	1
36	十世	正四品	4
37	十世	从四品	2
38	十世	正五品	6
39	十世	从五品	8
40	十世	正六品	2
41	十世	从六品	2
42	十世	正七品	7

（续表）

序号	世系	品级	人次
43	十世	从七品	1
44	十世	正八品	7
45	十世	正九品	1
46	十世	从九品	7

此外，聊城傅氏家族也是清代崛起的文化世家之一。从科举成就来看：从第一代傅以渐到第十代傅桢，生员共计101人，贡生、监生共计84人，举人11人，进士6人。从仕宦成就来看：傅氏家族也取得一定成就。李泉在《清代聊城傅氏家族文化研究》一书中称："清代，傅氏家族的学子们大量进入仕途，成为各级政府官员。其中任巡抚、布政使者有之，任知府等官职者多名，任县级官员者多达三十余人，具有做官资格者三十余人。"①

五、 后起之秀家族

这类家族在明末声名无闻，清初崭露头角，经过较长时间积淀才得以快速发展。济宁孙氏家族是这类家族的典型代表。

孙氏家族原籍山西洪洞县，明洪武年间，迁入山东夏津。一百多年后，为生计所迫，孙氏家族六世祖孙得保带领族人于万历

---

① 李泉：《清代聊城傅氏家族文化研究》，中华书局，2013年，第84页。

元年（1573）迁入济宁并定居下来①。孙氏家族迁入济宁，第一代孙得保、第二代孙守元都过着普通的农耕生活。孙守元有三子孙鲸化、孙鱼化、孙鳌化，为孙氏家族第三代。此时，社会正处于明朝衰落与明清鼎革斗争的历史阶段，社会动荡、变乱频仍，家族发展缓慢。孙鲸化兄弟三人中，仅孙鳌化在科考方面有所突破，他大约在明崇祯六年（1633）考取了"廪贡生"，每月获得廪米六斗②，前后持续十年。但是，孙鳌化并未踏入仕途，这成为他一生的遗憾。"临终前他依然念念不忘，对其未能走向仕途深感遗憾。"③孙鳌化虽然只考取明朝科举中最低一级的科考功名，而且也没有跻身仕途，但他为孙氏家族由农耕家族向科宦家族转变奠定了第一块基石，为孙氏家族在清代的崛起拉开了序幕。孙鳌化有子二人，长子名讳失记，其后人功名不显。次子孙瀛洲，明末诸生，隐居不仕，称誉于乡里，孙氏家族显达者皆为其后。《济宁直隶州志》之《孙瀛洲列传》记载：

> （孙瀛洲）遇里党即极平易，而乡人尊信若神，有疑难若争竞，至前立解；或遥闻评说，即各罢去。赀故非饶，义举善事必为倡首，一时长者之称如一口，愿交者众，非故人

---

①　乾隆年间，济宁孙氏家族孙扩图在为其父孙文丹所撰的《敕封修职郎山东掖县教谕显考书常府君述略有引》中记载称："先世太原鼎族，明洪武中始自洪洞迁于山东之夏津，六世祖讳得保，字近川。公又自夏津迁济宁。"

②　廪生，亦称廪膳生员，明清时期科举制度中生员名目之一。明朝，府、州、县学生员每月都给廪膳，补助生活。廪生名额有定数，明初府学四十人，州学三十人，县学二十人，每人月给廪米六斗。

③　王洪军：《清代济宁孙氏家族文化研究》，中华书局，2013年，第124页。

逸老。曾不得抗辈行。若二潘二刘公子闻人也，刘温州，又
大侠也，皆执子侄礼惟谨。岁时公集，正大诙谐，瀛洲至，
即各肃衣冠，撰杖履，终座，无先发，无漫应，无先后
出者。①

从中可见，孙瀛洲在明末虽然功名不显，但因个人学行和气
节，在地方上具有重要影响，受到邑人的敬重。同时也表明，经
过长时间的积蓄，孙氏家族已经在地方上初露头角。

孙瀛洲有三子：孙茂、孙兰、孙芳。长子孙茂为临邑县训
导，例赠修郎职；次子孙兰，太学生；三子孙芳，字企源，号松
雪，清康熙丁卯（1687）年举人，候补内阁中书。孙芳是济宁孙
氏家族第一位举人。孙芳之子孙文丹（1685—1757），清庠生，
乡谥"贞文先生"。孙文丹有一子，名孙扩图，济宁孙氏家族得
以跻身仕途、实现家族崛起，正是由此人开启。孙扩图（1717—
1787），字充之，号适斋，乾隆元年（1736）举人。得到大学士、
山东巡抚杨应琚举荐，历任浙江乌程（今湖州）知县、缙云知
县、嘉兴知县和钱塘（今杭州）知县等。他刚直不阿，体恤下
情，后去官归里隐居。在掖县任教谕期间，做过北海书院讲席；
在浙江做官期间，温州知府聘任他做东山书院主讲。孙扩图一生
著述颇丰，有《莱游草》《东山吟草》《于京集》《钓雪集》《秋
柳集》《田园杂诗》等。

---

① ［清］胡德琳修,蓝应桂续纂,王道亨增修,盛百二补辑:乾隆《济宁直隶州
志》,收入《中国地方志集成补编·山东府县志辑》,上海书店出版社,2020 年,第
284—285 页。

　　此后，孙氏家族人才辈出，家族持续发展。孙扩图的儿子孙玉庭，字佳树，号寄圃，乾隆四十年（1775）进士，选庶吉士，授检讨。历任国史馆纂修、国史馆总纂兼提调官、山西河东兵备导员、湖北布政使、广西巡抚，累官至两江总督，加太子少保衔。孙玉庭为官近五十年，历十余职位，位列一品，可谓一生荣耀，光被宗族。孙玉庭长子孙善宝，嘉庆十二年（1807）举人，累官至江苏巡抚；次子孙仁荣，候选通判；三子孙瑞珍，道光三年（1823）进士，官至户部尚书。孙瑞珍之子孙毓汶官至兵部尚书、军机大臣；孙仁荣之子孙毓溎，道光二十四年（1844）甲辰科状元，官至浙江按察使署布政使。孙毓溎之子孙辑，官至顺天府尹。王洪军在《清代济宁孙氏家族文化研究》中对济宁孙氏家族仕宦情况作了统计，其家族成员入仕为官者计72人[①]：正一品至正三品7人，恩封、授赠正一品至三品10人，文散官正一品至正三品11人；从三品至正五品17人，恩封、授赠从三品至正五品4人，文散官从三品至正五品5人；从五品至正七品15人，文散官1人；从七品至从九品33人。[②]

　　从中可见，孙氏家族作为后起之秀家族，在科举、仕宦、文学等方面都取得重要成就。尤其是在仕宦方面，从政人员数量多，代不乏人。不仅有地方基层官员，而且有封疆大吏或朝中重

---

　　①　据王洪军统计，清代济宁孙氏家族入仕为官者72人，但由于部分族人通过恩赠、恩封、加衔等方式获得比实职更高等级的官衔。王洪军在统计中，将实职与虚衔一并合算，共计为103人次。

　　②　王洪军：《清代济宁孙氏家族文化研究》，中华书局，2013年，第344页。

臣，成为清代济宁地区著名的文化世家。

|第二节| 清初山东文化世家的文人生活

明清鼎革作为明清之际的重要历史事件，不仅决定着山东文化世家的发展趋向，也深深地影响着山东文化世家文人群体的个人命运。这些家族文人是地方社会的精英，又被称为士绅。正如孙竞昊在《经营地方：明清之际的济宁士绅社会》中所言："明清王朝更迭之际急剧变幻、动荡的环境为士绅提供了把他们的多重角色发挥到极致的舞台；士绅大起大落的境遇和困惑显露了其处在帝国政治体系和社会结构之中的历史性格。"[①]就清初的山东文化世家来看，根据其身份地位、对清态度、个人操守等不同，家族文人略可分为三大类：从政文人、家居文人和隐逸文人。这三类文人，个人选择不同，遭遇命运不同，生活状态不同，各具鲜明特色。

一、从政文人

清朝初年，从政文人主要分为两类：一类是明朝降清的旧臣，他们在明末或者身居要职、备受恩宠，或者官运不畅、不被

---

① 孙竞昊:《经营地方:明清之际的济宁士绅社会》,《历史研究》2011 年第3 期。

重用，或者因品行不端而屡受贬斥。明亡后，这些明朝旧臣或者主动请降，或者被举荐归顺，或者被征召仕清。他们虽然降清的缘由不同，个人功过不等，但作为明朝旧臣归降新朝是其难以抹去的历史污点。故而在清朝立国百余年后，乾隆帝敕修《贰臣传》将他们收录其中，以彰显朝廷对贰臣贬斥之义。清初山东籍贰臣人数众多，以《清史列传·贰臣传》甲编中所收王鳌永、李化熙、任濬，乙编所收录的谢升、房可壮、黄图安、高斗光、左梦庚、刘应宾、张凤翔、李若琳、谢启光、孙之獬、李鲁生、刘正宗、魏琯、潘士良、张若麒、张忻、张端为代表。他们的事迹见于本书第四章第一节，于兹不再赘述。另一类是新进之士，他们或生于明末而无科举仕宦功名，或有初级科举功名而无仕宦经历，抑或生于清初依靠科举踏入仕途。这些人因受明朝恩泽较少，故而所背负的忠君守节的思想包袱较轻。他们积极参加清政府举办的科举考试，高中后接受清政府的任命，踏入仕途。蒋寅在分析清初士大夫群体的分化时，根据这些士大夫的政治态度将他们分为七类。这里所讲的新进之士被蒋寅归为第六类，即"归顺新朝、积极出仕的文士"，他还指出，"以山东籍名士最为醒目"。[①] 这一类新进之士以莱阳宋氏家族宋琬、即墨蓝氏家族蓝润、聊城傅氏家族傅以渐等为代表。

1. 莱阳宋氏家族宋琬。宋琬，字玉叔，号荔裳，为明末莱阳抗清士绅宋应亨第三子，也是宋应亨三个儿子中成就最高的一

---

① 蒋寅：《遗民与贰臣：易代之际士人的生存或文化抉择 ——以明清之际为中心 》,《社会科学论坛》2011 年第 9 期。

个。作为抗清家族后人，入清后宋琬虽然及时调整策略归顺清廷，并积极参加科举，踏入仕途，但仕途坎坷，命运多舛。清顺治三年（1646）宋琬参加乡试中亚魁，翌年中进士，授户部河南司主事。后升调吏部稽勋司主事。从政期间，他廉洁奉公，办事精明。顺治七年（1650 年）宋琬遭逆仆构陷入狱，顺治八年（1651）夏日出狱，出狱后官复原职。顺治十一年（1654）宋琬出任陇西右道佥事，不久秦州地震，民不聊生，他"出家财，自莱阳邮至以恤其灾"。因救灾有功，宋琬被"钦赐蟒服加一级，优升永平副使"，管军饷。顺治十七年（1660），宋琬调任左参政之职，兼分守绍兴。次年春，遭族子宋一炳诬告"与义军首领于七通谋"，被下诏入狱。两年后，清廷以"穷治无迹，证虚不当坐"，将其释放，漂泊江南。康熙十一年（1672），宋琬"投牒自讼，冤始尽白"。冤情得以昭雪后，宋琬再次被清廷起用，授四川按察使。翌年，宋琬进京述职，适逢吴三桂兵变，占领成都。因妻儿落入叛军之手，宋琬忧愤成疾，病死京都馆舍。其妻儿五年后辗转流离，重返家园。

宋琬各方面成就斐然，尤以文学见长。他一生著述颇丰，饮誉文坛，与施闰章齐名，有"南施北宋"之说，又与严沆、施闰章、丁澎等合称为"燕台七子"。著有《安雅堂文集》《安雅堂诗》等，现存诗词文赋一千七百余首（篇）。

2. 即墨蓝氏家族蓝润。蓝润，原名滋，奉命改名为润。字海重，号凫渚，即墨蓝氏家族第十代。作为入清以来山东文化家族中最早一批参加科考，走上仕途的文人，蓝润深受顺治皇帝赏识，其仕途坦荡，可谓平步青云。蓝润出生于万历三十八年（1610），清顺治二年（1645）考中举人，三年（1646）中进士；四年（1647）授内翰林国史院检讨；六年（1649）分校礼闱，得士二十人，皆名隽；八年（1651）世祖皇帝亲政，覃恩加一级，封公父如其官；九年（1652）升右春坊右赞善；十年（1653）升弘文院侍读，眷注日隆，奉命视江南上江学政。顺治十二年（1655），蓝润升任福建右参政，后补广州左参政，平息芦田、横水各地暴乱，很快升任江右按察使。又升任山西右布政使、湖广左布政使。为官十四年，蓝润自七品庶吉士，升至从二品山西右布政使、湖广左布政使，历十余岗位，是蓝氏家族中官职最高，仕宦成就最为卓著的族人之一。蓝润一生恪尽职守，勤于政事，革除弊政，廉洁爱民，仕宦成就卓著。

3. 聊城傅氏家族傅以渐。傅以渐（1609—1665），字于磐，号星岩，山东聊城（今山东聊城东昌府区）人。明朝末年，聊城傅氏家族仍为贫寒细族。但傅以渐志向远大，发奋读书，广涉博览，"自天文地理礼乐兵农之说，考古审今，讨论原委"（清宋弼《少保大学士傅公传》，收入《东郡傅氏族谱》）。年二十余，便"以独富所学，积学累功，深于坟典"。① 但是，由于明末社会动乱，傅以渐致力于读书制艺，于科举用力不多，仅考取增广生员，后转为廪膳生。入清后，傅以渐便参加了顺治二年（1645）山东乡试，一举中式。次年（1646）二月会试，得中贡士，取得

---

① 李泉：《清代聊城傅氏家族文化研究》，中华书局，2013年，第38页。

参加殿试资格。殿试的五个问题紧扣时局发展态势，围绕着如何
巩固统治、应对时局、革除弊政、整肃吏治、融合满汉等问题开
展。傅以渐广征博引，借古喻今，提出了"大略""深心""求
贤图治""用人求其官与位称""理财求与出衡""综核而修明法
纪"① 等重要治国理政的主张，为清政府巩固时局，缓解民族矛
盾，解决社会问题提供了借鉴，受到考官的垂青，被取为清朝开
国状元，从此踏入仕途。李泉在《清代聊城傅氏家族文化研究》
一书中，对其仕宦经历进行了详细梳理②：顺治三年（1646），依
例授予内翰林弘文院修撰，从六品，负责御前进讲及向皇族子
弟、亲王讲解文化知识和礼仪制度。职位不高，但却直接服务于
皇族。顺治皇帝亲政后，继续重用汉臣。顺治八年（1651）升傅
以渐为国史院侍读，为从五品。顺治九年（1652）再迁为左春坊
左庶子，为正五品。顺治十年（1653）正月，授秘书院侍讲学
士，五月任詹事府少詹事兼内翰林国史院侍讲学士，为正四品。
同年闰六月再迁为内翰林院国史院学士，为正三品。这年七月，
顺治帝又任命傅以渐为"教习庶吉士"。顺治十一年（1654），任
内翰林秘书院大学士，为正二品。顺治十二年（1655），加"太
子太保"衔，为从一品。累官至武英殿大学士兼兵部尚书。顺治
十三年（1656）至顺治十七年（1660），傅以渐屡次上书乞休，
直至顺治十八年（1661）清廷才准其"回籍调理"。康熙四年

---

① 邓洪波、龚抗云：《中国状元殿试卷大全》，上海教育出版社，2006 年，第
1324—1328 页。

② 李泉：《清代聊城傅氏家族文化研究》，中华书局，2013 年，第46—68 页。

（1665）因病去世，享年57岁。

　　蓝润与傅以渐同为顺治三年（1646）进士，宋琬为顺治四年（1647）进士，作为新进之士，他们理应受到家族的推重和时人的艳羡。但是，由于清朝初立，汉族士绅之中反清情绪依然存在，积极响应清廷号召参加科举并接受清廷任命，仍然会受到非议。如蓝润，官高位显，是即墨蓝氏家族官职成就最高的族人之一，理应受到族人的追崇和爱戴。但是，蓝氏家族现存文献中，关于蓝润的史料十分有限，远远少于蓝章、蓝田以及蓝再茂①等。这与蓝润参加清廷首科进士考试并接受清廷任命有着直接关系。而傅以渐作为清朝开国状元，同时也是傅氏家族首位进士，同样也没有受到家族的过度褒扬，原因也在于此。与蓝润、傅以渐相比，宋琬的处境更为艰难。莱阳宋氏家族是明末抗清最为坚决的家族，受到清兵的血腥屠戮。宋琬之父宋应亨、族兄宋玫夫妇及家人数十人死于癸未莱阳邑难，被清兵残酷杀害。直至清初宋氏家族宋继澄、宋琏等族人仍坚持抵制清朝统治、不与清廷合作。同时，同邑左氏家族不仅有文天祥式的抗清英雄左懋第，而且整个左氏家族在明末及清初都开展了激烈的抗清运动，近四十名族人以身殉难。在这种情况下，宋琬身负国仇家恨却屈节事清，不仅愧对父兄，更与左氏家族的壮举形成鲜明对比，故而深为后人诟病。

---

①　蓝章、蓝田以及蓝再茂,分别为即墨蓝氏家族第五代、六代、九代。

二、家居文人

通过读书参加科举踏入仕途虽然是我国古代家族发展最理想的途径，但是科考的录取名额有限，注定无法满足大部分家族及文人对于功名的渴求。即使在明清科举鼎盛的时期，科举之路也不是所有的人都能走得通的。冯尔康曾推断称："科举制度下有功名的士人名额所占比例最多不超过 10%，最低只有 1% 左右。"[①] 因而，大部分读书人很难考取科举功名，即便考取一定的功名，也难以如愿以偿踏入仕途。这些生于文化世家，致力于读书科举，而又没能由此走上仕途的文人多赋闲家居，以读书科考、吟咏交游为业。这类文人以即墨蓝氏家族蓝启肃为代表。

蓝启肃（1653—1700），原名启冕，后改启肃。字恭元，号惕庵，又号竹林逸士。是蓝再茂之孙，蓝深之子，为即墨蓝氏家族第十一世。蓝启肃自幼聪慧过人，且勤奋好学，早年便能兼工众艺，尤以善诗文著称，有"倚马万言"之才。其子蓝重蕃称他："文章词赋援笔立就，下逮翰墨游戏之艺，亦皆工绝，斯亦可谓渊源有素，不愧前人者矣。"[②] 邑人周毓正称赞他："引笔为

---

① 冯尔康：《中国社会结构的演变》，河南人民出版社，1994 年，第 759 页。
② ［清］蓝重蕃：《皇清乡贡进士钦授内阁中书舍人先府君蓝公行述》，收入《清贻居集》，即墨蓝氏家印本，2012 年，第 26 页。

文，汪洋浩瀚，踔厉风发，虽宿儒皆惊叹，以为不及。"① 邑人杨玠也盛赞他曰："文采风流，照映乡邦。"② 然而，蓝启肃科场不顺，仕途黯淡。康熙甲子年（1684）蓝启肃考中举人，时年三十二岁，授中书舍人，但并未委任实职。此后蓝启肃虽屡次参加进士考试，但终未及第。其子蓝重蕃称他："乃六上春官，不得一第。"③ 因此，蓝启肃一生大多时间赋闲家居，以读书吟咏、交游唱和为事。蓝启肃生活的年代，正值"黄培诗案"发生前后。作为事发地，即墨地区在较长时间里，都笼罩在文字狱的高压之下。文人闭口敛足，少有敢言诗歌者，一时间即墨诗坛一片沉寂。而蓝启肃勇担时任，敢为人先，他放情山水，写景书怀，兼师众长，自成一家，创作了大量格调清雅、意境高远的优秀诗篇，打破了即墨诗坛沉寂的局面，唤起时人诗歌创作的热情，为丰富清初即墨诗坛，打开即墨诗歌创作新局面作出了突出贡献。其诗歌被载入《山左诗钞》《国朝诗余别裁》。其诗集《清贻居集》为《续修四库全书》收录。同时，蓝启肃在教育子弟，赈济贫弱族人，维系家族稳定等方面都作出了积极贡献。因此，蓝启肃入祀即墨乡贤，并被视为蓝氏家族发展史上最重要的代表人物之一。

① ［清］周毓正：《中翰蓝公传》，收入《清贻居集》，即墨蓝氏家印本，2012 年，第11 页。

② ［清］杨玠：《中翰蓝公传》，收入《清贻居集》，即墨蓝氏家印本，2012 年，第7 页。

③ ［清］蓝重蕃：《皇清乡贡进士钦授内阁中书舍人先府君蓝公行述》，收入《清贻居集》，即墨蓝氏家印本，2012 年，第23 页。

蓝启肃一生多数时间赋闲家居，以读书、交游、观光、吟咏为事。所以从内容上来看，蓝启肃的诗歌主要有闲适诗、游览诗、思旧诗、唱和诗、应酬诗等。其诗歌数量可观，内容丰富，题材多样，情感真挚，具有鲜明的艺术特色。冯文炌在《清贻居集序》中盛赞称："先生之诗，不规规于一格，而秀逸淡宕，矢口成吟，期于发抒性灵而止，盖体近于香山，而风雅过之；沐浴于少陵，而天才踔厉，绝尘而驰，则尤不受其笼络者也。"①

三、 隐逸文人

清朝初年，山东文化世家中还有一些文人以明朝遗民自居，他们隐居不出，不参加清廷科举，不接受清廷征召，以不合作的方式进行柔性抗争，以此来表达对前朝的忠诚。但是由于他们在地方上的威望和影响，清政府往往通过各种途径威逼利诱迫使他们就范。魏禧曾对易代之际士绅隐居不仕的艰难做过精辟的论述，他说："变革之际，舍生取义者，布衣难于缙绅；隐居不出者，缙绅难于布衣。盖人止一死，无分贵贱，贪生则同。布衣无恩荣，无官守，此舍生所以难也；布衣毁节趋时，未必富贵，闭户自守，亦无祸患。缙绅则出处一殊，贵贱贫富立判，安危顿易，事在反掌，此隐居所以难也。"（清魏禧《日录》卷二）为逃避清廷的征召和迫害，他们或者颠沛流离，或者隐居不出。这

---

① ［清］冯文炌:《清贻居集序》，即墨蓝氏家印本，2012 年，第 4 页。

类文人以宋氏家族宋继澄、董氏家族董樵与掖县赵士喆兄弟为代表。

1. 莱阳宋氏家族宋继澄。宋继澄（1594—1676），字澄岚，号渌溪，又号万柳居士，晚年自称海上病叟，宋兆祥第三子。宋继澄自幼为人豁达，淡泊名利。《莱阳县志》记载："九岁时，随父任汝宁，民输税不及课，兆祥忧之成疾，继澄曰：'官如是苦，居官何为？胡不归乎？'兆祥深器异之。年十八，补博士弟子员。劬志于学，不问家事。常曰：'天地间何者可恃为吾有？独学问耳。'当天启辛酉、甲子，侄玫，琮亦皆捷于乡。每同出游，两兄在前，两侄居后，盛驺从，继澄独策蹇于中，村童或笑挽之，坦如也。"① 天启七年（1627）宋继澄考中举人，但他不思仕途，专心研习学问。其成就尤以理学著称，著有《四书正义》和《诗经正义》等。一时俊杰如宋玫、宋琮、宋琏、宋瑚、宋俶，赵氏家族的赵崶、赵岜、赵隆，左氏家族的左懋第、左懋泰，姜氏家族的姜埰、姜垓，张氏家族的张允抡，以及沈迅、董樵、崔子忠、王峃等皆出其门下。同时，作为复社的重要成员和山左大社的领导者，宋继澄的文名誉满海内，为一代儒宗。癸未（1643）莱阳邑难时，宋应亨、宋玫抗清而亡，而宋继澄隐遁不出幸免于难。明亡国后，迫于形势，莱阳仕宦大族以及山左大社的成员、其弟子们纷纷参加科举考试。但宋继澄保持气节，坚决

---

① 梁秉锟等修，王丕煦等纂：《莱阳县志》，台湾成文出版社有限公司，据民国二十四年铅印本影印，1968 年，第 1348—1349 页。

不入仕清朝。由于宋继澄在文坛及地方上的声望，府县官员屡次造谒征召，宋继澄坚辞不就。次子宋琏也坚拒征召和科举，与父亲一起隐居乡野，甘于清贫。为躲避地方征召，父子多次迁移，先后在宁海、即墨设帐授徒，过着颠沛流离的生活。宋继澄在《海滨乙丑集序》中描述了顺治五年至六年间父子在宁海海滨清苦而又安适的生活，称："余自去年之冬十月来居，所见所闻，惟海耳。于生日侍左右，如孝子之事亲。……贫虽甚不堪，顾亦安之矣。"① 明朝灭亡后，复社因部分成员参与抗清活动，于顺治九年（1652）被迫解散。宋继澄作为复社成员和山左大社领袖，也受到冲击，并于这一年移居即墨。宋继澄与即墨黄氏家族有亲属关系，他是黄嘉善的孙婿，黄培的三姐夫。故而在即墨期间，宋继澄居住于黄宗昌在崂山修筑的玉蕊楼多年。寓居即墨期间：一方面，宋继澄父子设馆授徒，蓝氏家族蓝启亮等就曾受教于宋琏门下。宋琏在《荫君蓝公启亮暨配杨孺人合传》中称"侍御之曾孙为南皮公，与先君子友善"，又称："又二年，南皮公即世，余从先君子自维扬来吊之，遂卜居墨，太史公以世好，馆余于东厓书院，使其子若、侄若、婿若、甥从吾游，而纯元则以荫生交余与师友之间。"② 从中可见，宋继澄与蓝再茂相友善，而宋琏则做过蓝氏家族的塾师，与蓝启亮兄弟处于师友之间。另一方面，宋继澄与即墨之黄姓、蓝姓诸望族之文人结诗社，朝夕吟咏。康

---

① 李江峰、韩玉品：《明清莱阳宋氏家族文化研究》，中华书局，第240页。
② ［清］宋琏：《荫君蓝公启亮暨配杨孺人合传》，河北大学图书馆藏即墨蓝氏家族清钞本，第73页。

熙五年（1665），黄培因为仇家姜元衡诬陷，诗案告发，宋继澄也被牵连入狱，三年后始得放归。康熙十五年（1676），宋继澄去世，终年 83 岁，私谥文贞。

2. 莱阳董氏家族董樵。董樵也是清初莱阳著名的遗民代表。董樵，原名震起，字樵谷，复号东湖，山东莱阳小淘漳村人。董樵是明末清初爱国主义诗人，明亡后，他弃诸生籍，以明遗民自居，织草为冠，拒不剃发，时人以为癫狂。"与其友孙子伯携妻孥东去，于姑余山下居焉"①，他的四个儿子道久、道广、道融、道东随父隐居，躬耕著述，不求闻达。当时，掖县赵士喆率二子山公、海客居松椒，"樵时左右之，或饮酒狂呼，或相向泣下"。② 正如张烨在《明清时期山东地区基层士人研究》中所言："遗民士人选择隐居避世，本身即可视为一种政治态度和政治行为，他们的归隐也往往因此而难以完全脱离现实政治。"③ 董樵以遗民自处，虽然隐居不仕，但却对清廷心怀怨恨。顺治五年（1648），山东栖霞于七聚众于锯齿山举行抗清起义。顺治七年（1650），起义军攻占宁海（今山东牟平），杀死知州刘文淇，活动于登、莱地区。董樵参与了于七起义，积极抗清，成为山东地区反清的重要人物。后于七被招安，董樵愤然离开，再次隐居，漂泊不

① ［清］鹿林松辑：《董氏遗稿三种》，收入山东文献集成编纂委员会：《山东文献集成》第三辑 40 册，山东大学出版社，2007 年，第 765 页。

② ［清］鹿林松辑：《董氏遗稿三种》，收入山东文献集成编纂委员会：《山东文献集成》第三辑 40 册，山东大学出版社，2007 年，第 765 页。

③ 张烨：《明清时期山东地区基层士人研究》，华东师范大学博士论文，2013 年，第 102 页。

定，辗转定居成山。隐居期间，"日荷篠入市易米"，"县有绅士
要于路，欲与语。生弃薪道左诡云：吾科头，当取冠与君揖。竟
去，日暮不复来"。① 董樵有四子二女，儿子董道久、董道东，都
能诗，终身耕读乡间，安贫乐道，不事科举，也都是胶东地区著
名的隐士。

明清时期，莱阳邑内的簪缨世家很多，其中最为显赫的是张
梦鲤之张氏家族、赵士骥之赵氏家族、左懋第之左氏家族、宋琬
之宋氏家族。在明清莱阳世家望族中以上四大家族最具代表性，
董氏家族尚不在显族之列。但是，董樵却成为明清之际最为著名
的隐士，其原因是多方面的：一方面，董氏家族虽然算不上地方
显族，但是经历长期的发展，其祖父与父辈在当地皆有所作为。
其祖父董永贞为邑庠生，其父董应雷，"少怀奇气，有大略，虽
老未尝少衰"。② 明崇祯四年（1631）冬，孔有德叛乱，翌年据
登州，围莱州，攻莱阳，地方深受其害，董应雷"徒步走京师，
欲上书请救"。事平后，他也"以明经三仕"，当上了地方小吏。
董樵其人，姜埰曾称他："博览群籍，工诗赋，其于星辰象纬之
书及太公兵法，无不洞悉精微。"③ 在父亲的教导和影响下，董樵
对清政府充满着敌视。另外，即墨黄培，与董樵共同隐居的掖县

① 朱彝尊著，姚祖恩编，黄君坦校点：《静志居诗话·下》，人民文学出版社，1990年，第696页。
② ［清］宋琬：《宋琬全集》，辛鸿义、赵家斌点校，齐鲁书社，2003年，第151页。
③ 梁秉锟等修，王丕煦等纂：《莱阳县志》，台湾成文出版社有限公司，据民国二十四年铅印本影印，1968年，第1375页。

前明贡生赵士喆（字伯濬），董氏世交宋继澄、宋琏父子等都是名重一时的反清或隐逸之士。董樵与他们有着密切的交往，周至元在《清初即墨黄培文字狱资料》中对董樵与黄培、宋继澄等的交往做过记述。① 这些生活经历对董樵隐逸思想的形成有着深刻影响。

另一方面，董樵的许多亲属死于抗清和清兵侵袭莱阳之难，亲友多为抗清名士。董樵的长子董道久聘邑庠生吕吉之女，"婚期将届，遇难焚身殉节"；董樵的原配左氏系明朝邑庠生左懋实之女，她的族叔就是拒绝清廷的威胁收买而被幽禁，于顺治二年闰六月英勇就义的"明末文天祥"——左懋第；董樵的二姐夫姜埰一家有20余人死于清兵侵袭莱阳之难，姜埰之父姜泻里不屈于清兵而壮烈牺牲，董樵对其十分倾慕。此外，董樵的大姐夫、明邑庠生姜楷于顺治元年响应招远诸生杨威的抗清号召，曾起兵一度占据莱阳城，不久杨威被清登莱巡抚陈锦诱杀，姜楷逃亡梅岭地区，不知所终。这些社会关系和亲友遭遇无疑又加剧了董樵的反清情绪。

董樵一生诗作很多，但由于他在明亡后长期隐居，其诗作流传不广。荣成市档案馆收藏的有关董樵的资料及诗作主要有：《董樵册页》《董氏谱书》《董氏遗稿》等。王培荀称赞他"虽不出而名重天下"②，范建华也在《清初山东的遗民诗人》一文中

① 周至元：《清初即墨黄培文字狱资料》，《山东省志资料》1962年第2期。
② 谢国桢著，谢小彬、杨璐主编：《谢国桢全集》第三册，北京出版社，2013年，第368页。

对董樵及其诗歌作了高度评价。①

3. 掖县赵氏家族赵士喆父子。掖县赵氏家族自明初迁入莱州府，至万历年间发展成当地世家大族，以赵氏家族第六世赵焕、赵耀、赵灿三兄弟最为著名。据赵琪修撰《东莱赵氏家乘》记载：明万历时赵氏三兄弟相继科举中式，赵焕、赵耀两人举进士，赵灿中举，时人称之"东莱三凤"②。这其中又以赵焕成就最为突出。赵焕（1542—1619），字文光，号吉亭，嘉靖四十四年（1565）进士，历任乌程知县、工部主事、陕西御史、顺天府丞、大理左少卿、右佥都御史，升工部右侍郎改吏部，南京右都御史升刑部尚书，后改南京吏部尚书，成为万历年间的朝廷重臣。

明清鼎革之际，赵耀之子赵胤昌的五个儿子赵士元、赵士亮、赵士宽、赵士完、赵士冕各有成就，又有赵氏"五龙"之称。而赵士完、赵士亮拒绝与清廷合作，都是气骨凛然的遗民志士。赵士完，字汝彦，号琨石，明崇祯五年（1632）举人。明末战乱四起，赵士完弃家南下，曾任南明隆武政权兵部侍郎兼东阁大学士，后颠沛流离而北归。入清后拒绝参加科举，隐居不出，著有《仆庵集》。

赵氏家族隐逸文人中尤以赵灿之孙赵士喆为代表。赵士喆（1593—1655），字伯浚，号东山，世称文潜先生，明末著名学

①　范建华：《清初山东的遗民诗人》，《南通大学学报（社会科学版）》2007年第4期。

②　《莱州府志·坊表》对赵氏"三凤"之称有记载，称："东莱三凤坊，为进士赵耀、赵焕，亚魁赵灿立。"

者。他作为赵氏家族第八世的代表人物，自幼好学，崇祯五年
（1632）孔有德叛军围攻莱州城时，曾起草《讨贼檄文》，文辞激
切，语言流畅，受到时人的称赞。赵士喆是山左大社的倡导者之
一。甲申（1644）明亡后，莱州府知府挂印归乡，赵士喆组织人
搭建灵棚，哭祭崇祯皇帝。不久，"闯王"李自成向莱州派来官
吏，被赵士喆率人杀死。后避兵燹于登州府之松椒山，蓄发不
去，以示忠于明朝，遂不归，与弟子董樵及两个儿子赵涛、赵瀚
耦耕于海上。卒后，乡人私谥曰"文潜先生"。著有《黄纲录》
《建文年谱》《逸史三传》《辽宫词》等。

第七章 清初山东文化世家取得的主要成就

    清朝初年，山东文化世家迎来了一个新的发展繁荣期。这一时期，山东原有的文化世家得到恢复和发展，新秀家族不断涌现，在科举、仕宦和文学等方面都取得了长足的发展，一度走在了全国家族发展的前列。王宪明在《明清诸城王氏家族文化研究》一书中谈及清初山东文化世家的成就时指出："清朝前期，是山东历史上少有的全面繁荣时期。政治上有权相刘正宗，贤相冯溥、孙廷铨，科举方面进士的数量空前增多，开国状元也出在山东，特别是在诗歌领域，几乎以一隅敌天下。"① 在该书中，作者从仕宦、科举和文学创作三个方面总结了清初山东地区的突出成就，而这些成就基本都是来自于山东文化世家。同时，各地方文化世家在家族建设方面也取得丰硕成果。现从科举成就、仕宦成就、文学成就、家族建设四个方面总结清初山东文化世家所取得的辉煌成就。

---

    ① 王宪明：《明清诸城王氏家族文化研究》，中华书局，2013年，第58页。

| 第一节 | 清初山东文化世家的科举成就

一、 基本情况

在科举制度的辐射下，家族教育成为家族持续繁荣的重要保障，尤其是家族科举方面的教育，更是家族安身立命的重要法宝。发展至明朝末年，山东文化世家已多达一百余家，这些文化家族的繁盛，正是得益于家族科举教育的完善和推广。清朝建立后，继续推行科举制度，选拔任用汉族官员。顺治元年（1644），清廷在范文程的建议下恢复科举；顺治二年（1645）乙酉秋，在直隶、山东、山西、河南、陕西、江南诸省举行乡试，录取举人千余人；次年春在北京举行会试、殿试，录取进士373名。清朝首科进士考试，山东地区取得了前所未有的辉煌，93人中式，占全部进士的1/4，聊城傅氏家族的傅以渐成为清朝开国状元。现将清朝首科进士名录整理如下。

表7.1　　　　　　顺治三年丙戌科山东籍进士名录

序号	姓名	籍贯	名次	中举情况	仕途
1	傅以渐	聊城县	状元	顺治二年举人	武英殿大学士、兵部尚书

（续表）

序号	姓名	籍贯	名次	中举情况	仕途
2	王炳昆	掖 县	二甲第4名	崇祯十五年举人	翰林院侍读，江西粮储道
3	李世锦	胶 州	二甲第7名	崇祯十五年举人	工部主事
4	法若真	胶 州	二甲第11名	顺治二年举人	浙江按察使、江苏左布政使
5	万惟枢	曹 县	二甲第12名	崇祯十二年举人	刑部陕西司事
6	翟文贲	益都县	二甲第15名	明崇祯十五年举人	浙江学政，按察司副使
7	匡兰兆	胶 州	二甲第20名	顺治二年举人	贵州道监察御史
8	梁知先	邹平县	二甲第23名	崇祯十三年举人	湖北武昌府知府，两淮盐运使
9	高鹏南	曹 县	二甲第29名	崇祯十二年举人	福建布政司参议，分守福宁道
10	刘芳声	鱼台县	二甲第42名	顺治二年举人	福建布政司参政，分守建南道
11	官靖共	平度州	二甲第46名	顺治二年举人	刑部主事、刑部郎中

（续表）

序号	姓名	籍贯	名次	中举情况	仕途
12	宁之凤	宁阳县	二甲第48名	崇祯九年举人	陕西按察司副使、浙江布政司参政、陕西按察使、右布政使
13	王一骥	蓬莱县	二甲第54名	崇祯十六年举人	江南按察司副使
14	王荃可	益都县	二甲第56名	顺治二年举人	湖广道监察御史
15	窦蔚	章丘县	二甲第57名	顺治二年举人	
16	孙珀龄	章丘县	二甲第60名	曾祖父光辉明嘉靖进士，父孙之獬	太仆寺少卿、鸿胪寺卿、左通政使
17	法若贞	胶州	二甲第64名	顺治二年举人	汉羌兵备道
18	王桢	长山县	二甲第67名	顺治二年举人	太常寺少卿
19	赵维旗	莱阳县	二甲第70名	顺治二年举人	浙江道监察御史
20	王天眷	济宁州	二甲第72名	崇祯十二年举人	工部左侍郎
21	王舜年	掖县	二甲第73名	顺治二年举人	布政司参政

（续表）

序号	姓名	籍贯	名次	中举情况	仕途
22	单若鲁	高密县	三甲第1名	崇祯十五年举人	国子监祭酒
23	艾元征	济阳县	三甲第2名	顺治二年举人	刑部尚书
24	周历长	安丘县	三甲第6名	崇祯六年举人	户部主事、户部郎中
25	李浹	德州	三甲第14名	顺治二年举人	庆州知州
26	杨宗震	济宁州	三甲第19名	顺治二年举人	工部员外郎、工部郎中
27	冯永桢	益都	三甲第20名	顺治二年举人	顺天府昌平州知州、黄岩县知县
28	张四教	莱芜县	三甲第22名	顺治二年举人	兵部主事、兵部员外郎
29	张逸	海丰县	三甲第24名	崇祯六年举人	延平府同知
30	高玮	淄川县	三甲第26名	崇祯十四年举人	直隶河间府推官
31	袁浴	海丰县	三甲第27名	顺治二年举人	浙江杭州府推官
32	蓝润	即墨县	二甲第29名	顺治二年举人	山西右布政使、湖广左布政使
33	韩充美	即墨县	三甲第32名		礼部主事

（续表）

序号	姓名	籍贯	名次	中举情况	仕途
34	王道新	济宁州	三甲第 35 名	顺治二年举人	汝宁府推官
35	王廷猷	潍县	三甲第 37 名	顺治二年举人	河南怀庆府推官
36	李唐裔	栖霞县	三甲第 38 名	顺治二年举人	兵部主事、兵部郎中
37	杨君正	临清	三甲第 39 名	崇祯三年举人	江宁府推官
38	霍炳	青城县	三甲第 42 名	崇祯十二年举人	通州道
39	林起宗	文登县	三甲第 45 名	顺治二年举人	永平府推官，江南道监察御史
40	李炌	长山县	三甲第 57 名	崇祯十五年举人	长沙推官、衢州府推官
41	张初旭	临朐县	三甲第 58 名	崇祯九年举人	湖广辰州府推官
42	单父令	高密县	三甲第 65 名	崇祯六年举人	江苏苏州府推官
43	邵士标	济宁州	三甲第 66 名	崇祯十五年举人	山西道监察御史
44	鲍开茂	长山县	三甲第 69 名	崇祯十五年举人	广东、陕西按察司副使
45	李适	寿光县	三甲第 76 名（其父、弟皆有功名）	崇祯十五年举人	湖南内黄县知县

（续表）

序号	姓名	籍贯	名次	中举情况	仕途
46	蔡永庄	蓬莱县	三甲第 79 名	崇祯十二年举人	山西岚县知县
47	李世铎	胶 州	三甲第 81 名	顺治二年举人	湖广布政使
48	王三接	曹 县	三甲第 84 名	崇祯十二年举人	山西汾西县知县
49	郭皇畿	滋阳县	三甲第 88 名	崇祯三年举人	直隶遵化县知县、安化县知县
50	魏尔康	济宁州	三甲第 90 名	崇祯九年举人	顺天府固安县知县
51	陈益修	济宁州	三甲第 98 名	顺治二年举人	贵池县知县、户部主事
52	张笃行	章 丘	三甲第 117 名	顺治二年举人	四川郏县知县、福建按察司金事
53	张其抱	高唐州	三甲第 120 名	崇祯十二年举人	河南虞城县知县
54	吕维耘	益都县	三甲第 123 名	顺治二年举人	江西道监察御史
55	江起元	曹 县	三甲第 126 名	天启四年举人	直隶容城县知县
56	赵胤振	齐河县	三甲第 127 名	顺治二年举人	直隶阜城县知县
57	朱之玉	鱼台县	三甲第 128 名	顺治二年举人	湖南蓝山县知县

（续表）

序号	姓名	籍贯	名次	中举情况	仕途
58	李源	德州	三甲第131名	顺治二年举人	山西河津县知县
59	宫廷珍	蓬莱县	三甲第138名	顺治二年举人	直隶元氏、桂东、湖广临武县知县
60	王忻	章丘县	三甲第141名	顺治二年举人	江西宜春县知县
61	赵昉	武城县	三甲第154名	顺治二年举人	山西翼城县知县
62	王宏	济宁州	三甲第160名	顺治二年举人	直隶迁安县知县、湖广攸县知县
63	赵班玺	益都县	三甲第161名	顺治二年举人	河南监察御史
64	张万绥	邹平县	三甲第162名	崇祯十二年举人	广东博野县知县
65	刁升	即墨县	三甲第184名	顺治二年举人	安徽石埭县知县
66	朱廷位	莱芜县	三甲第188名	崇祯十五年举人	河南唐县知县、江西广昌县知县
67	王度	泰安州	三甲第190名	天启五年举人	山西大同县知县、刑部主事、大理寺卿、户部仓场侍郎

（续表）

序号	姓名	籍贯	名次	中举情况	仕途
68	王鼎胤	淄川县	三甲第 197 名	顺治二年举人	湖南东安县知县、宜阳县知县
69	张梦蛟	齐东县	三甲第 202 名	万历三十四年举人	东昌府教授
70	高 爽	武城县	三甲第 209 名	顺治二年举人	广平县知县、刑部员外郎
71	韩绵禧	莱芜县	三甲第 211 名	顺治二年举人	江西进贤县知县
72	沙 澄	莱阳县	三甲第 212 名	顺治二年举人	国子监祭酒、礼部尚书
73	安 锐	淄川县	三甲第 219 名	顺治二年举人	曲周县知县
74	谢宾王	临淄县	三甲第 223 名	崇祯十二年举人	江西余干县知县、南康府通判
75	高之彦	武城县	三甲第 226 名	顺治二年举人	江西新淦县知县
76	叶承宗	历城县	三甲第 229 名	天启七年举人	江西临川县知县
77	扈 标	临淄县	三甲第 230 名	崇祯三年举人	江西永丰、陕西纯化县知县
78	于四裳	青城县	三甲第 232 名	顺治二年举人	知县
79	刘嘉注	平原县	三甲第 233 名	顺治二年举人	高阳、永兴县知县

（续表）

序号	姓名	籍贯	名次	中举情况	仕途
80	杭齐苏	聊城县	三甲第 234 名	顺治二年举人	吏科给事中
81	张启泰	长山县	三甲第 239 名	崇祯十二年举人	兵部主事、兵部侍郎
82	刘楷	恩县	三甲第 246 名	崇祯十二年举人	户部主事、礼部郎中
83	郭肇基	金乡县	三甲第 254 名	顺治二年举人	狄道县知县
84	李道昌	海丰县	三甲第 255 名	崇祯十五年举人	监察御史、大理寺左寺丞
85	张元镇	单县	三甲第 268 名	顺治二年举人	江南宿迁县知县
86	郭知逊	潍县	三甲第 272 名	天启七年举人	江都县知县
87	孙尔令	安丘县	三甲第 274 名	崇祯十五年举人	山西玉川县知县
88	曲圣凝	宁海州	三甲第 278 名	顺治二年举人	湖北确山、香河、汉阳县知县
89	刘胤德	德平县	三甲第 281 名	顺治二年举人	直隶盐山县知县
90	孙镜	栖霞县	三甲第 282 名	顺治二年举人	甘肃清水县知县
91	李荣宗	费县	三甲第 284 名	顺治二年举人	山西垣曲县知县
92	刘纬	历城县	三甲第 286 名	顺治二年举人	安徽崇明、盱眙知县
93	王嶙	沾化县	三甲第 287 名	崇祯十二年举人	江南青浦县知县

在清朝首科进士考试中取得优异成绩后，山东地区的文化世家在清初的数十年间保持着良好的发展势头，直到康熙十八年（1679）己未科前后此种局面才有所变化。其间，山东文化世家族人科举中式人数及比例虽有所下降，但是却远高于明清其他历史时期。为更清晰凸显清初山东文化世家在科举方面取得的辉煌成就，现将明万历至明末、清顺治至康熙两个阶段山东进士录取人数及所占比例统计如下。通过对明朝末年以及清代初年各科进士录取名录的对比，我们可以清楚地看到清初山东文化世家科举成就及发展态势。

表 7.2　　　　明万历至明末山东籍进士数量及所占比

序号	年份	一甲	二甲	三甲	总数	山东数	所占比例（约）
1	万历二年甲戌科	3	70	226	299	22	7%
2	万历五年丁丑科	3	57	241	301	34	11%
3	万历八年庚辰科	3	57	242	302	32	11%
4	万历十一年癸未科	3	67	271	341	29	9%
5	万历十四年丙戌科	3	67	281	351	32	9%
6	万历十七年己丑科	3	67	277	347	32	9%

序号	年份	一甲	二甲	三甲	总数	山东数	所占比例（约）
7	万历二十年壬辰科	3	57	244	304	31	10%
8	万历二十三年乙未科	3	57	244	304	27	9%
9	万历二十六年戊戌科	3	61	232	296	30	10%
10	万历二十九年辛丑科	3	57	241	301	33	11%
11	万历三十二年甲辰科	3	57	248	308	27	9%
12	万历三十五年丁未科	3	57	238	298	34	11%
13	万历三十八年庚戌科	3	57	242	302	34	11%
14	万历四十一年癸丑科	3	67	274	344	30	9%
15	万历四十四年丙辰科	3	67	274	344	28	8%
16	万历四十七年己未科	3	67	275	345	28	8%
17	天启二年壬戌科	3	77	329	409	43	11%
18	天启五年乙丑科	3	57	240	300	37	12%

（续表）

序号	年份	一甲	二甲	三甲	总数	山东数	所占比例（约）
19	崇祯元年戊辰科	3	67	283	353	31	9%
20	崇祯四年辛未科	3	67	279	349	35	10%
21	崇祯七年甲戌科	3	57	242	302	28	9%
22	崇祯十年丁丑科	3	57	241	301	37	12%
23	崇祯十三年庚辰科	3	57	236	296	32	11%
24	崇祯十五年壬午科				263	5	2%
25	崇祯十六年癸未科	3	78	314	395	29	7%

表 7.3　　　　清顺治、康熙两朝山东籍进士数量及所占比

序号	年份	一甲	二甲	三甲	总数	山东数	所占比例（约）
1	顺治三年丙戌科	3	77	293	373	93	25%
2	顺治四年丁亥科	3	57	238	298	27	9%
3	顺治六年己丑科	3	77	315	395	64	16%

（续表）

序号	年份	一甲	二甲	三甲	总数	山东数	所占比例（约）
4	顺治九年壬辰科	3	77	317	397	40	10%
5	顺治十二年乙未科	3	77	319	399	49	12%
6	顺治十五年戊戌科	3	80	260	343	43	13%
7	顺治十六年己亥科	3	96	277	376	61	16%
8	顺治十八年辛丑科	3	77	303	383	45	12%
9	康熙三年甲辰科	3	40	157	200	28	14%
10	康熙六年丁未科	3	40	112	155	19	13%
11	康熙九年庚戌科	3	57	239	299	31	10%
12	康熙十二年癸丑科	3	40	123	166	14	8%
13	康熙十五年丙辰科	3	50	156	209	36	17%
14	康熙十八年己未科	3	40	108	151	27	18%
15	康熙二十一年壬戌科	3	40	136	179	15	8%

（续表）

序号	年份	一甲	二甲	三甲	总数	山东数	所占比例（约）
16	康熙二十四年乙丑科	3	40	121	164	24	15%
17	康熙二十七年戊辰科	3	40	103	146	16	11%
18	康熙三十年辛未科	3	40	114	157	20	13%
19	康熙三十三年甲戌科	3	40	125	168	15	9%
20	康熙三十六年丁丑科	3	40	107	150	9	6%
21	康熙三十九年庚辰科	3	60	242	305	25	8%
22	康熙四十二年癸未科	3	50	113	166	14	8%
23	康熙四十五年丙戌科	3	50	237	290	30	10%
24	康熙四十八年己丑科	3	50	239	292	24	8%
25	康熙五十一年壬辰科	3	50	124	177	20	11%
26	康熙五十二年癸巳恩科	3	50	143	196	15	8%

（续表）

序号	年份	一甲	二甲	三甲	总数	山东数	所占比例（约）
27	康熙五十四年乙未科	3	40	147	190	17	9%
28	康熙五十七戊戌科	3	40	122	165	13	8%
29	康熙六十年辛丑科	3	40	120	163	15	9%

从以上图表中我们可以看到，自明万历年至崇祯年间的六十余年里，除崇祯十五年壬午科5人外，山东每科进士中式人数少则二十余人，多则三十余人，占全国进士总数的比例一直徘徊在10%左右。清朝初年，从顺治三年丙戌科开始，至康熙十八年己未科，山东籍进士中式不管是数量，还是比例都保持着一个较高的水平。王耀在《明清时期山东进士地域分布特点及与经济、区位、民风的关系》中对清初山东地区的科举成就进行对比，称："明代全国共录取进士24687人，山东进士占到1630人，在全国仅次于浙江、江西、南直隶（今江苏）、福建，位居第五位，在长江以北诸省中名列第一。清代全国共录取进士26758人，山东进士又占到2240人。"① 从人数上来看，清朝山东籍进士有2240人，相比于明朝的1630人，增长了610人。从比例来看，清代山

---

① 王耀：《明清时期山东进士地域分布特点及与经济、区位、民风的关系》，《中国地方志》2005年第9期。

东籍进士占全国进士总人数的 8.4%，而明代山东籍进士占全国
进士总数的 6.6%，相较于明代，清代所占比率增幅较大。无论
是数量上的增长，还是比例上的提升，无疑都得益于清初数十年
间山东地区科举教育事业的发展。

二、 代表家族

清代初年，在清政府的政策引导下，山东各地文化世家注重
家族教育、广大文人学子积极参加科举考试，涌现出一批代表性
家族，推动山东地区科举再上新台阶。这其中以新城王氏家族，
高密单氏家族，诸城王氏、刘氏家族以及栖霞牟氏家族等为
代表。

（一）新城王氏家族

作为明清时期山东地区最著名的文化世家，济南府新城王
氏家族在科举方面取得重要成就。明清两朝，新城共考取进士
81 名，王氏家族 29 人，占 35.8%；共考取举人 184 人，王氏
家族 38 人，占 20.7%。仅就清代而言，新城共考取进士 54 人，
王氏家族 15 人，占 27.8%；共考取举人 133 人，其中王氏家族
32 人，占 24%。尤其是清初短短的数十年间，王氏家族考取进
士 9 人，举人 6 人（不包含考中进士者），分别占清代王氏家族
进士、举人总数的 60%、18.8%。

表 7.4　　　　　　　**清初新城王氏家族进士一览表**①

序号	姓名	进士	举人	仕途	最高品级
1	王士禄	顺治十二年(1655)	顺治五年(1648)	历任莱州府教授、国子监助教、吏部考功司主事、稽勋司员外郎、吏部考功司员外郎	从五品
2	王士禛	顺治十五年(1658)	顺治八年(1651)	历任扬州府推官、礼部主事,累迁兵部、户部侍郎,都御史,刑部尚书	正二品
3	王山立	顺治十八年(1661)武进士	顺治十四年(1657)武举人	授以守备之职,以奉养老母不愿出仕	
4	王士梓	顺治十八年(1661)武进士	顺治十四年(1657)武举人	湖广道平溪守备。以子启烈敕封文林郎、祁县知县	正七品(封赠)
5	王士骥	康熙三年(1664)	顺治十四年(1657)	内阁中书舍人	从七品
6	王士祜	康熙九年(1670)	康熙二年(1663)	候选中行评博	
7	王启沃	康熙十五年(1676)	康熙十一年(1672)	内阁中书舍人	从七品

---

①　为客观评价清初山东文化世家在科举、仕宦和文学等方面所取得的成就,在以下的相关表格中,笔者对该家族明清以来取得的成就做全面系统的统计,以便使大家更清晰地看到清初山东文化世家取得的成就以及这些成就在该家族发展史上所占据的位置和分量。

（续表）

序号	姓名	进士	举人	仕途	最高品级
8	王启潭	康熙二十七年(1688)武进士	康熙二十三年(1684)武举人	因子王兆万贵,诏封昭勇将军	正三品(封赠)
9	王兆万	康熙三十年(1691)武进士	康熙二十六年(1687)武解元	历任陕西宁羌营游击、湖广襄阳参将,加都督衔,诏授昭勇将军	正三品

（二）高密单氏家族

清朝初年,高密单氏家族在科举方面也取得了骄人的成绩。该家族于明洪武年间自安徽凤阳迁居高密,经过二百余年的发展,至明万历年间,单氏家族在科举与仕宦方面取得突破。据《高密县志》记载:明代高密进士十四人[①],其中单氏家族二人,即单崇和单明诩。单崇(1581—1644),字景姚,号郑窑。万历三十八年(1610)中式,成为单氏家族第一位进士。累官至户部郎中,明末"甲申之变"以身殉国。单明诩(1574—1629),万历三十四年(1606)丙午举人,是单氏家族第一位举人,万历四十七年(1619)考中进士。曾因献媚宦官魏忠贤而获得仕途发展。数年间,单明诩由直隶任丘知县、丰润知县,擢升兵部职方司主事、太仆寺少卿,继而升任都察院右副都御史、顺天巡抚、都察院右都御史、兵部右侍郎。崇祯二年(1629)三月,《钦定逆案》以八等定罪。

---

① 安仁、昝诚、李昆、王乔年、李邦魁、单崇、单明诩、李介、管嘉祯、管嘉福、阎芹、周弁、张福臻、傅钟秀。

清代，高密共有进士七十六人，单氏家族有二十二人，约占三分之一。其中顺治、康熙年间考取进士九人，约占清代单氏家族进士总人数的 41%。顺治时期五人：单若鲁，顺治三年（1646）丙戌科进士，官内弘文院侍读学士；单父令，顺治三年（1646）丙戌科进士，累官至苏州府推官；单父亦，顺治年间进士，官东昌副教授；单务嘉，顺治十八年（1661）进士，累官蠡县知县、常州府知府、按察使司副使；单务燕，顺治年间进士，官苏州府知府。康熙时期四人：单务孜，康熙三年（1664）甲辰科进士，累官内阁中书舍人、兵部员外郎、礼部精膳司郎中；单父麟，康熙六年（1667）丁未科进士，未入仕，因病去世；单燮，康熙十五年（1676）丙辰科进士，任湖南试用知县；单立，康熙二十四年（1685）乙丑科进士，累官靖江知县、延川知县、赣榆知具、湖广道监察御史、刑部右侍郎、户部右侍郎。

表 7.5　　　　清初高密单氏家族进士一览表

序号	姓名	进士	仕途	最高品级
1	单崇	万历三十八年（1610）庚戌科	累官翼城知县、户部郎中	正五品
2	单明诩	万历四十七年（1619）己未科	累官任丘知县、兵部左侍郎、都察院右都御史	从一品
3	单若鲁	顺治三年（1646）丙戌科	终官内弘文院侍读学士	正四品
4	单父令	顺治三年（1646）丙戌科	累官至苏州府推官	正七品

（续表）

序号	姓名	进士	仕途	最高品级
5	单父亦	顺治年间进士	官东昌副教授	
6	单务嘉	顺治十八年（1661）辛丑科	累官蠡县知县、常州府知府、按察使司副使	正四品
7	单务燕	顺治年间进士	官苏州府知府	正四品
8	单务孜	康熙三年（1664）甲辰科	累官内阁中书舍人、兵部员外郎、礼部精膳司郎中、淮安府知府	从四品
9	单父麟	康熙六年（1667）丁未科	未入仕，因病去世	
10	单 燮	康熙十五年（1676）丙辰科	湖南试用知县	正七品
11	单 立	康熙二十四年（1685）乙丑科	累官靖江知县、延川知县、赣榆知县、湖广道监察御史、刑部右侍郎、户部右侍郎	正二品
12	单 谓	雍正二年（1724）甲辰科	未仕	
13	单德谟	雍正年间进士	累官山东道监察御史、台湾提督学政、江南驿盐巡道、按察使司副使	正四品
14	单作哲	乾隆元年（1736）丙辰科	累官饶阳县令、枣强县令、武清知县、池州府同知	正五品

（续表）

序号	姓名	进士	仕途	最高品级
15	单烺	乾隆四年（1739）己未科	累官龙门知县、抚宁知县、宛平知县、顺天府西路同知、广平府知府、铜仁府知府	从四品
16	单言扬	乾隆七年（1742）壬戌科	累官麻城知县、监利知县、荆门州知州	从五品
17	单芸	乾隆二十二年（1757）丁丑科	任绥阳知县	正七品
18	单稽	乾隆四十五年（1780）庚子科	任刑部四川司主事	正六品
19	单可基	乾隆四十六年（1781）辛丑科	累官商城知县、洛阳知县、始兴知县、揭阳知县	正七品
20	单可虹	乾隆五十四年（1789）己酉科		
21	单梦龄	嘉庆十九年（1814）甲戌科	未仕	
22	单伟志	嘉庆二十五年（1820）庚辰科	累官溆浦知县、青县知县	正七品

（续表）

序号	姓名	进士	仕途	最高品级
23	单传经	同治十年（1871）辛未科	任贵池知县	正七品，钦加五品衔
24	单 棨	光绪二十年（1894）甲午恩科	累官邻水知县、泸州知州、东乡知县	正七品，钦加五品衔

（三）诸城王氏家族

诸城相州王氏家族，于明朝中期由城西迁至城北相州镇。迁入始祖王庠为普通农民，王庠育有一子名王隆，王隆有三子名王仁、王义、王智，由此相州王氏家族分为三支。明清时期王氏家族的科宦成就多出于王仁、王智二支。王氏家族秉持耕读持家的传统，在明清两代得以持续发展。尤其是在清代，该家族于科举、仕宦方面取得重大成就，成为山东著名的文化世家。据统计，清代诸城地区共考取进士 128 位，其中王氏家族 21 人。清初，王氏家族有进士兄弟王镆、王钺。王镆（1619—1663），字伯和，号朴斋，王恢基长子。顺治五年（1648）戊子科举人（第三十名），顺治六年（1649）进士（二甲第三十三名）。王钺（1623—1703），字仲威，号任庵，王恢基次子，顺治十四年（1657）举人，顺治十六（1659）进士。康熙年间，王沛思、王沛憼、王沛憻三兄弟在科考方面也取得突出成就。王沛思，字汝敬，号俨若，王钺长子，康熙十六年（1677）参加四省乡试①，

---

① 康熙十六年(1677)，山东、山西、河南、陕西四省联合乡试，户部郎中张友杰为正考官，内阁中书张鸣猷为副考官。在这次乡试中，山东诸城县王沛思第一，徐彭第二，王沛憼第八。

中解元。康熙十八年（1679）己未科会试及第（第一百二十名），殿试二甲第四十名，选翰林院庶吉士。王沛思是明清两代诸城历史上第一位翰林。王沛憬，字沂来，王录①之子，康熙十六年（1677）与王沛思参加四省乡试，中式，为第八名。王沛憻（1656），字汝存，号念庵，王钺之子，康熙二十三年（1684）中举，仕途坦荡，官至一品。

表7.6　　　　清初诸城王氏家族进士、举人一览表

序号	姓名	进士	举人	仕途	最高品级
1	王 镆	顺治六年（1649）	顺治五年（1648）	历任户部浙江司主事，江西饶南、九江道参议，广西府江兵巡道副使，江西布政使参政，贵州按察使，江西右布政使，江南左布政使	
2	王 钺	顺治十六年（1659）	顺治十四年（1657）	以母老不仕	
3	王沛思	康熙十八年（1679）	康熙十六年（1677）	选翰林院庶吉士，散馆授编修，后升左春坊左中允，参与修纂《明史》。康熙二十三年（1684）选任甲子科顺天乡试副主考官	正六品

---

①　王录之父为王开基,与王沛思之祖王恢基同为王允升之子,故而王沛思与王沛憬为同曾祖父兄弟。

（续表）

序号	姓名	进士	举人	仕途	最高品级
4	王沛憬		康熙十六年（1677）		
5	王沛憻		康熙二十三年（1684）	历任福建漳州府同知、温州府知府、四川建昌道按察司副使、贵州按察使司按察使、广西布政使司布政使、署广西巡抚、左副都御使、吏部右侍郎、雍正四年升加都察院都御史（从一品）衔加二级，以左都御史一品衔归	从一品
6	王思恂		康熙二十六年（1687）	初授海城县知县，再授兵部职方司主事，诰赠中宪大夫	正六品，封赠正四品
7	王善宗	康熙十八年（1679）武进士	康熙八年（1669）武举人	台湾安平水师左守备	正五品

（四）诸城刘氏家族

清代初年，诸城刘氏家族六世祖刘必显十分重视家族教育，"崇惇厚、黜浮华"，重赏致力于科举的子弟。李澄《槎河山庄记》记载："赠公（刘必显）晚年置槎河山庄，爱之，亲课僮仆，经理者数载。方伯（刘棨）捷南宫，即以与之。曰：用奖汝志且以励后人之读书者。"① 刘棨也对子弟严格要求，"方伯公（棨）则益严子孙，六岁就外傅诵经书，不中程度辄予夏楚，出入跬步无敢嬉戏。既长，被服食饮，比于寒素，读书汲古外不得有他嗜好，亦不得妄有所交接，以故近世言家法者，首推东武刘氏"。②在严格的家族教育之下，清初几十年间刘氏家族考取进士者3人，举人1人：刘必显，明天启四年（1624）举人，清顺治九年（1652）进士；刘必大（刘必显之弟），顺治十七年（1660）举人；刘果（刘必显次子），顺治十一年（1654）举人，顺治十五年（1658）进士；刘棨（刘必显之子），康熙十四年（1675）举人，康熙二十四年（1685）进士。此外，还有两个监生、两个邑庠生。

表 7.7　　　　清初诸城刘氏家族进士、举人一览表

序号	姓名	进士	举人	仕途	最高品级
1	刘必显	顺治九年（1652）	天启四年（1624）	任户部河南司主事，累迁奉直大夫、户部广西司员外郎	从五品
2	刘必大		顺治十七年（1660）		

---

① ［清］李澍：《质庵文集》，收入《四库未收书辑刊》第9辑第29册，北京出版社，2000年，第482页。

② ［清］李澍：《质庵文集》，收入《四库未收书辑刊》第9辑第29册，北京出版社，2000年，第482页。

（续表）

序号	姓名	进士	举人	仕途	最高品级
3	刘 果	顺治十五年（1658）	顺治十一年（1654）	初授太原府推官，继改任直隶河间县知县。后升为刑部主事	正六品
4	刘 棨	康熙二十四年（1685）	康熙十四年（1675）	江西按察使、四川布政使、诏授通奉大夫	从二品，封赠正二品

（五）栖霞牟氏家族

栖霞牟氏家族是清代山东著名的文化世家，在科举方面取得重要成就。共培养进士 10 人，他们分别是：牟国须，顺治十一年（1654）中举，康熙三年（1664）甲辰科进士；牟国玠，康熙五年（1666）中举，康熙二十一年（1682）壬戌科进士；牟国珑，康熙二十年（1681）中举，康熙三十年（1691）辛未科进士；牟恒，康熙二十九年（1690）中举，康熙三十三年（1694）甲戌科进士；牟憲，康熙十四年（1675）中举，康熙五十一年（1712）壬辰科进士；牟曰笏，雍正元年（1723）中举，翌年考中进士；牟曰簹，乾隆十二年（1747）中举，乾隆十三年（1748）戊辰科进士；牟贞相，乾隆三十九年（1774）中举，乾隆四十三年（1778）戊戌进士；牟昌裕，乾隆四十二年（1777）中举，乾隆五十五年（1790）庚戌恩科进士；牟雯，嘉庆二十二年（1817）丁丑进士。共培养举人 11 人：牟道行，明万历十九年（1591）中举；牟铜，顺治五年（1648）中武举；牟曰笣，康熙三十五年（1696）中举；牟曰管，雍正元年（1723）中举；牟岱，雍正十年（1732）中举；牟绶，乾隆三十六年（1771）中举；牟应震，乾隆四十八年（1783）中举；牟秋馥，嘉庆三年（1798）中举；牟房，嘉庆二十三年（1818）中举；牟所，道光五年（1825）中举；牟英奎，道光十九年（1839）武举。

就进士来看：10人中牟国须、牟国玠、牟国珑、牟恒、牟愿5人出自清初，且皆为康熙朝进士。另外5人，雍正朝1人，乾隆朝3人，嘉庆朝1人。就举人来看：11人中，除明万历朝1人外，其余10人均出自清代。其中，清初2人，顺治朝1人，康熙朝1人；另外8人则雍正朝2人，乾隆朝2人，嘉庆朝2人，道光朝2人。

表7.8　　　　　清初栖霞牟氏家族部分进士、举人名录

序号	姓名	进士	举人	仕途	最高品级
1	牟国须	康熙三年（1664）	顺治十一年（1654）	渑池知县	正七品
2	牟国玠	康熙二十一年（1682）	康熙五年（1666）	任长山县教谕	正八品
3	牟国珑	康熙三十年（1691）	康熙二十年（1681）	南宫知县	正七品
4	牟恒	康熙三十三年（1694）	康熙二十九年（1690）	监察御史	正七品

（续表）

序号	姓名	进士	举人	仕途	最高品级
5	牟恧	康熙五十一年（1712）	康熙十四年（1675）	武进知县	正七品
6	牟钶		顺治五年（1648）武举	大同府天城城守备	正四品
7	牟日笣		康熙三十五年（1696）	任掖县、邹平县教谕，后升辽宁安东卫教授，敕授文林郎	正七品

此外，海丰吴氏家族、安丘曹氏家族、聊城傅氏家族等也都在清初科举方面取得重要成就，成为清初著名的科举家族。

第二节 清初山东文化世家的仕宦成就

一、基本情况

清代初年，山东文化世家在仕宦方面取得突出成就。一方面，由于地缘关系，早在明末山东及辽东地区便遭受清兵侵袭。在长期的斗争中，满族政权与山东、辽东地区的关系不断加深。王宪明在《明清诸城王氏家族文化研究》中指出："明代辽东属山东布政使司管辖，清朝入关前，被其兵祸最为严重的是辽东、山东，但最早与清朝合作的也是辽东、山东人。被掳掠的辽东、山东人，甚至加入清朝军队，'从龙入关'，竟成丰沛子弟。"①另一方面，清初山东籍明朝旧臣降清、山东地方文化世家归顺清廷，推动了山东地区的和平过渡。清初，在南方各省惨遭清廷镇压和屠戮的背景下，山东各地文化世家已经拉开了家族发展的序幕，家族子弟积极参加科考、跻身仕途，取得了入仕从政的优先权。美国学者魏斐德在《洪业：清朝开国史》中描述了清初政坛格局及山东籍官员的情况，称："在多尔衮进入北京的三个月内，吏部汉人尚书、侍郎都由山东人担任了。山东人递相引荐，以求得朝廷注意。这个省份的名流在京城的影响更加明显了。"②顺治五年七月"丁丑设六部汉尚书都察院汉左都御史各一员：以陈名夏为吏部尚书，谢启光为户部尚书，李若琳为礼部尚书，刘余佑为兵部尚书，党崇雅为刑部尚书，金之俊为工部尚书，徐起元为都察院左都御史"。③其中谢启光和李若琳二人为山东籍官员。

清初，山东地区官员在清廷政坛上的这种优势一直延续到康熙年间。随着清朝统治的巩固，南方的抗清运动逐步被平息，南方各省文化世家及文人士子也加入了科举仕宦的行列，山东地区逐渐失去了短暂的优势。清著名诗人王士禛在《香祖笔记》中描

---

① 王宪明：《明清诸城王氏家族文化研究》，中华书局，2013 年，第 58 页。

② ［美］魏斐德：《洪业：清朝开国史》，陈苏镇、薄小莹等译，新星出版社，2017年，第 279 页。

③ 《清实录》第三册《世祖章皇帝实录》卷三九，中华书局影印，1985 年，第314 页。

绘了康熙年间南方与北方政坛力量转化的态势，称："康熙初，予自扬州入为礼部主事。时苏、松词林甚少，现任数公又皆以奏销一案诖误，京堂至三品者，亦止华亭宋副都直方（征舆）一人。迄今三十载，乃极盛，其他无论，即状元鼎甲骈肩接踵，而身兼会、状两元者，如癸丑韩宗伯慕庐（菼）、丙辰彭侍讲访濂（定求）、乙丑陆侍讲澹成（肯堂），皆是也。他如翰林台省尤众，地气盛衰，信有时哉。"[①] 从中可见，康熙初年南方官员数量极少，高管要职多掌握在北方官员手中。三十年后的康熙中期，境况已经发生了巨大变化。南方各省后来者居上，在科宦方面取得重大成就，扭转了清初政坛格局。王士禛将这种变化称之为"地气盛衰"。王宪明在《明清诸城王氏家族文化研究》中指出，"地气"的迁移盛衰，与政治、经济形势的变化关系极大。同时，他认为北方人质实，拨乱之世易于见功，而承平之世需要润色修饰之才，就难与江南人竞其妩媚了。[②]

尽管如此，清初的数十年间山东地区官员在清廷政坛上占据着领先地位，创造了仕宦方面的重要成就，涌现出一批或者功勋卓著，或者身居要职的官员，推动了地方家族的发展。

二、代表人物

清初山东籍官员主要有两类：一类是明朝降清的旧臣。这些

---

① 王宪明:《明清诸城王氏家族文化研究》,中华书局,2013 年,第 59 页。
② 王宪明:《明清诸城王氏家族文化研究》,中华书局,2013 年,第 59 页。

人多身居要职，后被冠以"贰臣"之名。他们虽然官声、人品有所差异，但是都或多或少地对山东地区及所在家族作出一定的贡献。一类是科举新贵。他们多来自山东各地文化世家，由于积极与新朝合作，受到新朝的青睐，多仕途坦荡、官运亨通。

（一）明朝旧臣

清朝初年，为巩固统治，清政府通过征召、举荐、劝降等各种途径拉拢汉族士绅阶层，招揽人才。王鳌永便是山东籍应召归降最早的明臣之一，被清廷任命为山东巡抚兼户部侍郎。除了征召外，举荐之风在清初也颇为盛行。孙之獬归降后便于顺治元年（1644）八月提交了一份举荐名单，其中所列山东名流乡绅 39人，包括谢升、谢启光等。而原明礼部侍郎沈惟炳也向清政府举荐了前明官员 36 人，其中山东籍的就占 16 人。他们是明兵部侍郎张凤翔、副都御史房可壮、刑部尚书张忻、吏科给事中左懋第、南京御史成勇、兵部尚书叶廷秀、尚宝司少卿高有闻、吏部员外郎左懋泰、总督李化熙、兵科给事中沈迅、御史毛九华、御史黄宗昌、分守道丞郝纲、巡抚任濬、谕德杨士聪、兵部员外郎耿章光。（朱希祖等编《顺治元年内外官署奏疏》）鉴于山东地区在清初的特殊重要地位，加之清政府急需招揽人才，被举荐的明臣大多都被清廷接受并受到重用。如任濬先为户部侍郎，继而升刑部尚书；李化熙为兵部侍郎，后擢刑部尚书；谢启光为户部侍郎；谢升为吏部尚书；孙之獬为礼部侍郎、兵部尚书。他们的事迹见于本书第四章，于兹不再赘述。

（二）科举新贵

清初，山东籍仕宦新贵的大量出现得益于清初山东籍士子在科举中的优异表现。故而魏斐德指出："山东人在科举中成绩优异，就像早些年间的北人那样。1644 年和 1645 年，进士的名额都增加了。这立刻扩大了获取高官的机会；而名额的分配，主要限于那些束手归顺的地区，如北直隶、山东和山西。"[①] 科举新贵的大量出现，壮大了山东籍仕宦队伍，涌现出一批仕途新秀，如聊城傅以渐，即墨蓝润等。

聊城傅以渐。作为清朝开国状元，傅以渐的仕途可谓坦荡。据《清史稿》卷二三八列传二十五记载，傅以渐"顺治三年一甲一名进士，授弘文院修撰。八年，迁国史院侍讲。九年，迁左庶子。十年，历秘书院侍讲学士、少詹事，擢国史院学士。十一年，授秘书院大学士。十二年，诏陈时务，条上安民三事。加太子太保，改国史院文学士。先后充明史、太宗实录纂修，太祖、太宗圣训并通鉴总裁。又命作资政要览后序，撰内则衍义，覆核赋役全书。十四年，命以渐及庶子曹本荣修易经通注。十五年，偕学士李霨主会试。考官入闱，例得携书籍，言官请申禁，以渐请仍如旧例，许之。入闱病咯血，请另简，命力疾料理。寻加少保，改武英殿大学士，兼兵部尚书。旋乞假还里，累疏乞休。十八年，解任。康熙四年，卒"。[②] 傅以渐为官清廉，为人谨慎，宋

---

① ［美］魏斐德：《洪业：清朝开国史》，陈苏镇、薄小莹等译，新星出版社，2017 年，第 279 页。

② 赵尔巽等撰：《清史稿》卷二三八，中华书局，1977 年，第 9496 页。

弼称他"既清且慎，不争不党"（清宋弼《少保大学士傅公传》，收入《东郡傅氏族谱》）。傅以渐在图书典籍的整理和编纂方面有重要贡献，张秀丽在《傅以渐与清初图书修撰工作》一文中将其图书修撰工作总结为七个方面：修撰《明史》、编修《太宗实录》、为《资政要览》作序、担任《太祖圣训》《太宗圣训》总裁官、复核《赋役全书》、担任《通鉴全书》总裁官、编写《内则衍义》。①

　　即墨蓝润。清代初年，即墨蓝氏家族的仕宦成就以蓝润为代表。蓝润，蓝氏家族第九世，蓝再茂次子，明末清初人。万历三十八年（1610）生，清顺治二年（1645）考中举人，三年（1646）考中进士，四年（1647）授内翰林国史院检讨，六年（1649）分校礼闱，得士二十人，皆名隽。顺治八年（1651），世祖皇帝亲政，覃恩加一级，封公父如其官；九年（1652）升右春坊右赞善。顺治十年（1653）升弘文院侍读，眷注日隆，奉命视江南上江学政；是年四月十六日，御笔改为今名。蓝润继承了蓝氏家族五世蓝章、六世蓝田的优良仕宦传统，深得顺治帝倚重。顺治十二年（1655），蓝润被升为福建右参政，督管军粮，督运有法，军食无缺；顺治十三年（1656），海寇猝攻榕城，蓝润时已丁外艰谢事，尚在围城中，急率家仆守水部门，间出击贼，海寇久攻不下，只得退去。后蓝润补广州左参政，平息芦田、横水各地暴乱，很快升任江右按察使。任按察使期间，蓝润清除积

---

① 张秀丽：《傅以渐与清初图书修撰工作》，《兰台世界》2011 年第 7 期。

案，平反冤狱。后又升任山西右布政使、湖广左布政使。蓝润从政十四年，是即墨蓝氏族人中官职最高，仕宦成就最为卓著的族人之一，也是清初山东籍重要官员之一。

｜第三节｜　清初山东文化世家的文学成就

一、　基本情况

明朝末年，在科举导引和结社风气的影响下，我国文学发展迎来了一个新的高峰期。山东作为圣人故里、风雅之乡，文学创作更是呈现出强劲的发展势头，涌现出一批以文学著称的文化世家和杰出的文学大家。谢国桢曾在《明末清初的学风》中指出："明季士夫的风气，最喜欢结社，在明天启、崇祯年间，他们诗酒流连，揣摩文章，作为考试中选的准备，成为时尚风气。"[①] 王士禛也在《古夫于亭杂录》中写道："吾乡风雅，明季最盛。如益都王遵坦太平、长山刘孔和节之，尤非寻常所及。"[②]

延及清初，山东地区的文学创作持续发展，尤其是在诗歌创作方面，先有临清谢榛、历城李攀龙，后有新城王渔洋（即王士

---

① 谢国桢：《明末清初的学风》，上海书店出版社，2004 年，第 108 页。
② ［清］王士禛撰，赵伯陶点校：《古夫于亭杂录》，中华书局，1988 年，第 77 页。

祯，又名王士祯），先后主持诗坛达数十年之久，其中尤以王渔洋影响最大。不仅如此，这一时期，山东地区文学创作全面繁荣，各地文化世家名家辈出，蜚声海内者比比皆是。卢见曾在《国朝山左诗钞序》中曾经盛赞称："国初诗学之盛，莫盛于山左。渔洋以实大声宏之学，为海内执骚坛牛耳，垂五十余年。同时若宋荔裳、赵清止、高念东、田山姜、渔洋之兄西樵、清止之从孙秋谷，咸各先登树帜，衣被海内。故山左之诗，甲于天下。"① 清赵执信在《谈龙录》中称："本朝诗人，山左为盛。先清止公与莱阳宋观察荔裳（琬）同时，继之者新城王考功西樵（士禄）及其弟司寇，而安丘曹礼部升六（贞吉）、诸城李翰林渔村（澄中）、曲阜颜吏部修来（光敏），德州谢刑部方山（重辉）、田侍郎、冯舍人后先并起。"② 王渔洋也在《古夫于亭杂录》中称："他如益都王若之湘客，诸城丁耀亢野鹤、丘石常海石，掖县赵士喆伯浚、士亮丹泽，莱阳姜埰如农、弟垓如须、宋玫文玉、弟琬玉叔、董樵樵谷，淄川高珩葱佩，益都孙廷铨道相、赵进美韫退，章丘张光启元明，新城徐夜东痴辈，皆自成家……。"③ 卢见曾在《国朝山左诗钞序》中还对清诗"山左甲天下"的原因进行过探讨，称："盖由我朝肇兴辽海，声教首及山东，一时文人学士，鼓吹休明，黼黻盛业，地运所钟，灵秀勃

---

① ［清］卢见曾编：《国朝山左诗钞》，清乾隆二十三年（1758）德州卢氏雅雨堂刻本，山东省图书馆藏。

② ［清］赵执信著，陈迩冬校点：《谈龙录》，人民文学出版社，1981年，第14页。

③ ［清］王士禛撰，赵伯陶点校：《古夫于亭杂录》，中华书局，1988年，第77页。

发，非偶然也。"①《清诗纪事初编》中也称："清初青齐海岱间，人文之盛，足与大江以南相匹敌。后来则少衰矣。"②

二、 代表家族

"本朝诗人，山左为盛"③，清初的山东，不仅有诗坛领袖，还涌现出一批颇具影响的文学家族。其中以新城王氏家族、掖县赵氏家族、海丰吴氏家族等为代表。

（一）新城王氏家族

新城王氏家族文学成就斐然，从三世王麟起，代不乏人，其中以王士禛、王士禄兄弟为代表。王士禛（1634—1711），原名王士禛，字子真，一字贻上，号阮亭，又号渔洋山人，世称王渔洋，谥文简。明清之际山东新城（今山东桓台县）人。王士禛于顺治十五年（1658）考中进士，康熙四十三年（1704）官至刑部尚书，为官颇有政声。他博学好古，能鉴别书、画、鼎彝之属，精金石篆刻，是清初杰出的诗人、文学家。其早年诗作清丽澄淡，中年以后转为苍劲。在作诗方面，他擅长各体，尤工七绝。但未能摆脱明七子摹古余习，时人诮之为"清秀李于麟"。然传其衣钵者不少。王士禛五十九岁生日之际，友人田雯、孔尚任等

---

① ［清］卢见曾编:《国朝山左诗钞》,清乾隆二十三年（1758）德州卢氏雅雨堂刻本,山东省图书馆藏。

② 邓之诚:《清诗纪事初编》卷六,上海古籍出版社,1965 年,第 706 页。

③ 赵执信著,陈迩冬校点:《谈龙录》,人民文学出版社, 1981 年,第 14 页。

齐聚京师为其祝寿，并有祝寿诗。田雯作《王少司农寿序》，其中对王士禛的文学成就予以高度评价："少司农王公，钟琅琊之奇，门地峻越，而以东国海岱之胜概发其光华，操熙朝文章之柄，囊鞬坛坫者垂四十年，天下皆曰阮亭先生。虽其齿甫历甲子，未遽称皤皤黄发，而天下之士尊之。岿然古鲁灵光焉。……先生则今日之韩愈也，士之问奇而来者，之先生堂下，一聆先生声咳，无不振然色喜而去，先生平日与人才消长之故、风雅得失之林，拳拳有深情焉。"（清田雯《古欢堂集·王少司农寿序》）

王士禛继钱谦益之后主盟诗坛，与朱彝尊并称"南朱北王"。《清史稿》载："上留意文学，尝从容问大学士李霨：'今世博学善诗文者孰最？'霨以士禛对。复问冯溥、陈廷敬、张英，皆如霨言。召士禛入对懋勤殿，赋诗称旨。改翰林院侍讲，迁侍读，入直南书房。汉臣自部曹改词臣，自士禛始。上征其诗，录上三百篇，曰御览集。"① 在诗歌创作和评论方面，王士禛创"神韵"说，于后世影响深远。"海内公卿大夫文人学士，无远近贵贱，识公之面而闻公之名者，莫不尊之为泰山北斗。"② 王士禛与兄王士禄、王士祜合称"三王"。《清史稿》称："明季文敝，诸言诗者，习袁宗道兄弟，则失之俚俗；宗钟惺、谭友夏，则失之纤仄。敩陈子龙、李雯，轨辙正矣，则又失之肤廓。士禛姿禀既高，学问极博，与兄

---

① 赵尔巽等撰：《清史稿》卷二六六，中华书局，1977年，第9952页。
② ［清］王士禛：《渔洋山人精华录》卷首《诰授资德大夫经筵讲官刑部尚书王公神道碑铭》，中华书局，1989年。

士禄、士祜并致力于诗，独以神韵为宗。取司空图所谓'味在酸咸外'、严羽所谓'羚羊挂角，无迹可寻'，标示指趣，自号渔洋山人。主持风雅数十年。"① 王士禛还擅长书法，康熙朝书画家宋荦称王士禛"书法高秀似晋人"，近人则称其书法为"诗人之书"。学者惠栋在为王士禛《渔洋山人自撰年谱》卷上"顺治十三年丙申"条作注时称："山人自乙未五月买舟归里，始弃帖括，专攻诗。聚汉、魏、六朝、四唐、宋、元诸集，无不窥其堂奥而撮其大凡。"② 王士禛一生著述达 500 余种，作诗 4000 余首，主要有《渔洋山人精华录》《蚕尾集》《池北偶谈》《香祖笔记》《居易录》《渔洋文略》《渔洋诗集》《带经堂集》《感旧集》《五代诗话》等。

王士禄（1626—1673），字子底，一字伯受，号西樵，明清之际山东新城人。自少能文章，工吟咏。顺治十二年（1655）乙未科进士，投牒改官，选莱州府教授，迁国子监助教，擢吏部主事。康熙二年（1663），以员外郎典试河南，因事免官。尝游杭州，历览湖山之胜。居数年，起原官。学士张贞生、御史李棠先后建言获咎，力直之，人以为难。寻又免归。母殁，以毁卒。乡人私谥节孝先生。时人评价他清介有守，笃于友爱。士禄工诗，于唐诗人中，独爱孟浩然。与弟王士祜、王士禛齐名，称为"三王"。著有《读史蒙拾》《然脂集例》《表余堂诗存》及《十笏草堂诗选》《辛甲集》《上浮集》等。

---

① 赵尔巽等撰：《清史稿》卷二六六，中华书局，1977 年，第 9954 页。
② ［清］王士禛：《渔洋山人自撰年谱》卷上，清惠栋红豆斋刻本，收入《续修四库全书》第 554 册，上海古籍出版社，2002 年，第 145 页。

表 7.9　　　　　　　　明清新城王氏族人著述一览表①

序号	世系	作者	作品	卷数
1	三世	王　麟	《毛诗释义》	2 卷
2	四世	王重光	《史论》	不分卷
			《五刑加减律义》	
			《太仆家训》	1 卷
3	五世	王之垣	《历仕录》	1 卷
			《炳烛编》	1 卷
			《摄生编》	2 卷
			《百警编》	1 卷
			《谏议疏稿》	4 卷
			《进圣功图疏》	
			《基命录》	3 卷
			《念祖约言》	2 卷
			《惺心楼三编》	
			《日程编》	
			《琅琊游记》	
4	五世	王之猷	《柏峰集》	
5	五世	王之都	《殚心录》	19 卷

①　为全面反映并通过对比突显清初山东文化世家的文学成就,笔者在统计明清地方家族文学成果时,范围有所延伸,并非仅仅局限于清初几十年。

（续表）

序号	世系	作者	作品	卷数
6	五世	王之城	《海防要略》	1 卷
7	六世	王象乾	《忠勤录》	2 卷
			《开天玉律》	
			《皇明经世编》	
			《皇明典故纪闻》	18 卷
			《文选删注》	12 卷
			《音韵类编》	
8	六世	王象恒	《西台奏议》《巡抚奏议》	
9	六世	王象晋	《群芳谱》	28 卷
			《异梦记》	1 卷
			《保境集议》《清雨经》《灶经》《扶舆闻气》《相封楚游》《郢封里吟》《金陵像游》《星暑纪言》《春漕纪言》《髦年呓语》《广受仁寿》《风纂删繁》《蕤政纪略》《保和庵砚田》《操觚剿说》《贝经》《救荒成法》《艳雪集》《佐济刑书》《诗语图谱》《保世药石》《卫生铃铎》《神应心书》《金刚经解》《日省格言》《日省撮要》《词坛汇锦》《字学快编》	

序号	世系	作者	作品	卷数
10	六世	王象春	《问山亭集》	12 卷
			《齐音》《蜡湖集》《李杜诗评》《地理俯察备要》	
11	六世	王象艮	《迂园集》	12 卷
12	六世	王象云	《王氏礼经解》	
13	六世	王象益	《景先楼集》	
14	六世	王象明	《雨萝集》《鹤隐集》《山居集》	
15	七世	王与胤	《陇首集》	2 卷
			《西来集》《一可己编》	
		王与端	《栩斋诗曲》	
		王与玖	《笼鹅馆》	4 卷
		王图鸿	《春秋四则》《三传义列》《字韵》《唐宋诗辨》《八大家论断》	
16	七世	王与襄	《历亭诗选》	1 卷
17	八世	王士禄	《十笏草堂诗选》	8 卷
			《焦山古鼎考》	1 卷
			《司勋五种集》	20 卷

（续表）

序号	世系	作者	作品	卷数
17	八世	王士禄	《西樵诗集》《读史蒙拾》《围炉诗话》《毛诗稽古编》《辛甲集》《上浮集》《表余堂诗存》《闺阁语林》《南荣曝余录》《宾实别录》《神释堂脞语》《毛角阳秋》《漫士壁观录》《群言头屑》《梦觉闲话》	
			《然脂集例》	230 卷
			《炊闻词》	2 卷
			《朱鸟逸史》	1 卷
			《阮亭诗选》	17 卷
18	八世	王士禧	《抱山堂集》	1 卷
			《送怀草》	1 卷
			《和月泉吟社诗集》	1 卷
			《表余落花合选》	11 卷
19	八世	王士誉	《笔山集》《葱楚集》《毳褐集》《采篱集》	
20	八世	王士骥	《听雪堂诗集》《听学堂词集》《游大梁诗集》	
21	八世	王士骊	《就园小咏》	1 卷
22	八世	王士祜	《古钵集》	1 卷

（续表）

序号	世系	作者	作品	卷数
23	八世	王士禛	《落笺堂初稿》	1 卷
			《渔洋诗集》	22 卷
			《渔洋续集》	16 卷
			《蚕尾集》	10 卷
			《蚕尾续集》	2 卷
			《蚕尾后续集》	2 卷
			《南海集》	2 卷
			《雍益集》	1 卷
			《渔洋文略》	14 卷
			《渔洋山人精华录》	10 卷
			《带经堂集》	92 卷
			《手镜录》	1 卷
			《阮廷诗余》	1 卷
			《衍波词》	2 卷
			《渔洋诗话》	3 卷
			《诗则》	1 卷
			《花草蒙拾》	
			《五代诗话》	10 卷
			《律诗定体》	1 卷
			《国朝谥法考》	1 卷
			《维杨信谳》《纪琉球太学始末》	
			《南台故事》	1 卷

（续表）

序号	世系	作者	作品	卷数
23	八世	王士禛	《东西二汉水辩》	1 卷
			《洳溪考》	2 卷
			《古欢录》	8 卷
			《长白山录》	1 卷
			《蜀道驿程记》	2 卷
			《南来志》	1 卷
			《北归志》	1 卷
			《广州游览小志》	1 卷
			《迎驾纪恩录》	1 卷
			《秦蜀驿程后记》	2 卷
			《皇华纪闻》	4 卷
			《陇蜀余闻》	2 卷
			《池北偶谈》	26 卷
			《渔洋载书图》	1 卷
			《北征日记》	1 卷
			《居易录》	34 卷
			《香祖笔记》	12 卷
			《古夫于亭杂录》	6 卷
			《分甘余话》	4 卷
24	九世	王启涑	《西城别墅集》《往山诗存》《因继集》《闻诗堂随笔》《闻诗堂小稿》《读书堂近草》《苏诗补注》	

序号	世系	作者	作品	卷数
25	九世	王启座	《金台杂咏》《学诗偶存》《莲香亭诗草》	

（二）掖县赵氏家族

掖县赵氏家族是明清时期山东著名的文化世家，尤其以文学成就见长。该家族诗文创作自三世祖赵翱始。赵翱，明正统辛酉（1441）举人，曾任吉州训导，后迁学正。赵氏家族文献《世美堂诗钞》收录其诗歌1首。此后，赵氏家族以诗文传家，至清末发展至十九世，代不乏人。赵氏家族的诗文以及家族其他文献，经民国赵琪整理形成《东莱赵氏楹书丛刊》，民国二十四年东莱赵氏永厚堂刊，共十二册，半页十二行，行三十二字。该丛书目录：1 世美堂诗钞；2 世美堂文钞；3 皇纲录；4 建文年谱；5 逸史三传；6 莱史；7 石室谈诗；8 后汉书札记；9 建谱志余；10 历代纪音；11 先世酬唱集；12 先世学行记。其中收录74人诗文作品，部分作者留有诗文集。

《东莱赵氏楹书丛刊》所收录赵氏族人诗文作品，明清鼎革之际涉及赵氏家族第七、八、九、十、十一代：第七世6人，收录诗歌6首；第八世12人，收录诗歌542首、文章2篇，其中7人著有诗文集11部；第九世7人，收录诗歌345首、文章3篇，其中4人著有诗文集7部；第十世4人，收录诗歌15首、文章1篇，其中2人著有诗文集3部；第十一世5人，收录诗歌12首、文章3篇，其中1人著有诗文集2部。

表 7.10　　　　　　　明清掖县赵氏族人著述一览表①

序号	世系	作者	作品	收录情况
1	三世	赵　翱		《世美堂诗钞》收诗 1 首
2	四世	赵　资		《世美堂诗钞》收诗 1 首
3	四世	赵　贤		《世美堂诗钞》收诗 1 首
4	四世	赵　惠		《世美堂诗钞》收诗 1 首
5	四世	赵　钰		《世美堂诗钞》收诗 1 首
6	四世	赵　瓒		《世美堂诗钞》收诗 1 首
7	四世	赵　洁		《世美堂诗钞》收诗 1 首
8	五世	赵　魏		《世美堂诗钞》收诗 1 首
9	五世	赵　孟		《世美堂诗钞》收诗 1 首
10	五世	赵嘉言		《世美堂诗钞》收诗 1 首
11	六世	赵克变		《世美堂诗钞》收诗 1 首
12	六世	赵重颇		《世美堂诗钞》收诗 1 首
13	六世	赵启先		《世美堂诗钞》收诗 1 首
14	六世	赵　耀	《乐山亭诗集》	《世美堂诗钞》收诗 16 首，《世美堂文钞》收录 19 篇
15	六世	赵　焕	《慎真亭诗存》	《世美堂诗钞》收诗 6 首，《世美堂文钞》收录 21 篇
16	六世	赵　灿	《式古亭诗草》	《世美堂诗钞》收诗 1 首
17	七世	赵永昌		《世美堂诗钞》收诗 1 首
18	七世	赵允昌		《世美堂诗钞》收诗 1 首

① 史料来源于 [清] 赵鸾掖、赵琪辑《东莱赵氏楹书丛刊》等家族史料。

（续表）

序号	世系	作者	作品	收录情况
19	七世	赵祐昌		《世美堂诗钞》收诗1首
20	七世	赵禧昌		《世美堂诗钞》收诗1首
21	七世	赵胤昌		《世美堂诗钞》收诗1首
22	七世	赵寿昌		《世美堂诗钞》收诗1首
23	八世	赵士元	《竹石居诗稿》	《世美堂诗钞》收诗4首
24	八世	赵士宽	《芸窗诗存》	《世美堂诗钞》收诗1首
25	八世	赵士冕	《半塘草》《白门草》《稼庵近草》《三山草》	《世美堂诗钞》收诗202首
26	八世	赵士亮	《龙溪集》	《世美堂诗钞》收诗83首
27	八世	赵士完	《璞庵集》	《世美堂诗钞》收诗60首,《世美堂文钞》1篇
28	八世	赵士喆	《观物斋诗稿》《辽宫词》	《世美堂诗钞》收诗182首,《世美堂文钞》1篇
29	八世	赵士任		《世美堂诗钞》收诗1首
30	八世	赵士瑞		《世美堂诗钞》收诗2首
31	八世	赵士仰		《世美堂诗钞》收诗2首
32	八世	赵士周	《黄峰古句》	《世美堂诗钞》收诗1首
34	八世	赵士骥		《世美堂诗钞》收诗2首
35	八世	赵士达		《世美堂诗钞》收诗2首
36	九世	赵涛	《放鹤园草》《近诗搜存》	《世美堂诗钞》收诗8首
37	九世	赵瀚	《近诗搜存》《蓬庵草》《东海集》	《世美堂诗钞》收诗96首,《世美堂文钞》1篇

（续表）

序号	世系	作者	作品	收录情况
38	九世	赵玉瓒	《怡园诗集》	《世美堂诗钞》收诗101首
39	九世	赵玉藻	《柏园诗集》	《世美堂诗钞》收诗137首，《世美堂文钞》2篇
40	九世	赵联生		《世美堂诗钞》收诗1首
41	九世	赵澟		《世美堂诗钞》收诗1首
42	九世	赵玉华		《世美堂诗钞》收诗1首
43	十世	赵升		《世美堂诗钞》收诗1首
44	十世	赵衷	《草堂诗集》《凤山诗稿》	《世美堂诗钞》收诗10首
45	十世	赵训		《世美堂诗钞》收诗1首，《世美堂文钞》1篇
46	十世	赵复	《雪山集诗稿》	《世美堂诗钞》收诗3首
47	十一世	赵继葵		《世美堂诗钞》收诗2首
48	十一世	赵继范	《自得斋诗稿》《随吟草》	《世美堂诗钞》收诗6首，《世美堂文钞》2篇
49	十一世	赵继献		《世美堂诗钞》收诗1首
50	十一世	赵应书		《世美堂诗钞》收诗2首，《世美堂文钞》1篇
51	十一世	赵殿揆		《世美堂诗钞》收诗1首
52	十二世	赵牲		《世美堂诗钞》收诗1首
53	十二世	赵坦		《世美堂诗钞》收诗1首
54	十二世	赵鉨	《客燕草》《归来草》《耐翁记略》《余闲草》	《世美堂诗钞》收诗40首，《世美堂文钞》6篇

（续表）

序号	世系	作者	作品	收录情况
55	十二世	赵 杰		《世美堂诗钞》收诗 1 首
56	十二世	赵 俊	《云路草堂诗稿》	《世美堂诗钞》收诗 1 首
57	十二世	赵 伦		《世美堂诗钞》收诗 1 首，《世美堂文钞》1 篇
58	十二世	赵 纲		《世美堂诗钞》收诗 1 首
59	十二世	赵化南		《世美堂诗钞》收诗 1 首
60	十二世	赵 垣	《凤轩诗稿》	《世美堂诗钞》收诗 10 首
61	十三世	赵凤辉	《次凤斋诗稿》	《世美堂诗钞》收诗 2 首，《世美堂文钞》1 篇
62	十三世	赵凤彩	《元凤斋诗稿》	《世美堂诗钞》收诗 13 首，《世美堂文钞》1 篇
63	十三世	赵运青	《清芬斋诗稿》《清芬斋文稿》	《世美堂诗钞》收诗 17 首，《世美堂文钞》1 篇
64	十三世	赵三益		《世美堂诗钞》收诗 1 首
65	十四世	赵德麟		《世美堂诗钞》收诗 3 首
66	十四世	赵鸿文	《龙村诗稿》	《世美堂诗钞》收诗 1 首
67	十四世	赵寿山		《世美堂诗钞》收诗 2 首
68	十四世	赵寿嵋	《馆西诗草》《莲舫诗集》	《世美堂诗钞》收诗 3 首，《世美堂文钞》1 篇
69	十五世	赵文奎	《友园诗草》	《世美堂诗钞》收诗 3 首
70	十五世	赵文政		《世美堂诗钞》收诗 2 首
71	十五世	赵 堂	《涵斋诗》	《世美堂诗钞》收诗 1 首
72	十六世	赵华琳	《怡斋诗存》	《世美堂诗钞》收诗 11 首
73	十六世	赵鸾掖	《乔荫斋诗文集》	《世美堂诗钞》收诗 10 首，《世美堂文钞》4 篇

（续表）

序号	世系	作者	作品	收录情况
74	十七世	赵芸芳		《世美堂诗钞》收诗 4 首

（三）海丰吴氏家族

海丰吴氏家族是清代山东著名文化世家。该家族自明永乐二年（1404）由直隶迁安县迁居海丰，经过两百余年的潜心发展，至清顺治年间发迹。自清代顺治至光绪二百余年里，尤其是第十三世至第十七世之间，吴氏家族科甲如林，名宦辈出。据吴氏家族文献记载，这一时期共培养进士 6 人，举人 13 人，贡生、廪生、监生、庠生数十人；共培养一品官员 3 人，二品官 1 人，四品官 2 人，五品官 7 人，六品官 3 人，七品官 7 人，八品官 13 人，九品官 5 人，共计 41 人。不仅如此，吴氏家族在文学创作方面也成就斐然。清末吴氏家族吴重憙曾系统整理编订吴氏家族数百年间的家族文献，次第付梓，刊有《海丰吴氏诗存》《海丰吴氏文存》《无棣吴氏世德录》《海丰吴氏试艺》等。清顺治、康熙年间，是吴氏家族文学发展的重要时期，以吴自肃、吴自冲、吴象宽、吴象默、吴象弼等为代表的吴氏族人著述成果颇丰，详见表 7.11。代表作品有吴自肃《万行草》《劳云草》《河干草》，吴自冲《留云阁诗集》，吴象宽《芝园诗集》，吴象默《半阁诗选》，吴象弼《杞树屋诗》等。

表 7.11　　　　　　　海丰吴氏族人著述一览表①

序号	名称	作者	卷数
1	《万行草》	吴自肃	1 卷
2	《我堂存稿》	吴自肃	不分卷
3	《云南通志》	吴自肃、丁炜	30 卷，首 1 卷
4	《我堂年谱》	吴自肃	1 卷
5	《留云阁诗集》	吴自冲	
6	《宁远书钞》	吴象宽	
7	《芝园诗集》	吴象宽	1 卷
8	《半日吟》	吴象宽、吴象弼	
9	《杞树屋诗》	吴象弼	2 卷
10	《杂诗》	吴象羲	1 卷
11	《半阁诗选》	吴象默	1 卷
12	《亦居室赘吟》	吴象默	
13	《雪心集》	吴绍甲	不分卷
14	《覆瓿草》	吴绍冶	
15	《大清律例》之《名例》	吴绍诗	2 卷
16	《蚁园自记年谱》	吴绍诗	1 卷
17	《大清律例通考》	吴坛	40 卷
18	《新笋轩诗集》	吴埙	
19	《雪堂宝砚记》《雪堂宝砚歌》《叶梦楼诗胜》	吴之勷	

---

①　史料来源于孙才顺、韩荣钧的《清代海丰吴氏家族文化研究》。

（续表）

序号	名称	作者	卷数
20	《重葺岘云轩记》	吴之勷	
21	《自怡轩诗》	吴之裕	不分卷
22	《人海丛谈》	吴侍曾	
23	《垂荫接叶轩诗集》	吴侍曾	
24	《竹泉诗钞》	吴侍曾	
25	《少颐诗稿》	吴熙曾	
26	《缀锦集》	吴式芬	
27	《唐宋元明人摘句》	吴式芬	
28	《陶嘉书屋诗赋》	吴式芬	2 卷
29	《攈古录》	吴式芬	20 卷
30	《攈古录金文》	吴式芬	3 卷
31	《双虞壶斋藏器目》	吴式芬	1 卷
32	《海丰吴氏藏汉封泥》	吴式芬	4 册
33	《舆地金石目》	吴式芬	不分卷
34	《待访碑目》	吴式芬	不分卷
35	《江西金石存佚总目》	吴式芬	不分卷
36	《分类彝器目》	吴式芬	不分卷
37	《陶嘉书屋钟鼎彝器款识目录》	吴式芬	
38	《吴氏题跋》	吴式芬	
39	《双虞壶斋印存》	吴式芬	8 卷
40	《双虞壶斋印谱》	吴式芬	4 册
41	《吴斋手拓偶存》	吴式芬	1 卷
42	《陶嘉书屋藏印》	吴式芬	1 册

（续表）

序号	名称	作者	卷数
43	《陶嘉书屋秦汉印章》	吴式芬	
44	《古泉钱范》	吴式芬	1 卷
45	《封泥考略》	吴式芬、陈介祺	10 卷
46	《汉官私印泥封考》	吴式芬、陈介祺	3 卷
47	《汉封泥考略》	吴式芬、陈介祺	2 卷
48	《双虞壶斋八种日记》	吴式芬	12 卷
49	《金石汇目分编》	吴式芬	20 卷，26 册
50	《补续汇刻书目》	吴式芬	6 卷
51	《求可知斋诗草》	吴式敏	
52	《南安书院记》	吴式敏	
53	《移修竹山县学记》	吴式敏	
54	《雁舟吟草》	吴式群	
55	《常惺惺斋诗集》	吴重周	
56	《常惺惺斋随录》	吴重周	
57	《石莲庵诗》	吴重憙	10 卷
58	《石莲庵词》	吴重憙	1 卷
59	《石莲庵乐府》	吴重憙	1 卷
60	《津步联吟集》	吴重憙	1 卷附词 1 卷
61	《麻草鞋》	吴重憙	1 卷
62	《石莲杂著》	吴重憙	10 册
63	《海丰吴氏文存》	吴重憙	4 卷
64	《海丰吴氏诗存》	吴重憙	14
65	《续封泥考略》	吴重憙	4 卷

（续表）

序号	名称	作者	卷数
66	《吴氏世德录》	吴重憙	5 卷
67	《吴氏族谱》	吴重憙	12 卷
68	《海丰吴氏朱卷》	吴重憙	
69	《海丰吴氏藏书目》	吴重憙	不分卷
70	《石莲庵藏书目》	吴重憙	不分卷
71	《潍县陈氏宝簠斋金文册目》	吴重憙	3 卷

（四）安丘曹氏家族

安丘曹氏家族，作为明清时期山东著名文化家族，在文学方面成就斐然。尤其是在顺治、康熙年间，"安丘曹氏在文学创作上达到了鼎盛，曹贞吉、曹申吉兄弟如两颗耀眼的星辰，其光芒辉耀了曹氏家族门楣，也照亮了清初文坛"。① 曹贞吉一生吟咏不辍，其作品结集为《珂雪初集》《珂雪二集》《珂雪三集》《珂雪词》《朝天集》《鸿爪集》《黄山纪游诗》《实庵诗略》等。赵红卫称曹贞吉："在诗歌创作上，他在许多方面进行有意识的创新，开创性地创作了大量书信诗词，在诗歌题材纪实性、生活化方面作出了有益的突破；曹贞吉的山水纪游诗善于选取雄奇险峻的景物，融入丰富的人文意蕴，写出感而多风、豪放跌宕、镵奇磊落的风格，在清代山水诗歌中独具特色。"② 曹申吉则被赵红卫称为"曹氏之贾谊"，作品结集为《又何轩诗集》《澹余集》《南行日

---

① 赵红卫：《明清安丘曹氏家族文化研究》，中华书局，2013 年，第 79 页。
② 赵红卫：《明清安丘曹氏家族文化研究》，中华书局，2013 年，第 321 页。

记》《黔行集》《贵州通志》《澹余诗集》《黔寄集》《同学录》《澹余诗前集》《澹余诗续集》《澹余文集》《澹余笔记》等。张贞在《渠亭山人半部稿渠亭文稿墓志铭曹申吉墓志并铭》中称："其为文章，清遒粹美，而尤长于歌诗，早学右丞嘉州，自南岳回，沉郁顿挫，人比之少陵夔州，以后盖先生酷嗜读书，日新富有，遂臻绝境，非尽得江山之助也。"

（五）德州田氏家族

德州田氏家族也以文学闻名遐迩，尤以田雯最负盛名。田雯（1635—1704），字紫纶，一字子纶，亦字纶霞，号漪亭，自号山姜子，晚号蒙斋。田绪宗之子，清初著名诗人。田雯自幼受到父祖的悉心教导。祖父"口授《毛诗》"。① 康熙三年（1664），田雯参加殿试中二甲第四名进士。康熙六年（1667）授中书舍人，十一年（1672）八月受命主持顺天乡试，十二年（1673）任户部福建司主事，十三年（1674）升户部云南司员外郎，十九年（1680）任提督江南学政，"力崇古学，厘教条十五则训士"。② 后补授湖广、湖北督粮道布政使司参议。康熙二十六年（1687）田雯被任命为江苏巡抚，三十八年（1699）奉旨督修淮安高安堰河工。后历任贵州巡抚、刑部右侍郎、户部右侍郎，以户部左侍郎致仕。康熙四十一年（1702），田雯因病归里，两年后病故于德州。在任贵州巡抚的三年间，田雯致力于地方教育，"有十二

---

① ［清］钱仪吉：《碑传集》卷十九，中华书局，1993年，第622页。
② ［清］王赠芳、王镇修，成瓘、冷烜纂：《济南府志》卷五十六，收入《中国地方志集成·山东府县志辑》，凤凰出版社、上海书店、巴蜀书社，2004年，第119页。

州县未设学，请立之"，对地方教育作出贡献。

田雯以文学见长，其诗与王士禛、施闰章同具盛名。钱钟书在《谈艺录》中评价称："清初渔洋以外，山左尚有一名家，极尊宋诗，而尤推山谷者，则田山姜是也。"① 田山姜即田雯。《清史稿》称："康熙中，士禛负海内重名，其论诗主风调。雯负其纵横排奡之气，欲以奇丽抗之。"② 田雯一生著作丰富，著有《长河志籍考》《蒙斋年谱》《幼学编》《诗传全体备义》等，人称"德州先生"。

（六）即墨蓝氏家族

清初，即墨蓝氏家族经历了第八世的短暂低迷期后，从第九世始进入了复兴期。这也是继蓝章、"蓝氏三凤"父子之后，即墨蓝氏家族文学创作的又一高峰期。据《即墨蓝氏族谱》记载，这一时期蓝氏家族从事文学创作的有二十六人，包括蓝再茂、蓝深、蓝润、蓝漪、蓝浯、蓝沐、蓝湄、蓝溥、蓝启蕊、蓝启亮、蓝启肃、蓝启华、蓝启延等；诗文作品共计六十六卷（另撰修蓝氏族谱二部），其中蓝润《聿修堂集》载入《四库全书存目丛书》集部，蓝启肃《清贻居集》后为《续修四库全书》收录。蓝湄《素轩诗集》、蓝启蕊《逸筼轩诗集》、蓝启华《学步吟》等在当时文坛上也都具有一定的影响。

---

① 钱钟书：《谈艺录》，中华书局，1984 年，第 110 页。
② 赵尔巽等撰：《清史稿》卷四八四，中华书局，1977 年，第 13330 页。

第四节 清初山东文化世家的家族建设

清初，山东各地文化世家致力于家族建设，在开展家族基建、撰修家族族谱、编纂家规家训等方面都取得了丰硕成果。

一、 开展家族基建

家族基建即家族基础建设，包括对家族住宅、家族书院、家族祠堂、家族墓地等家族基础建筑的建设与修缮，这些基础建筑既是家族成员生活、活动的场所，又是家族累世相传的基业。家族基建，在很大程度上反映着一个家族的经济状况、文化积淀和家族的兴衰态势。清代初年，饱受自然灾害和易代战乱摧残的山东文化世家，收拾残局，励精图治，重新投入到家族建设之中，在各方面都取得突出成就。以即墨蓝氏家族为代表的一些家族在家族基建方面开展了重要工作。

清代初年，即墨蓝氏家族正处于第九代蓝再茂、十代蓝深蓝润时期，这时蓝氏家族已有三百余年的发展历史。家族的祖宅、书院、祠堂等建筑历经百年风雨，尤其是经历了第七代蓝柱孙、蓝史孙，八世蓝思绍、蓝思继的家族中衰之劫，家族经济衰退，无暇也无力进行修缮，这些家族建筑皆已严重残损。

清代初年，清政府对山东地区进行招抚，即墨地区实现了顺利转轨，未受重创。同时，清初为稳定时局，发展经济，采取了一系列有效举措，为即墨的稳定发展打下基础。在这种时局之下，蓝氏家族经济得以恢复和发展，家族迎来了第二次发展高峰。为整顿家业、重振家声，蓝再茂组织人员、集中财力对家族的基础建筑进行修整与完善，使百年建筑重新焕发活力。对于这次的家族基建，蓝氏家族文献中有多处记载。其中，蓝深、蓝润的《封太史公行述》记载最为详尽。文中称："先侍郎公（蓝章）奉敕建祠堂兆域百余载，不无因循之感。府君笃木本水源，重新庙貌，高廊营墙，松楸改观。郭外东厓书院、崂山华阳书院，先人发迹胜地，府君费数年辛苦，渐次整理，建亭池楼台，种竹灌花，以乐余年，邀穷亲故交盘桓，延师友，令子孙肄业于内。城里大宅，世鹰堂、世庆楼，正德丙子先侍郎公创立者，府君建重楼一座，名'收远楼'，且高大其门，以守兼创。"① 从中可见，蓝再茂主要做了三个方面工作：第一，修缮了蓝章所建祠堂庙宇；第二，修整扩建了东厓书院、崂山华阳书院；第三，增建了"收远楼"，并"高大其门"。这次基建，不仅全面整修了蓝氏家族的祖宅、祠堂、书院等老建筑，而且又着手扩建、增建新楼宇，高大门庭，美化宅院，壮大了即墨蓝氏家族的门庭。

---

① ［清］蓝深、蓝润：《封太史公行述》，河北大学图书馆藏即墨蓝氏家族清钞本，第16—17页。

二、　撰修家族族谱

钱穆在《中国文化史导论》中说："家族是中国文化的一个最主要的柱石，我们几乎可以说，中国文化，全部都从家族观念上筑起，先有家族观念乃有人道观念，先有人道观念乃有其他的一切。"① 而家族档案正是记录承载家族文化的重要史料，它是记载一个家族的源流迁徙、发展轨迹、族内生活、取得成就、社会贡献及家族成员从事家族事务和社会活动的各种资料。家族档案包括家族族谱、人物传记、行状墓志、来往书信、作品著述、家族遗迹等。明清之际，山东各文化世家在应对时局变迁、记载家族生活以及族人与师友交流唱和等方面都留下了丰富的家族档案。这些档案包括族人著作、来往书信等。冯尔康在《18 世纪以来的中国家族的现代转向》中指出："山东有不少家谱……就读山东家谱的印象及今日山东友人的介绍，获知山东的宗族活动，在北方是属相对较多的。"② 在撰修家族族谱方面具有代表性的家族有诸城王氏家族、即墨蓝氏家族以及滨州杜氏家族。

诸城王氏家族。诸城王氏家族支系繁多，主要有营子王氏、相州王氏、贾悦王氏等。各支系均修撰家谱，记述该支发展历史，总结家族文化成果，记载家族代表人物。营子支王氏五世祖

---

① 钱穆:《中国文化史导论》,商务印书馆,1994 年,第 51 页。
② 冯尔康:《18 世纪以来的中国家族的现代转向》,上海人民出版社,2005 年,第 78 页。

王铨于明隆庆年间组织修撰营子支王氏家谱。相州王氏修撰族谱始于王开基。王开基是相州王氏第一个举人，他是相州王氏家族族谱的最早倡修者。王沛思《族谱后序》云：吾王氏族谱，作于先文贞公，实遵先水部公之难为创，文贞公之难为继，而大有造于吾族也。《相州王氏族谱》首修成于康熙七年（1668），其后经三次续修：康熙五十三年（1714）第八世王沛思主持，乾隆四十三年（1778）第十世王辛祚主持，道光十八年（1838）第十一世王增杰主持。① 贾悦王氏家族于乾隆十七年（1752）续修族谱，因刘镛的生母为贾悦王氏分支王宸嗣的女儿，刘镛为贾悦王氏族谱作了序。序中指出，王广庭"广搜博采，考察详明，确知者增之，不知者仍之。校定数月，汇成待梓"。乾隆四十八年（1783）该族谱由王延杰组织刊刻发行。后该支族谱修撰一度搁置，直至光绪三十二年（1906）王鸿谔再度续修族谱。由上可见，在撰修家族族谱方面诸城王氏家族以相州王氏比较有代表性，其从康熙初年至道光年间的一百余年的发展过程中，共修撰族谱四次，每次间隔五六十年，基本保证了家族发展记载的连贯性和家族文化的传承。

即墨蓝氏家族。即墨蓝氏家族的文献及先人著作散失严重，直至蓝再茂时期，才系统整理蓝氏家族先世功业勋名史料，蓝再茂之子蓝润在此基础上编纂成《余泽录》四卷。《续修四库全书总目提要》中记载了该书的主要内容及编纂过程，称："《余泽

---

① 王宪明：《明清诸城王氏家族文化研究》，中华书局，2013 年，第114 页。

集》（清康熙刊本）。清蓝润编，是编乃就其父再茂所辑之家乘中择其先世之功业勋名，昭著于世者录出，删其芜词，订其异同，汇辑而成者。全书所录，大半皆其高曾以下之事迹。或录家传，或抄行状，皆为注出，盖其父再茂，曾因显扬祖烈，于文献故家，搜求遗迹，间得之市上，如获拱璧而珍藏之。润继其志而成是书也。蓝氏于明清两代，多显宦……至润父再茂，则以选贡生官南皮。明末李自成之乱，曾守城有功。书中叙述又详，书首有沙澄序，及润自记……其所谓司寇公即蓝章，侍御即蓝田，至太史公则其父蓝再茂也。沙澄序则谓读是书者，悚然如见文绣北泉两先生居官之大节……。"① 从中可见，《余泽录》的内容主要来自蓝润之父蓝再茂所整理的蓝氏家乘中关于先世功业勋名等史料。后蓝氏族人依此体例，继续编纂家族档案，遂有十二世蓝重毅《余泽续录》及蓝重蕃《蓝氏家乘》问世。《余泽录》与《余泽续录》，较为全面地记述了即墨蓝氏先人所取得的显赫业绩及所赢得的家族荣誉，是即墨蓝氏家族最重要的文献。

滨州杜氏家族。杜氏家族非常重视家族文化建设，在族谱撰修方面用力颇多。该家族于明万历三十七年（1609）始撰修族谱，康熙二十四至三十二年（1685—1693）二修，康熙五十七年（1718）三修，乾隆四十七年（1782）四修，嘉庆八年（1803）五修，道光七年（1827）六修，宣统三年（1911）七修，1931 年八修。杜氏家族族谱的撰修及重修，不仅确保了其家族发展史的清晰连贯，也

---

① 　王桂云等：《游览崂山闻人志》，方志出版社，2010 年，第 112 页。

为后世保存了丰富的家族文化研究成果。

三、 编纂家规家训

在撰修族谱的同时，山东各文化世家常常会总结其家族在发展维系、管理与教育等方面的经验，这就形成了家规家训。传统家规家训中，包含了很多做人处事的智慧。家规的语言一般都非常质朴，真诚而实用，可以说一些古代家规是中华民族的巨大财富，对后世有着重要的教育意义。家规家训的形成与山东各地文化家族注重家族教育有很大关系。在编纂家规家训方面具有代表性的家族有滨州杜氏家族、新城王氏家族、海丰吴氏家族等。

滨州杜氏家族。明末清初，滨州杜氏家族十世杜漺，十三世杜鸿图、杜彤光，十四世杜堮对该家族的家规家训作了系统的整理。杜氏家族第二次撰修族谱时，杜漺在《重修世序》中借助其他家族兴衰的经验和教训对家族子弟提出谆谆教诲："今日际兹繁盛，尚其笃念先型恂恂自守。勿以族大人众为可恃，而以凭藉骄溢为可虞。各修而身，各务其业，父以之教其子，兄以之勉其弟。"① 乾隆四十七年（1782）杜氏家族四修族谱，杜鸿图作序称："亲亲以三为五，以五为九，而衍圣经者，推睦族之义，本

---

① 侯玉杰、冯美荣、刘雪燕、张利民：《滨州杜氏家族研究》，齐鲁书社，2003年，第290页。

于修身齐家，然则观斯谱者，详考传记所载以正身心，日用之趋，抚堂构之依然，则思缔造之艰，冀嗣续之炽昌，则思培植之厚，知受授之有，自则思承继之本。勿骄奢，勿怠淫，勿险僻以居心，勿刻薄以待物。”①

杜彤光持家有序，教子有方，形成了系统的家族教育理论。后其子杜堮进行整理，形成《杜氏述训》。杜氏家族后世撰修族谱，遂将其附于族谱之后，作为教育子弟的家规家训。这“实际上是一本关于家族教育的系统理论教材”。② 该书仿《颜氏家训》诫勉后人，有家训 48 则传世③。其中不少条目对子女敬事父母、姑舅，教育子弟后人等方面都有着明确要求。如第二则：

> 先大夫每引《颜氏家训》教余兄弟曰：“少成若天性，习惯如自然。”盖幼时肫然赤子，惟父母是听；迨其渐长，因物而化，随习而迁，虽父母之命将不能行。乃始搰搰然提其耳而教之，固已晚矣。谚语：“教儿婴孩，教妇初来。”女辞家而适人，一切无旧恩可恃，故尝虚己以听于舅姑，而唯恐其有过也。教不于此时，亦将如子之渐长而不复可变也。尝见世之为父母、为舅姑以此为悔者不少，其有及乎？

① 侯玉杰、冯美荣、刘雪燕、张利民:《滨州杜氏家族研究》,齐鲁书社,2003年,第 293 页。

② 朱亚非:《明清山东仕宦家族文化及其时代价值》,《齐鲁学刊》2012 年第 2 期。

③ 侯玉杰、冯美荣、刘雪燕、张利民:《滨州杜氏家族研究》,齐鲁书社,2003年,第 302—314 页。

第五则：

　　教子以身不以言。非不以言也，所言皆其所行耳。其言如是，其身不如是，子固从其身不从其言也。彼自其有生而即习见矣。心会之，性通之，闻一朝之言而大反之，虽贲育之勇不能也。人有不美之行，念及其后嗣，而翻然改悔者，迁善改过，盖亦教在其中矣。

新城王氏家族。新城王氏家族的家规家训，从产生发展到规范完善，历经数代人，凡一百余年。这其中四世祖王重光、五世祖王之垣、六世祖王象晋、八世祖王渔洋作出重要贡献。王重光制定《太仆家训》教育子弟，打下了王氏家训的基础。其中具有警示意义的语句有"所存者必皆道义之心，所行者必皆道义之事，所友者必皆读书之人，所言者必皆读书之言。非读书之言，汝勿言也，诺之而已矣"。王象晋尝刻此训导于忠勤祠中，用以教导子弟，[①] 他自己又提出"容人所不能容，忍人所不能忍"的人生信条。王之垣创修《王氏族谱》，编纂了第一部总结性的《念祖约言》，撰写了《历仕录》《秉烛编》《摄生编》《百警编》等家规，使家规家训更加系统丰富。王象晋克勤克俭，教子严格。他曾撰写对联："绍祖宗一脉真传，克勤克俭；教子孙两行正路，惟读惟耕。"在自撰祭文中王象晋写道："不敢丧心，不求满意，能甘淡泊，能忍闲气，九十年来，于心无愧，可偕众同游，可含笑而长逝。"王渔洋总结自己为官数十年的经验，亲书

---

　　① 王士禛：《池北偶谈》，中华书局，1982年，第108—113页。

《手镜》一部，让儿子"置座右，披玩而从事焉"。《手镜》一书共有箴言50条，3009个字，内容涉及修身之道、为官之道、处世之道、审刑之度等许多方面，不乏真知灼见。这部书既是王渔洋对王氏家训家规的凝练，也是对自己为官一生的总结，更揭示了王氏家族长盛不衰的奥秘，在中国家训史上为后人留下了一笔宝贵的精神财富。"清、慎、勤"堪称王渔洋一生为官处世的准则，他告诫儿子也要牢记并领会这三个字的精神。在政治上，王渔洋谨言慎行，小心翼翼，就连康熙也称赞他"人品学问，老成忠厚"。王渔洋传承的纯正家风和丰富家训，为后世子孙提供了丰富的精神营养，时至今日，仍给我们许多有益的启迪。

海丰吴氏家族。海丰吴氏家族素有淳风厚德，直谅恬素，崇儒重文的家风，其对家规家训的编纂最早可追溯到第九世吴志德。第十一世吴自肃、十二世吴象宽、十三世吴绍诗均对此有所贡献。吴志德（1580—1665），吴邦政第三子，秀才，著有《劝善录》《戒杀文》。吴自肃，临终留有《我堂遗训》；吴象宽，撰《内讼篇》二十三则，临终留有《趋庭记略》；吴绍诗，有《恭定公家训》等传世。

结　语

　　明清鼎革是明清发展史上的重要政治事件，它持续时间长，影响深远，留下了一系列的历史命题。本书将山东文化世家置于波澜壮阔的历史大背景之中，通过对明清鼎革之际山东文化世家的命运遭际与历史选择的系统研究，我们可以看到，在朝代更迭之际，山东文化世家在各种政治势力的夹缝中，极为艰难而又小心翼翼地做着选择，并承受着因选择而带来的命运。各个家族的不同选择，都有着深刻的原因与时代背景；不同的选择又给各个家族带来截然不同的发展命运。山东文化世家，以自身命运遭际向我们阐释了时代政治与家族命运、家族地位与政治选择、个人操守与选择分化、家族利益与最终归附等方面的关系，总结了家族发展的经验和教训，同时也体现出文化世家在发展维系中面临的困顿与无奈。

　　一、时代政治与家族命运。在我国古代社会，家族的兴衰发展固然与该家族经济基础、家族教育、家族管理有着密切关系，但是时代政治却是决定家族命运的重要因素，朝代更迭是最重要的时代政治事件。我们国家历史悠久，朝代更迭频繁。每次朝代更迭，都是对当朝的文武百官、世家大族和知识分子的一次严峻考验。就山东文化家族来看，明清鼎革给不同的文化家族带来了不同的命运，使山东文化世家发展出现了严重的分化。

二、家族地位与政治选择。孔子在《论语·泰伯》中称："不在其位，不谋其政"。这句话集中体现了儒家学派对于文人从政的基本要求，成为中国传统文人从政恪守的信条。在科举取士制度鼎盛的明清时期，山东一些家族通过科举踏入仕途，进而发展成为在省内比较著名、在国内有较大影响的文化世家。这些家族成员往往是科甲蝉联、官员辈出。但是由于家族经济、教育等原因，各个家族发展程度也大不相同。在明清鼎革之际，一个家族官员的多少、职务的高低，在当地社会地位的高低、影响的大小，受到朝廷恩惠的厚薄、多少等因素的影响，这些因素直接决定了该家族的历史选择和政治取舍。如明末处于鼎盛阶段的莱阳宋氏家族、左氏家族，面对清兵入侵和清廷初主中原，他们竭尽全力，不惜以身赴难，进行了极其激烈的反抗；而即墨黄氏家族、蓝氏家族明末已处于衰落时期，家族的社会地位和影响力不断下降，这些家族在明清鼎革之际，平稳实现了过渡，基本没有抗争行为。还有一些家族采取了观望的态度，根据局势进展及时调整应对措施。

三、个人操守与选择分化。在明清易代之际，即便是在同一家族内部，不同的族人也有着不同的选择。如莱阳左氏家族，左懋第代表南明与清廷谈判，不为利诱，威武不屈，英勇就义，被称为"文天祥式"英雄。而他的堂兄左懋泰却归附清廷，并前去劝说左懋第，受到左懋第的斥责。再如即墨蓝氏家族，面对明清易代，第十世蓝润和蓝瀚也有着不同的表现。顺治三年（1646），蓝润参加了清廷的首届科举考试，中傅以渐榜进士，并踏上仕途，一度受到顺治帝的赏睐。而蓝瀚却隐居不出，赋诗闲居，拒绝与清廷合作。不同族人的不同选择，与个人追求与操守有关。

四、家族利益与最终归附。明清鼎革之际，选择忠君还是护族，是摆在山东文化世家及家族文人面前的一个难题。纵观山东文化世家及家族文人的历史选择，我们不难看出最终的趋势是护族战胜了忠君，护族成为家族做出历史选择的标准。反观明末，山东不少文化世家参与了抗清运动。但是，细加分析，这种抗清运动不仅是忠君护国之举，在很大程度上更是一种保城护族的行为。清军人主中原后，面对清廷恩威并施的政策，山东一些文化家族出于家族利益考虑，没有发动大规模、剧烈的抗争，最终选择了与清廷合作，相继归顺清廷。可见，在忠君还是护族的选择中，山东大多数文化世家选择了后者。

五、发展经验与教训。朝代更迭是国家政治生活中的大事，对文化家族而言更是生死攸关的考验。通过对明清鼎革之际山东文化世家历史选择和家族遭际的考察，我们可以看到各文化家族在鼎革之际的是非得失，总结出山东文化家族在渡难时期的经验和教训。就经验而言，主要有十条：经济基础不能动，家族教育不能松，奢靡之风不能纵，科举仕宦不能轻，家风家学不能省，刻薄不仁不能兴，子嗣绵延不能终，大是大非必清醒，勇担族任柱石擎，女主弱肩责任重。就教训而言，主要有四条：臣子忠心不能丢，文人气节需坚守，为官清正而爱民，莫为谄媚惹众仇。

六、文化世家的困顿与无奈。通过对明清鼎革之际山东文化世家的分析，我们不难看出：

第一，明清之际的山东文化家族多为外地迁入家族，他们饱受颠簸迁徙之苦，在明朝科举带动下，坚持耕读持家，培养出一定数量的科举人才，并踏上了仕途，进而重视家族教育，注重家族文化积累，逐步发展成为文化世家。但是，与南方家族势力雄厚的累世大家族相比，明清之际的山东文化家族经济基础薄弱，家族文化积淀不够深厚。

第二，面对清兵屡次侵扰、野蛮屠戮和起义军的冲击，在刀光血剑之下，山东文化家族的能力非常有限，他们能做的也只是捐财捐物、协助地方官吏做好防务等工作。再者就是以血肉之躯与来犯敌兵相搏杀，最终以身殉难。如莱阳左氏家族，在明清鼎革之际的几次斗争中，共有三十七位族人以身殉难，谱写了慷慨激昂的时代悲歌。

第三，虽然在斗争中山东各文化家族的能力有限，但因为他们是地方望族，在山东地区有一定的社会影响，所以人们对他们寄予厚望。然而，在易代斗争中，大部分山东文化家族没有开展大规模、剧烈的抗争活动，过渡相当平和，因此他们的表现令后人十分失望和不解。

饱受迁徙之苦、家族经济薄弱、斗争能力有限、家族文化积淀不深，却又被寄予厚望，这成为明清鼎革之际山东文化世家普遍面临的困顿与无奈。

参考文献

一、史志文献

[1] [宋]郑樵：《通志》，浙江古籍出版社，2000年影印本。

[2] [明]陆釴等纂修：《山东通志》，山东省图书馆藏明嘉靖刻本。

[3] [明]熊元修、马文炜等纂：《安丘县志》，山东省图书馆藏明万历刻本。

[4] [明]许铤等纂修：《即墨县志》，万历癸未(1584)版。

[5] [清]计六奇：《明季北略》，中华书局，1984年。

[6] [清]计六奇：《明季南略》，中华书局，1984年。

[7] [清]万斯同：《明史》，上海古籍出版社，2008年。

[8] [清]张廷玉等撰：《明史》，中华书局，1974年。

[9] [清]胡公著、张克家等纂修：《海丰县志》，清康熙九年刻本。

[10] [清]任周鼎、王训等纂修：《续安丘县志》，清康熙十五年

(1750)刻本。

[11]〔清〕唐梦赉、毕际有等纂修:《淄川县志》,清康熙二十六年(1687)刻本。

[12]〔清〕张瓒、张戬等纂修:《新城县志》,清康熙三十二年(1693)、民国二十二年(1933)重修版。

[13]〔清〕陶锦修,王昌学、王柽等纂:《青州府志》,清康熙六十年(1721)府署本。

[14]〔清〕岳濬、法敏、杜诏等纂修:《山东通志》,清乾隆元年(1736)刻本。

[15]〔清〕严有禧等纂修:《莱州府志》,乾隆五年(1740)刻本。

[16]〔清〕永泰等纂修:《续登州府志》,清乾隆七年(1742)刻本。

[17]〔清〕周于智、宋文锦、刘恬等纂修:《胶州志》,清乾隆十七年(1752)刻本。

[18]〔清〕钱廷熊、张乃史等纂修:《高密县志》,清乾隆十九年(1754)刻本。

[19]〔清〕袁中立等纂修:《黄县志》,清乾隆二十一年(1756)刻本。

[20]〔清〕张思勉、于始瞻等纂修:《掖县志》,清乾隆二十三年(1758)刻本。

[21]〔清〕张耀璧、王诵芬等纂修:《乾隆潍县志》,清乾隆二十五年(1760)刻本。

［22］［清］尤淑孝等纂修:《即墨县志》,清乾隆二十九年
(1764)版。

［23］［清］舒赫德、于敏中:《钦定胜朝殉节诸臣录》,影印文渊
阁四库全书第0456册—清乾隆刊本缩印本。

［24］［清］刘翰周等纂修:《寿光县志》,清嘉庆五年(1800)
刻本。

［25］［清］张鸣铎等纂修:《乾隆淄川县志》,收入《中国地方
志集成·山东府县志辑》,凤凰出版社、上海书店、巴蜀
书社,2004年影印本。

［26］［清］马世珍等纂修:《道光安丘新志》,1920年石印本。

［27］［清］杨士骧等纂修:清光绪《山东通志》,民国四年
(1915)排印,民国二十三年(1934)商务印书馆影印。

［28］［清］欧文、林汝谟等纂修:《文登县志》,道光十九年
(1839)刻本。

［29］［清］王赠芳等修,成瓘纂:《济南府志》,清道光二十年
(1840)府署本。

［30］［清］毛永柏、李图、刘耀椿等纂修:《咸丰青州府志》,咸
丰九年(1859)刻本。

［31］［清］李熙龄纂修:《滨州志》,清咸丰十一年(1861)
刻本。

［32］［清］林溥等纂修:《即墨县志》,同治十一年(1872)版。

［33］［清］永瑢等:《四库全书总目提要》,商务印书馆,
1931年。

［34］［清］杨兆焕等纂修:《曹州府菏泽县乡土志》,清光绪三十四年(1908)石印本。

［35］［清］刘光斗、朱学海等纂修:《诸城县续志》,清道光十四年(1834)刊本。

［36］［清］刘嘉树等纂修:《增修诸城县续志》,清光绪刻本。

［37］赵尔巽等撰:《清史稿》,中华书局,1977年。

［38］王钟翰点校:《清史列传》,中华书局,1987年。

［39］［清］谷应泰:《明史纪事本末》,中华书局,2018年。

［40］刘锦藻:《清朝续文献通考》,商务印书馆,1936年。

［41］常之英、刘祖干纂修:《潍县志稿》,民国三十年(1941)铅印本。

［42］唐介仁等纂修:《重修莒志》,民国二十五年(1936)刻本。

［43］中国历史研究社编:《烈皇小识》,上海书店,1982年。

［44］王丕煦、梁秉锟等纂修:《莱阳县志》,台湾成文出版社有限公司,1968年。

［45］安作璋主编,朱亚非本卷主编:《济南通史·明清卷》,齐鲁书社,2008年。

［46］台湾"中央研究院"历史语言研究所:《清实录》,中华书局,1982年。

［47］山东师范大学历史系中国近代史研究室选编:《清实录山东史料选》(全三册),齐鲁书社,1984年。

［48］张华松等校点:《历城县志正续合编》,济南出版社,2007年。

[49] 山东文献集成编纂委员会编:《山东文献集成》,山东大学出版社,2006—2011年。

[50] 青州市志编纂委员会:《青州市志》,南开大学出版社,1989年。

[51] 即墨市史志办公室编:《崂山续志》,山东省地图出版社,2008年。

二、家族文献

[1] [明]官贤:《明故义授七品散官累赠通议大夫南京刑部右侍郎蓝公行状》,蓝氏家刻本。

[2] [明]刘健:《明故义官蓝君墓志铭》,蓝氏家刻本。

[3] [明]周经:《明赠文林郎贵州道监察御史蓝君墓表》,蓝氏家藏钞本。

[4] [明]杨一清:《跋都御史蓝公生祠记乐歌去思碑卷》,蓝氏家刻本。

[5] [明]杨慎:《寿少司寇兼御史中丞蓝公七十一序》,蓝氏家钞本。

[6] [清]蓝启华等:康熙癸酉增修《蓝氏族谱》。

[7] [清]蓝重蕃等:乾隆辛巳增修《蓝氏族谱》。

[8] [清]王增杰:《相州王氏族谱》,清道光十八年(1838)世德堂刻本。

[9] [清]王鸿谔等:《诸城贾悦王氏族谱》,清宣统刻本。

［10］［清］吴重憙辑刻:《无棣吴氏世德录》,清宣统元年(1909)海丰吴氏刻本。

［11］［清］钱大昕:《巨野姚氏宗谱序》,收入《潜研堂文集》,清嘉庆十一年(1806)刻本。

［12］《安丘曹氏族谱》二十卷,民国二十二年(1933)癸酉续修石印本。

三、学术著作

［1］［明］杨慎著,王仲镛笺证:《升庵诗话笺证》,上海古籍出版社,1987年。

［2］［清］王士禛:《池北偶谈》,中华书局,1982年。

［3］［清］王士禛撰,赵伯陶点校:《古夫于亭杂录》,中华书局,1988年。

［4］［清］王培荀著,蒲泽校点:《乡园忆旧录》,齐鲁书社,1993年。

［5］［清］彭孙贻:《平寇志》,上海古籍出版社,1984年。

［6］成晓军、唐北梅编著:《曾国藩家训》,重庆出版社,2006年。

［7］黄济显:《鳌山卫古城》,中国文史出版社,2007年。

［8］徐扬杰:《中国家族制度史》,人民出版社,1992年。

［9］费成康:《中国的家法族规》,上海社会科学院出版社,

1998 年。

[10] 王蕊:《齐鲁家族聚落与文化变迁》,齐鲁书社,2008 年。

[11] 朱丽霞:《清代松江府望族与文学研究》,上海古籍出版社,2006 年。

[12] 曹道衡:《兰陵萧氏与南朝文学》,中华书局,2004 年。

[13] 王树春:《家族文化补遗》,中国社会科学出版社,2007 年。

[14] 朱亚非:《明清山东仕宦家族与家族文化》,山东人民出版社,2009 年。

[15] 张剑、吕肖奂、周扬波:《宋代家族与文学研究》,中国社会科学出版社,2007 年。

[16] 左书谔、左玉品:《左忠贞公年谱》,中国社会科学研究出版社,2011 年。

[17] 李景明、宫云维:《历代孔子嫡裔衍圣公传》,齐鲁书社,1993 年。

[18] 印鸾章:《清鉴》,上海书店,1985 年。

[19] 孙鹏:《即墨史乘》,方志出版社,2010 年。

[20] 孔祥林、管蕾、房伟:《孔府文化研究》,中华书局,2013 年。

[21] 朱松美:《孟府文化研究》,中华书局,2013 年。

[22] 周海生:《嘉祥曾氏家族文化研究》,中华书局,2013 年。

[23] 谭洁:《兰陵萧氏家族文化研究》,中华书局,2013 年。

[24] 周尚兵:《齐州房氏家族文化研究》,中华书局,2014 年。

[25] 张秉国:《临朐冯氏家族文化研究》,中华书局,2013 年。

[26] 何成:《明清新城王氏家族文化研究》,中华书局,2013 年。

[27] 赵红卫:《明清安丘曹氏家族文化研究》,中华书局,2013 年。

[28] 王宪明:《明清诸城王氏家族文化研究》,中华书局,2013 年。

[29] 李江峰、韩品玉:《明清莱阳宋氏家族文化研究》,中华书局,2013 年。

[30] 王勇:《明清博山赵氏家族文化研究》,中华书局,2013 年。

[31] 李泉:《清代聊城傅氏家族文化研究》,中华书局,2013 年。

[32] 黄金元:《清代德州田氏家族文化研究》,中华书局,2013 年。

[33] 张其凤:《清代诸城刘氏家族文化研究》,中华书局,2013 年。

[34] 俞祖华、王海鹏:《清代栖霞牟氏家族文化研究》,中华书局,2013 年。

[35] 丁延峰:《清代聊城杨氏藏书世家研究》,中华书局,2013 年。

[36] 孙才顺、韩荣钧:《清代海丰吴氏家族文化研究》,中华书局,2013 年。

[37] 王洪军:《清代济宁孙氏家族文化研究》,中华书局,
2013 年。

[38] 安作璋、王志民:《齐鲁文化通史》,中华书局,2004 年。

[39] 冯尔康:《中国社会结构的演变》,河南人民出版社,
1994 年。

[40] 郭英德:《中国古代文人集团与文学风貌》,北京师范大
学出版社,1998 年。

[41] 江庆柏:《清代人物生卒年表》,人民文学出版社,
2005 年。

[42] 顾峰主编:《滨州明清望族》,中国戏剧出版社,2011 年。

[43] 侯玉杰、冯美荣、刘雪燕等:《滨州杜氏家族研究》,齐鲁
书社,2003 年。

[44] 钱穆:《中国学术思想史论丛》,安徽教育出版社,
2004 年。

[45] 商衍鎏:《清代科举考试述录》,生活·读书·新知三联
书店,1958 年。

[46] 王日根:《中国科举考试与社会影响》,岳麓书社,
2007 年。

[47] 张杰:《清代科举家族》,社会科学文献出版社,2003 年。

[48] 赵园:《明清之际士大夫研究》,北京大学出版社,1999 年。

[49] 周伟民:《明清诗歌史论》,吉林教育出版社,1995 年。

[50] 朱保炯、谢沛霖:《明清进士题名碑录索引》,上海古籍出
版社,1980 年。

[51] 朱则杰:《清诗史》,江苏古籍出版社,1992 年。

[52] 许文继、陈时龙:《正说明朝十六帝》,中华书局,2005 年。

[53] 苏双碧主编:《洪承畴研究》,中国社会科学出版社,1996 年。

[54] 白一瑾:《明清鼎革中的心灵史:吴梅村叙事诗人物形象研究》,天津人民出版社,2008 年。

四、学术论文

[1] 王小舒:《社团领袖与诗界精英:明清之际山左莱阳宋氏家族论》,《苏州大学学报(哲学社会科学版)》2013 年第 4 期。

[2] 王小舒:《宋玫及莱阳宋氏作家佚诗考》,《文献》2004 年第 3 期。

[3] 王小舒:《明清之际即墨黄氏家族的政治劫难及其诗风转变》,《文史哲》2016 年第 3 期。

[4] 王小舒:《王氏四兄弟与清初神韵诗潮》,《文学评论》2012 年第 6 期。

[5] 王小舒:《明末清初山东新城王氏家族的历史选择》,《山东大学学报(哲学社会科学版)》2011 年第 6 期。

[6] 何成:《明清新城王氏家族兴盛原因述论》,《山东大学学报(哲学社会科学版)》2002 年第 2 期。

[7] 王耀生:《明清时期山东进士地域分布特点及与经济、区

位、民风的关系》,《中国地方志》2005 年第 9 期。

[8] 沈琳:《明清山东新城王氏家族文学传统的构建与嬗变》,
《武陵学刊》2013 年第 4 期。

[9] 辛明玉:《从"王渔洋现象"仰视明清山东文学崛起》,《山东社会科学》2013 年第 7 期。

[10] 周喜峰:《明清鼎革中的汉人及其华夷思想》,"社会转型视角下的明清鼎革"学术研讨会论文集,2014 年,第156—169 页。

[11] 邱阳:《论吴梅村词作中的"贰臣"意识》,《吉林师范大学学报(人文社会科学版)》2011 年第 6 期。

[12] 罗燕、周加胜:《沉重枷锁下的心灵自赎——论吴伟业诗歌中的"贰臣"意识》,《黄石理工学院学报(人文社会科学版)》2007 年第 1 期。

[13] 周美琼:《"贰臣"的尴尬——吴伟业的生存处境及其诗歌的意韵》,《龙岩学院学报》2005 年第 4 期。

[14] 贾小云:《清醒的痛苦——贰臣吴梅村仕清政治心态剖析》,《山西高等学校社会科学学报》2010 年第 1 期。

[15] 沈亚丽:《吴梅村仕清心态新探——以其戏剧作品为中心》,《宿州教育学院学报》2010 年第 2 期。

[16] 方芳:《清代科举家族地理分布的特点及原因》,《济南大学学报(社会科学版)》2009 年第 5 期。

[17] 芮赵凯、王川:《制造荣耀——乾隆帝与〈萨尔浒山之战书事〉的历史书写》,《宁波大学学报(人文科学版)》

2018 年第 1 期。

[18] 翟广顺:《从华阳书院看即墨蓝氏家族文化的代际传承》,《东方论坛》2012 年第 3 期。

[19] 李启谦:《齐鲁文化之异同论纲》,《学术月刊》1987 年第 10 期。

[20] 王蕊:《明清高密单氏兴盛述论》,《济南大学学报(社会科学版)》2005 年第 3 期。

[21] 王日根、张先刚:《论科举制与明清社会秩序建设的耦合——以山东临朐冯氏科举家族为例》,《湖南大学学报(社会科学版)》2007 年第 4 期。

[22] 许檀:《清代前中期的沿海贸易与山东半岛经济的发展》,《中国社会经济史研究》1998 年第 2 期。

后　记

　　2010 年前后，我开始涉足明清山东地方家族方面的研究。当时我正在攻读博士学位，博士论文的题目为《明清即墨蓝氏家族文化研究》。为写好这篇论文，我多方联系即墨蓝氏家族后人，全面搜集有关蓝氏家族文献，并广泛地涉猎了明清两朝的史书与山东方志，对蓝氏家族的籍贯问题、家族迁移、发展源流做了系统梳理，对蓝氏家族在教育、科举、文化、仕宦等方面的成就进行了全面总结，对蓝氏家族在家族管理与维系方面的经验做了深入探讨。但是，有一个问题令我疑惑不解，那就是在明清重大历史事件——明清鼎革斗争中，除崇祯十五年（1642）清兵围攻即墨县时，蓝氏家族蓝再茂捐资修防，参与护城外，几乎没有关于蓝氏家族参与抗清活动的记载。明清易代，是我国历史上持续时间最长、波及范围最广、斗争最为惨烈的朝代更迭斗争。山东作为较早被卷入这场斗争的地区，山东文化世家不可避免地被置于风口浪尖。在这场持续数十年的复杂残酷斗争中，山东地方文化世家以及家族文人到底面临着一个怎样的斗争形势，他们做出了怎样的历史选择，而又有着什么样的命运遭际？如何看待他们的政治表现，又该如何评价他们的是非功过？这是明清易代留给山东地区的一系列悬而未决的历史问题。我认为有必要深入系统地对此段历史进行梳理，并作出客观公正的评判。

2016 年，我前往天津师范大学历史文化学院跟随宫宝利先生从事博士后研究工作。在拟定博士后出站报告选题时，有意对这一问题进行深入研究，遂选定明清鼎革这一特殊历史时期，对山东文化世家这一群体在这一时期的历史选择和命运遭际进行系统的梳理和探讨，将题目定为《明清鼎革之际山东文化世家的命运遭际与历史选择》。合作导师宫宝利教授对这个选题表示赞同，并给予悉心指导。2017 年，我以此题申报教育部人文社会科学项目，并获批。

数年间，我查阅史志，搜寻家乘，构架篇章，润色文字，多方就教，数易其稿。在写作过程中，从书稿的选题、架构到行文、用字，合作导师宫宝利先生都给予了我耐心的指导。作为博士后出站报告，在答辩过程中，南开大学杜家骥教授，天津师范大学毛曦教授、肖立军教授、吴德义教授等从文献充实、史料解读和理论支撑等方面进行悉心指导，为本书提供了宝贵的修改意见。在此向导师宫宝利教授及各位专家表示诚挚的谢意。同时，本书有幸被选入山东女子学院 2019 年优秀学术出版著作，又得到了学校的出版资金支持。在此过程中，科研处的领导、同事为本书的出版付出了辛勤劳动，在此一并表示感谢。

　　本书即将付梓刊行，欣慰之余，更多的是忐忑。本书涉及多方面内容的重要历史问题，史料丰富，头绪繁多。既要弄清史实，又要有理论阐述；既要探析原因背景，又要有是非功过判定。由于本人理论水平及文献史料所限，有些问题的探讨还不够系统深入，有些问题的判定还不够客观准确。权把这本小书作为引玉之砖，以期更多的高水平论著面世，也敬请方家批评指正。

　　　　　　　　　　　　壬寅夏于济南西江华府寓所